全球通史

世界传世藏书

【图文珍藏版】

世界历史通览

刘凯 ⊙ 主编

第六册

线装书局

六、亚非拉各国艰难的独立之路

1914—1945 年

一战时，欧洲大陆的主要资本主义国家不停地厮杀。俄国，作为资本主义链条上最薄弱的环节，在艰困处境下推翻专制政体，建成苏维埃国家。在亚洲，日本军国主义企图征服亚洲统治世界，中国共产党在抗战中快速成长。西亚政治重构演变，印巴分治。非洲国家在战争缝隙中寻求独立。美国加大对北美洲的控制，拉丁美洲独立之路漫长。

十月革命

沙皇政府倒台后，俄国历史走到了一个十字路口，各派政治势力为争夺政权而展开了激烈的斗争。由于资产阶级临时政府软弱无能，执行错误的内外政策，丧失了民众的支持。而以列宁为首的布尔什维克党审时度势，积聚力量，最终通过十月革命，推翻了临时政府，建立了世界上第一个共产主义政权。

临时政府与苏维埃

沙皇退位后，俄国的政权由上层地主、实业家、议会议员以及高级知识分子等组成的临时政府控制局面。由于二月革命彻底摧毁了俄国旧有的行政和司法体制，临时政府的运转必须依赖其他革命团体的支持。当时掌握实权的是与其同时成立的由市民和士兵等下层社会民众组建的"工人和士兵代表苏维埃",由其控制着军队、铁路、邮政和电信部门。虽然临时政府与苏维埃同时存在,两者各自为政,但临时政府的各项政策措施必须依靠苏维埃的配合才能得以执行。由于当时列宁等社会主义派别领袖都在国外流亡或被流放在西伯利亚,苏维埃也是群龙无首,没有具体的革命目标,只得和临时政府合作。当时的苏维埃主要为社会革命党和孟什维克所控制,布尔什维克的代表还不及孟什维克的一半。

临时政府作为"合法政府"立即得到了英国、法国、意大利和美国等国政府和舆论界的支持。临时政府成立后,立即向全国宣布施政方针,承认国民有言论、出版、信仰、组建工会及罢工的自由,宣布赦免所有的政治犯,将召开制宪会议以决定未来的政府组织等,但当时工农民众最关心的分配土地、提高工资、退出战争等要求却被其回避而没提及。

在战争问题上,临时政府不顾举国上下的厌战情绪,在3月14日发表的《告公民书》中声明将神圣地执行沙皇政府同英、法帝国主义国家签订的密约,把战争进行到胜利结束。5月1日,临时政府外交部长向协约国发出照会,宣布"全体人民将世界大战进行到底并获得最终胜利的愿望,因为体验到全体和每个人的共同责任而加强了"。

布尔什维克的迅速崛起

二月革命后出现的政治局面混乱和权力真空局面让当时的布尔什维克领导人看到了夺权的机会,当时在瑞士的列宁得知二月革命的消息后,连续在党报《真理报》上刊登五封信,提醒无产阶级和全体人民不要相信临时政府,要为第二阶段的革命做准备。3月25日,斯大林从西伯利亚返回彼得格勒,4月16日,列宁在德国政府的帮助下,坐封闭式火车由瑞士经德国回到俄国。

4月17日,列宁在布尔什维克党代表会议上,作了《论无产阶级在这次革命中的任务》的报告,即著名的《四月提纲》。列宁指出:"俄国当前形势的特点是

《布尔什维克》（1920年），库斯妥迪耶夫所绘。

从革命的第一阶段向革命的第二阶段过渡。第一阶段由于无产阶级的觉悟和组织程度不够，政权落到了资产阶级手中，第二阶段则应当使政权转到无产阶级和贫苦农民手中。"为了实现这一目标，列宁提出不给临时政府任何支持和"全部政权归苏维埃"的口号。其主要做法包括：首先，布尔什维克党要揭露、批判临时政府的资产阶级性质和所进行战争的帝国主义实质，揭露它欺骗群众的谎言。其次，要耐心地、经常地、坚持不懈地宣传、教育、组织群众，使他们摆脱资产阶级的影响，认清苏维埃是革命政府唯一可能的形式，组织群众为实现"全部政权归苏维埃"而斗争。第三，扩大和增加布尔什维克党在苏维埃中的影响，剥夺孟什维克和社会革命党所窃取的权力，使苏维埃完全置于布尔什维克党的领导之下。

7月初，临时政府在奥匈帝国前线发动攻势，后因德军助奥而大败，仅十天时间俄军伤亡达6万人。消息传到国内，举国哗然。7月17日，在布尔什维克领导下，50多万士兵、工人走上街头，要求苏维埃中央执行委员会逮捕10个资本家部长，"全部政权归苏维埃"。这次示威游行很快被临时政府调集军队镇压，临时政府以布尔什维克领导人为德国间谍为由大肆逮捕和迫害布尔什维克，托洛茨基和加米涅夫被捕，列宁逃往芬兰边境。

此次事件平定后，临时政府被迫进行了政组，原来苏维埃的很多社会革命党和孟什维克成员加入临时政府，结束了两个政权并立的局面。原政府中的"左翼"、

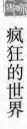

戴着假发并刮掉了胡须的列宁

社会革命党人克伦斯基担任总理兼陆海军部长，内阁中 18 个阁员社会革命党人占 11 人。

9 月份爆发的科尔尼洛夫叛乱成为时局的转折点，当时俄军前线的总司令科尔尼洛夫于 9 月 7 日要求临时政府把全部政权交给他，借口"保卫首都"派其亲信克雷莫夫率军向彼得格勒推进。克伦斯基先是宣布撤销其总司令的职务，接着释放托洛茨基等布尔什维克领导成员，要求他们深入叛军内部进行策反活动。下层官兵纷纷拒绝上司命令，甚至掉转枪口逮捕军官，克雷莫夫见败局已定，在 9 月 12 日开枪自杀，不久科尔尼洛夫及其支持者也被逮捕，科尔尼洛夫叛乱被平定。

此后，时局逐渐向有利于布尔什维克的方向发展，普遍厌战的士兵纷纷加入布尔什维克的阵营，列宁提出的平分土地的纲领也受到了广大农民的支持，布尔什维克的威信空前提高。10 月 8 日，托洛茨基当选为彼得格勒苏维埃的主席，党重新提出"全部政权归苏维埃"的口号，并赋予其新的含义，即通过武装起义把政权交给布尔什维克领导的苏维埃掌握。

攻占冬宫

此时，俄国经济已经全面崩溃，工业生产相比 1916 年下降了三分之二。政府债台高筑，光是每年支付的利息就相当于战前的国家预算。国内粮食极度短缺，饥荒四处蔓延。临时政府无法拿出有效的措施应对危机，内部派系斗争严重，失去了军队的支持，逐渐丧失了控制社会的能力。这一切都为布尔什维克夺取政权创造了有利的环境和机会。

1917年，10月20日，列宁秘密回到彼得格勒。10月23日，党中央召开会议，通过了发动武装起义的决议。10月25日，彼得格勒苏维埃成立军事革命委员会，设在斯莫尔尼宫，成为武装起义的指挥机构。起义的基本武装力量是工人赤卫队，全国共有20多万有生力量，全部由产业工人组成。参加武装起义的另外两支重要力量是波罗的海舰队和彼得格勒卫成部队。

11月6日下午5点起，工人赤卫队陆续占领了邮局、火车站、国家银行、电信局和发电站。到11月7日早上，整个彼得格勒基本上处于布尔什维克的控制之下，克伦斯基乘坐美国使馆的汽车逃出彼得格勒。上午10时，列宁以革命军事委员会的名义，起草《告俄国公民书》，在"阿芙乐尔"号巡洋舰上向全国广播，宣布临时政府已经被推翻，国家政权已经转到彼得格勒苏维埃手中。布尔什维克的攻击目标仅剩下位于彼得格勒的临时政府所在地——冬宫。下午6点，大约2万名工人赤卫队包围了冬宫，守卫冬宫的仅有一个妇女突击营和一个士官生营。晚上9点40左右，停靠在涅瓦河畔的"阿芙乐尔"号巡洋舰向冬宫方向发射空弹，发起了进攻的信号。工人赤卫队一拥而入，很快逮捕了困在冬宫里的临时政府成员，彼得格勒武装起义取得了彻底胜利。由于11月7日这一天为俄历10月25日，因此这次起义也被称为十月革命。

在攻占冬宫之际，全俄苏维埃第二次代表大会在斯莫尔尼宫召开，大会宣读了列宁提出的《告工人、士兵和农民书》，宣布一切政权归苏维埃。11月8日晚，大会通过列宁提出的《土地法令》和《和平法令》，宣布苏维埃为全国的最高权力机构，由其组建"临时工农政府"执行政府职能。大会成立人民委员会作为苏维埃政府的执行机构，列宁任主席，托洛茨基为外交人民委员，斯大林为民族事务人民委员，会议还确定废除土地私有制，矿藏、工厂收归国有的施政方针，世界上第一个社会主义国家政权就此诞生了。

彼得格勒武装起义的胜利，直接推动了全俄各地的革命运动。11月16日，莫斯科的布尔什维克率领工人赤卫队攻占了克里姆林宫，到1918年3月，全俄各大城市都建立了苏维埃政权。

内战与战时共产主义

苏俄政权成立后，在国内外面临着诸多敌对势力的威胁并最终爆发了内战。布尔什维克一度丧失了国内四分之三的领土，经过三年多的内战，苏俄政权在付出了沉重人力物力代价后，依靠其控制的工业城市的经济资源和有效的组织能力，打败了以旧俄军官为代表组织的叛军，完成了对俄国全境的控制。

短命的立宪会议

沙皇尼古拉二世退位时，当初的组织政权构想是由全俄选举产生的立宪会议组成新的政府，其曾对公众承诺要举行立宪会议。然而，当时的俄国正卷入第一次世界大战，临时政府总理克伦斯基表示决定在战后再举行立宪会议的选举。不久之后，临时政府屡次拖延立宪会议召开的态度，引起了左翼布尔什维克和右翼帝制拥护者的不满。布尔什维克最终发动十月革命推翻了临时政府，夺取了国家控制权。

布尔什维克夺取政权后，官方将自身定位成"工农临时政府"，它承诺于1917年11月12日开始立宪会议选举，但在4440万以上的选民投票后，11月25号的初步选举结果却令布尔什维克党无比尴尬和难堪。尽管它在北方的军队、城市，特别是彼得格勒和莫斯科这样具有决定意义的大城市中获得了多数人的支持，但由于选民中农民占大多数，当时在农村有很大影响的社会革命党获得了议会的多数席位。到1918年年初，立宪会议召开前最终结果揭晓：在总共707个席位中，布尔什维克得到175席，占24.7%，而社会革命党得到410席（其中左派社会革命党占40席），达到了60%。

以列宁为首的布尔什维克绝不甘心就这样把政权交给社会革命党人，在得到最后的选举结果后，列宁立即表示："全部政权归立宪会议的口号实际上成了反对苏维埃政权的口号，而立宪会议如果同苏维埃政权背道而驰，那就必然注定要在政治上死亡。"1918年1月18号，立宪会议在塔夫里达宫内正式召开，会议一开始就发生了尖锐的冲突，冲突主要在社会革命党和布尔什维克之间展开。大会多数成员决定不将布尔什维克党团提出的《被剥削劳动人民权利宣言》提交讨论，即拒绝按照人民委员会的要求把权力交给苏维埃并自行宣布解散立宪会议，于是布尔什维克和左派社会革命党人退出了会议。

列宁政府当天宣布在彼得格勒戒严，并调集忠于布尔什维克的军队进入首都，强制解散了只存活了13个小时的立宪会议。布尔什维克违反宪政规则的行为激起了民众强烈的不满，当日就出现了抗议解散立宪会议的工人游行示威，结果被军队镇压。1918年7月，第五届全俄苏维埃大会通过新宪法，简称《1918年宪法》。依照新宪法，国名改为"俄罗斯苏维埃联邦社会主义共和国"，简称苏联，确立了无产阶级专政的政治制度。

立宪会议的解散使得俄罗斯各派势力失去了协商共事的基础，全面的内战很快在俄罗斯爆发。

内战经过

1917年，俄国十月革命胜利之后，为了退出战争，新成立不久的苏俄政府在提出的和平建议被协约国拒绝后，便与同盟国中的德国进行和平谈判。在德军大举进攻的威胁下，列宁力排众议，接受了德国苛刻的要求。1918年3月3日，苏俄政府与德国在俄国西部边界布列斯特签订和约。主要内容包括交战双方结束战争状态，俄国把立陶宛、爱沙尼亚、拉脱维亚、白俄罗斯地区的一共323万平方公里土地割让给德国，并赔款60亿马克（1918年11月德国在一战中战败后该条约被废除）。由于波罗的海沿岸领土被割让，首都彼得格勒失去了安全屏障。3月11日，苏俄政府决定把首都迁往莫斯科。《布列斯特和约》的签订使布尔什维克被国内反对力量指责为卖国贼，在舆论上面临强大的压力。

托洛茨基在白军的宣传画上成了魔鬼，依靠水兵和中国人

杀害俄国人。

　　在社会革命党人的煽动和蛊惑下，1918年5月，驻留在西伯利亚的捷克斯洛伐克军团（一战中的捷克斯洛伐克战俘）发生了武装叛乱。5月14日，捷克斯洛伐克军团代表、协约国代表和社会革命党人在车里雅宾斯克召开会议，决定公开反对苏维埃政权。社会革命党还向捷克斯洛伐克军团宣传说，苏俄政府将要解除士兵的武装，并将其关进集中营。因此，捷克斯洛伐克军团士兵决定杀开一条血路，奔向海参崴。一时间，旧俄的将军们在俄国各地起兵，组成形形色色的自卫军，率领各自的部队进攻红军。自卫军同捷克斯洛伐克军团叛军结合在一起，迅速占领了乌拉尔、伏尔加河流域以及西伯利亚的大部分地区。在消灭当地的苏维埃政权后，社会革命党人也随之建立了自己的政权机构。例如，在萨马拉建立了"立宪会议成员委员会"，在叶卡捷琳堡建立了乌拉尔政府，在托木斯克建立西伯利亚临时政府。1918年9月，这些政权在奥姆斯克组成全俄"执政内阁"，妄想在1919年2月再度召开立宪会议，但很快在11月"执政内阁"就被前沙皇俄国海军上将高尔察克推翻。高尔察克自命为"俄国最高执政"，并获得了美国、英国、法国的承认。高尔察克在西伯利亚的鄂木斯克建立政府，联合流亡的白俄将军和军人，还有大量的资

产阶级分子、德奥战俘，再加上西方的支持，其建立了 40 万的军队，控制了西伯利亚地区和乌拉尔地区的大片领土，实际控制面积比苏维埃政权还要大得多。

1919 年，高尔察克联合各白军将领进攻莫斯科的红军政权，高尔察克部一度攻入伏尔加河流域。东线红军主力被高尔察克部队击败，损失惨重，几乎失去战斗力。但是高尔察克本人政治能力有限，加上政府腐败无能，内部纷争不断。其军队和地方政权凶暴残忍，贪婪虐民，根本得不到广大西伯利亚老百姓的支持，很快成为强弩之末。列宁让著名的红军将领伏龙芝率领紧急征集的数十万红军全部加入东线，通过三次艰苦的大规模战役，在 1919 年底将高尔察克精锐主力全部击溃歼灭。不久白军内部发生内讧，高尔察克于 1920 年 1 月被捕，同年 2 月 7 日被苏维埃政权处决。

高尔察克失败之后，邓尼金又成为反对苏俄政权的新领袖。1919 年 7 月 3 日，邓尼金的军队开始了所谓"向莫斯科进军"的总攻击。为支持邓尼金对莫斯科的进攻，协约国给邓尼金军队运送了数以万计的步枪、机枪、火炮，几十万套装备、几百万颗炮弹和数千万发子弹。邓尼金的军队向北挺进的过程中，于 10 月中旬占领了乌克兰，10 月 13 日占领了奥廖尔，图拉岌岌可危，直接威胁到莫斯科的安全。在这紧急关头，俄党中央于 7 月 9 日发布列宁起草的公开信《大家都去与邓尼金做斗争!》，并于 9 月 26 日开始征收党员周活动，有 20 多万名优秀工党分子入党并奔赴前线。10 月 11 日，红军集中优势兵力转入全线反攻。至 11 月，红军解放奥廖尔、库尔斯克、哈尔科夫和基辅。1920 年初，红军统帅图哈切夫斯基指挥高加索战线红军击溃邓尼金主力，进入北高加索，邓尼金逃往国外。在南部战线上红军节节胜利的同时，西北战线上红军也在 1919 年 10 月粉碎了前沙皇政府步兵上将尤登尼奇叛军对彼得格勒的进攻。

到 1920 年底，国内的白军基本上被布尔什维克的红军平定，但当时留驻海参崴的日本军队一直到 1922 年 10 月才撤退。在日军留驻期间，布尔什维克在该地区建立由其幕后控制的"远东共和国"作为过渡政权，1922 年 11 月日军撤离后，"远东共和国"随即被并入苏维埃政府。

为期三年的内战最终以在组织和实力上都占有优势的布尔什维克的胜利而告终。但数百万军民在战争中丧生，举国上下满目疮痍，农业生产直线下降，1920 年的粮食产量还不及 1913 年的一半，苏俄政权面临着很大的经济和社会危机。

"战时共产主义"

"战时共产主义"是苏维埃政权在 1918 年夏至 1921 年春实行的一系列非常措施和政策的统称。十月革命后，苏维埃政权在经济方面所遇到的困难除了工厂严重开工不足、全国交通瘫痪、燃料和能源严重匮乏之外，最严重的威胁是出现了粮食危机。连年的战争造成饥荒蔓延，苏维埃政府 1918 年上半年征收的粮食仅完成计划的五分之一，莫斯科和彼得格勒的粮食供应量不及计划的十分之一。当时的富农普遍对苏维埃政权有抵触情绪，加之政府的粮食收购价过低，导致富农拒绝政府收购而把粮食囤积起来拿到黑市上高价出售。

为了确保军民的粮食供应，苏俄政府在 1918 年 5 月 9 日颁布法令，宣布实施粮食垄断政策，禁止一切私人买卖粮食行为。此后，号召贫民委员会及工人征粮队强制征收富农的余粮，中农则须按固定价格向国家交售余粮，违者将判十年以上有期徒刑并没收粮食。余量征集制很快取得了预期效果，1920 年的粮食收购量是 1918 年的 10 倍，政府获得了足够的粮食来供应红军和城市工人。

在城市的工业领域，1918 年 6 月 28 日，人民委员会颁布法令，宣布实行全面的工业国有化，也就是说除将全部大企业收归国有外，还规定把一部分中型企业收归国有，对小企业则实行监督。政府通过最高国民经济委员会及其下属的各总管理局对工业生产进行管理。在 1918 年 11 月取消了自由贸易，实行粮食和日用品的配给制，规定全国的成年人进行义务劳动。

以上这些政策被称为"战时共产主义"政策，它对于苏维埃政权集中社会资源，取得国内战争的胜利起了至关重要的作用。但它极大地伤害了农民利益，使得农民失去了生产的积极性，造成国内播种面积大幅减少，作为内战中的权宜之计的"战时共产主义"政策在内战结束后很快给国家造成全面的经济和社会危机。

新经济政策与苏联的成立

内战后，苏俄政权在国内面临严重的经济和社会危机，不得不改变极左的"战时共产主义"政策，而实行较为实际的新经济政策。与此同时，为加强团结协作，苏俄和乌克兰、白俄罗斯、高加索的苏维埃共和国联合组成了苏联。

新经济政策的出台

"战时共产主义"政策作为苏俄政权在内战中为集中社会资源对抗敌对势力的应急之策，虽然起到了立竿见影的效果，但其实质是依靠国家暴力机器强行掠夺农民的劳动成果，必然招致农民的不满。特别是随着内战的结束，农民的不满情绪日渐高涨。1921年春，全国境内发生了饥荒，忍饥挨饿和生活无着落的农民自发地组织了一些暴乱，将暴乱的目标指向苏维埃政权。暴乱的农民占领苏维埃政权机关，切断铁路和公路交通线，抢劫粮食，袭击运粮队人员。仅西伯利亚的伊施姆一县，参加暴乱的农民就达到6万多人。一些农民还打出"要苏维埃，但是不要布尔什维克参加的苏维埃"的口号。

1921年2月28日，素有光荣革命传统的彼得格勒的科琅施塔德军港发生了有1.5万名水手参加的暴乱。参加暴乱者多数是刚刚穿上军装的农民，他们要求取消粮食强制征收政策和恢复粮食自由买卖，他们的口号也是"全部政权归苏维埃，但不归布尔什维克"。虽然这次叛乱很快被镇压下去，但也促使列宁等苏俄领导人认识到局势的严重性，开始对"战时共产主义"政策进行调整。

1921年3月，俄共（布）召开第十次代表大会，大会根据列宁的提议报告，决定以粮食税代替余粮收集制，全俄苏维埃中央执行委员会于1921年3月21日颁布了《关于以实物税代替余粮收集制》法令，其主要内容包括：用粮食税取代余粮收集制；减低粮食税，使其低于上年余粮收集制的数额；农民在完税后可以自由处理余粮，用来交换生活必需品；撤销一切工人征粮队和武装征粮队，政府允许农民租赁土地和雇佣劳动力，成立合作社作为农产品销售和加工中心，地方政权要向农

新货币的发行使得新经济政策得以成功进行。这是 1979
年苏联为纪念新经济政策重新铸造的。

民提供贷款和供应农机设备、种子、肥料等。由于措施得当，农业很快就走出低
谷，到 1925 年俄国的农业生产已经恢复到战前的水平。

在工业方面，推行国家资本主义的政策，利用国内的民间资本和国外资本发展
工业，鼓励私营商业企业的发展。允许合作社、联合体或私人承租不宜由国家管理
的企业，即实行租赁制。国家向承租的企业提取 10%—20% 的利润，承租者有义务
优先接受国家订货。租让制是将国内企业出租给外国资本家经营，目的是利用国外
资本、技术和管理手段。

以上这些政策统称为新经济政策。新经济政策的实施给俄国的社会结构带来了
显著的变化，在农村中大批贫农脱贫成为中农，一部分中农变成富农。在工商业也
出现了一批富裕的商人群体，被称为"耐普曼"。富农和耐普曼被视为资产阶级的
化身。布尔什维克党内很多人认为对资本家让步太多。斯大林上台后，苏俄政府的
经济政策开始收紧。到 1926 年，随着农业集体化的展开，新经济政策逐渐被废止。

苏联的成立

沙皇俄国覆灭后，在民族自觉思想的鼓舞下，原来由俄国控制的很多民族纷纷
建立自己的独立国家。波兰复国，芬兰、爱沙尼亚、拉脱维亚、立陶宛也先后宣布

独立，并得到苏俄的承认。在乌克兰和白俄罗斯，当地的布尔什维克组织在苏俄的帮助下，也很快建立了苏维埃政权。在高加索，当地的民族主义分子和孟什维克于1918年4月宣布成立外高加索民主联邦共和国，脱离苏俄，到5月又分裂成三个共和国即阿塞拜疆、亚美尼亚和格鲁吉亚苏维埃共和国。在中亚，1918年4月建立了土耳其斯坦苏维埃自治共和国，成为第一个加入苏俄的自治共和国。在其南部，1920年4月和10月先后成立了花剌子模和布哈拉两个人民苏维埃共和国。

国内战争全面爆发后，俄共（布）中央提出要加强各苏维埃共和国间的军事政治同盟关系，以抗击共同的敌人。1919年6月，全俄中央执行委员会发布指令，要求俄罗斯、乌克兰、白俄罗斯等国成立统一的军事指挥部，合并各共和国的国民经济委员会、交通运输管理机构、财政和劳动人民委员部。1920年秋到1921年春，俄罗斯联邦又先后同其他苏维埃共和国签订条约，进一步将对外贸易、邮电等人民委员部合并。国内战争结束后，为了顺利恢复经济和开展社会主义建设，各苏维埃共和国认为有必要建立统一的经济整体，以便充分利用各国的经济财政资源恢复被战争摧残得满目疮痍的经济。

1920年，列宁向人群发表演说。

1922年12月30日，在莫斯科召开了苏维埃社会主义共和国联盟第一次苏维埃代表大会，大会通过了苏联成立宣言和联盟条约。当时加入苏联的有俄罗斯、乌克兰、白俄罗斯和外高加索四个共和国。中亚的布哈拉和花剌子模人民苏维埃共和国由于国家制度不同，没有加入苏联，但它们同俄罗斯共和国订有联盟条约。1924年

1月，苏联第二次苏维埃代表大会批准了苏联宪法，从法律上把苏维埃共和国联盟的形式固定下来。宪法规定，联盟拥有国家的最高主权，是苏联对外关系的国际法的主体代表者；联盟的最高权力机关与立法机构——最高苏维埃由联盟院和民族院组成，最高苏维埃为苏联的国家元首，同时另设人民委员会（1946年后成部长会议）作为最高执行和管理机构；联盟中央政府拥有外交、国防、外贸、交通、邮电方面的权力，批准全苏国家预算、统一货币制度、信贷制度、制定全苏土地、矿藏、森林、水源等自然资源使用立法原则，颁布全苏劳动、国民教育、卫生保健、度量衡和统计立法原则及宣布大赦等。

1924年，苏联在中亚细亚进行了民族区域划界工作。原来的土耳其斯坦、布哈拉和花剌子模不复存在，新建两个加盟共和国——土库曼斯坦和乌兹别克，于1925年加入苏联。此后中亚地区又组建了塔吉克、哈萨克和吉尔吉斯三个加盟共和国，1936年外高加索联邦分解，阿塞拜疆、亚美尼亚和格鲁吉亚以独立身份加入苏联，苏联发展成为由11个加盟共和国组成的联盟。

进入斯大林时代

列宁去世后，斯大林战胜了党内一个个政敌，成为苏联至高无上的领导人。在其主政期间，苏联制定了以抽取农业生产剩余来支持工业的发展模式，为此大力推行"农业集体化"，举全国之力最终以不到10年的时间完成工业化。在此期间，苏联党内部的权力斗争和社会矛盾不断激化，引发了波及数百万人的"大清洗"。

斯大林的崛起

从1922年起，列宁的健康情况就开始恶化，很快就不能理政了，党和国家的事务由斯大林、加米涅夫与季诺维也夫三人分工合作处理，被称为"三驾马车"。1924年1月21日列宁去世以后，党内爆发了激烈的权力斗争，斯大林最终战胜了一个个对手，成功地取得了党和国家的最高权力。

斯大林，1878年12月18日出生于俄罗斯格鲁吉亚第比利斯省西部的哥里城一

16 岁的斯大林

个鞋匠家庭，格鲁吉亚人。他 16 岁时，进入第比利斯一所东正教中学读书，成绩优秀并获得了奖学金。上学期间，他接触到一些革命书籍，开始接受马克思主义学说。1898 年 8 月，斯大林加入了俄国社会民主工党。1903 年，俄国社会民主工党分裂，他选择加入以弗拉基米尔·列宁为首的布尔什维克。不久，斯大林就成了高加索地区主要的革命活动者，他组织罢工、发放传单，为布尔什维克活动募集资金，一直到 1917 年，他多次遭到沙皇政府的逮捕和流放。1912 年 2 月，斯大林被选入布尔什维克党中央委员会，主编党的机关报《真理报》。十月革命胜利后，他参加了以列宁为首的第一届人民委员会，历任民族事务人民委员（1917—1922年）、工农检查部人民委员（1919—1922 年）。在内战期间，他被派往前线指挥作战，屡建战功，于 1919 年起任党部政治局和组织局委员，对于党政人事任免有发言权。1922 年党部设立书记处，他当选为总书记。掌握这一关键岗位使斯大林得以掌握了重要的人事任免权，并控制了党内的组织事务。

在内战结束后，苏维埃政权面临着如何建设社会主义的一系列争论，争论的主要议题有革命将何去何从？新经济政策会导致资本主义吗？如何实现工业化？托洛

斯大林、列宁和加里宁

茨基提出不断革命论，认为无产阶级革命是世界性的，主张十月革命后应以先支援其他国家共产党革命为最优先路线。而斯大林则是主张以先巩固建设苏联这世界上第一个共产主义政权为优先路线。1923 年 10 月 8 日，托洛茨基首先发难，他给党中央写信，批评党的官僚作风，主张各级书记领导不应该由上级指派而应由下级推选。10 月 15 日，托洛茨基又召集一些支持者在他家里集会，讨论并通过了致党中央政治局的《46 人声明》，宣布："目前形势极端严重……继续执行政治局多数派的政策，将给全党带来严重的危害。""党内建立的制度是完全不能忍受的，它扼杀党的独立自主精神，以特选的官僚组成的机关来代替党。"实质上就是要求撤换党的机关主要领导人斯大林。斯大林联合加米涅夫与季诺维也夫，挫败了托洛茨基的进攻。他们翻出旧账，历数从布尔什维克党建立到十月革命时期托洛茨基同列宁之间的分歧，指责托洛茨基企图用自己的主义代替列宁主义。1925 年 1 月，俄共（布）中央全会严厉谴责托洛茨基，并决定解除他的陆海军人民委员和革命军事委员会主席的职务。

扳倒托洛茨基后，斯大林和加米涅夫与季诺维也夫之间爆发激烈的权力之争，加米涅夫与季诺维也夫和托洛茨基联合，组成"联合反对派"，以反对斯大林的"一国建设社会主义"为由，向斯大林发难，并提出废弃新经济政策。斯大林则联合拥护新经济政策的布哈林，经过一番权力斗争，斯大林再次取得了胜利，托洛茨基、加米涅夫与季诺维也夫先后被开除党籍，托洛茨基在 1929 年被驱逐出境。

到 1928 年，斯大林极力推行农业集体化政策，又和布哈林产生了严重的意见分歧。布哈林强烈反对农业集体化政策，主张无限期实行"新经济政策"。但此时的斯大林早已大权在握，布哈林在1929年11月被开除出政治局，成为被斯大林击败的最后一个对手。此后斯大林完全掌握了党和政府的最高权力。

农业集体化和消灭富农

新经济政策的推行，使得农村中出现了一批富农阶层，引起了斯大林为首的党和国家领导人的警惕，同时分散的农业经济不利于国家抽取农业生产剩余以支持工业化建设。斯大林在1927年12月党的十五大通过了采取计划经济政策代替新经济政策的决议。决定推广农业集体化政策，设立集体农庄和国营农场，拒绝富农加入并没收其财产，进而达到消灭富农的目的。全国土地为国家所有，取消农产品的商品贸易，全体农民进入集体农庄和国营农场，成为国家雇佣的农业工人，每月按工时领取工资。

在政治高压下，农业集体化很快在苏联全境全面展开。1929年6月到9月，全国有90多万农户新加入集体经济组织。这个数字几乎等于革命后12年中加入集体经济组织的总户数。1930年1月加入集体农庄的有300万农户，2月又增加了700万户新成员。集体化比例从1929年12月的20%猛增到1930年3月的58%。到1932年底第一个五年计划完成时，全国60%以上的农户走上集体化道路，建成了20多万个集体农庄。这一年，国营农场和集体农庄的播种面积达到总播种面积的80%。党中央在1933年1月宣布："把分散的个体小农经济纳入社会主义大农业的轨道的历史任务已经完成。"

在全盘集体化的基础上，苏维埃政权开始了消灭富农阶级的斗争。全盘集体化运动开展后，绝望的富农杀掉全国1/2以上的马、2/3的羊，把果木、田园、农田设施能破坏的都破坏掉。1930年2月1日，苏联政府通过决议，废除了以前颁布的新经济政策中关于土地租佃和雇佣劳动的法律，并决定没收富农的财产，把它转交给集体农庄。对富农的处置分为三类：对进行反政府活动的富农，采取逮捕镇压政策；对大富农，把他们迁徙到西伯利亚荒凉地区，从事伐木、采矿、开荒等劳动；

对其他富农则迁出农庄地界，安置在本区的边缘地带，拨给他们一定土地耕种。官方宣布，从 1930 年初到 1932 年秋，一共有 24 万户富农被迁徙到西伯利亚地区。苏联学者认为，绝大部分富农被驱逐到国家边远地带，总共有 100 万—110 万农户被暴力消灭，其中相当一部分是被错划的中农。

农村集体化彻底摧毁了农村中的私有经济，政府通过低价收购农产品，高价出售工业品的措施从农业中抽取大量的剩余价值作为资金支持工业化建设，以牺牲农业发展的方式发展工业。集体农庄的大锅饭分配形式也使得贫农生活得到改善，他们极力支持政府，通过农业集体化，政府得以全面控制农村和农民的生产和生活，奠定了斯大林集权统治的基础。

工业化的完成

布尔什维克上台后，很快确立了工业化的方针。列宁曾讲过：社会主义就是苏维埃政权加上全国电气化。斯大林上台后，更加明确了工业化的总方针，1925 年 12 月召开了联共（布）第十四次代表大会，提出苏联社会主义工业任务，宣布国民经济恢复期结束，工业化新时期开始。即把苏联由农业国转变为工业国，由输入机器和设备的国家变为生产机器设备的国家。联共（布）十四大之后，斯大林多次发表文章和演说，阐述苏联社会主义工业化纲领。斯大林认为，苏联处在资本主义包围之中，为了避免成为资本主义世界的经济附庸，必须建立自己独立完整的社会主义经济体系，即把苏联建设成一个不仅能生产一般消费品，而且能生产各种机器和设备的国家。

从 1928 年起，苏联开始制定五年一期的国民经济计划，就农业、工业、交通、文化建设诸多方面提出预订的生产进度和目标，拟定出一套完整的蓝图，然后举全国的人力、物力、财力加以完成。在第一个五年计划中，以飞机、汽车、拖拉机、化学工业、机械制造工业为重点建设目标。在此期间，兴建了数千公里长的从土耳其斯坦到西伯利亚的"土西铁路"，使西伯利亚大铁路和中亚细亚的铁路线衔接，在乌拉尔山区和西西伯利亚兴建两个工业中心，将炼钢工业和煤炭产区连成一体。

苏联五年计划宣传画:《工厂
的烟雾是苏维埃祖国的呼吸》

1933 年 1 月,第一个五年计划以四年零三个月的时间提前完成了。对此,当时的西方报刊也表示惊叹:"五年计划的四年获得了真正卓越的成就,苏联像战时那样紧张地、创造性地建设新生活的基础,国家面貌焕然一新。"两个五年计划期间,苏联建成了六千多个大企业,建立起以重化工业为核心的工业体系。工业布局有了很大变化,在东部地区兴建了一系列钢铁、煤炭基地和石油基地。1940 年苏联的工业总产值比 1913 年增加 6 倍多,超过法、英、德,跃居欧洲第一位,世界第二位。

大清洗

战胜托洛茨基、布哈林后,斯大林的最高领袖地位牢固确立起来,威望也空前提高。他开始在苏联大规模开展个人崇拜活动,斯大林本人被奉为神明,被当作偶像顶礼膜拜。不仅一切成绩、胜利归功于斯大林,而且斯大林就是党和国家的化身、真理的代表。1938 年,经斯大林亲自审定,出版了《联共(布)党史简明教程》,歪曲党和国家的历史,把个人崇拜从历史上和理论上完全确定下来。

共产党内一些领导人对日益形成的个人崇拜感到不安,对斯大林的专断独裁作风强烈不满。在 1934 年初召开第十七次党代表大会期间,在 1934 年的中央委员会选举中，列宁格勒省委书记基洛夫得到最少的反对票 3 票，同时斯大林得到最多的 292 张反对票。政治局委员卡冈诺维奇下令将选票销毁，宣布斯大林和基洛夫并列得到 3 张反对票，斯大林这才得以继任总书记。

叶若夫（上图）陪同斯大林的照片，叶若夫被

枪决后，很快被从照片上抹去。

1934 年 12 月 1 日，基洛夫在列宁格勒市委所在地斯莫尔尼宫遇刺身亡，斯大林以此案为由，宣称此次暗杀是由托洛茨基及其反对派所策划，继而以此案为契机，开始了针对布哈林、季诺维也夫和加米涅夫等老布尔什维克的清洗，史称"大清洗"。大清洗首先是对原反对派的大规模的逮捕、审判和镇压，在 1936 年至 1938 年间苏联最高法院在莫斯科针对党内原先反对斯大林的领导人发生了举世关注的三次大审判。在审判中，加米涅夫、季诺维也夫和布哈林等被告人被控与西方国家阴谋刺杀基洛夫、斯大林和其他苏联领导人、解体苏联以及设立资本主义社会，并先后被判"谋害罪"和"叛国罪"而处以死刑。

大清洗的对象从中央到基层几乎包括所有的社会领域和各个阶层，西方材料估计有 500 万人受牵连，30 万—40 万人被处决。在 1936—1939 年间，有一半以上的党员，即 120 万人被逮捕。据有关资料显示，在联共（布）十七大当选的 139 名中央委员和候补委员中，有 98 人被清洗；出席十七大的 1996 名代表中，有 1108 名被清洗；17名政治局委员和候补委员中，除基洛夫外，有5人被处决。

军队也难逃厄运。1937年5月，副国防人民委员图哈切夫斯基等一批高级将领被指控犯有组织"反苏军事中心"的叛国罪而被逮捕并遭处决，随即在军队中进行了全面清洗，共有3.5万名军官被镇压，其中包括高级军官的80%，全军5名元帅中有3名被杀害；10多位副国防人民委员中，无一人得以幸免；15名集团军司令中有13名被清洗。1938年，红军师级以上的军官中，只有39%的人是原任的。

通过大清洗，斯大林整肃了在十七大上流露不满的代表和中央委员会，稳固了自己至高无上的地位，登上了权力金字塔的顶端。而且，凭借保安机构这一专政工具，斯大林得以不受法律制约，也不受党和政府机关的制约，完全将个人凌驾于党和国家之上，在党和国家的名义下实行个人专制统治。

英勇而惨烈的卫国战争

1941年6月30日，德国法西斯悍然撕毁了《苏德互不侵犯条约》，出动数百万人的军队入侵苏联。苏联人民在以斯大林为首的党中央领导下开始了艰苦卓绝的卫国战争，经过近4年的浴血奋战，在付出了巨大的牺牲后，苏联军队终于彻底打败了德国法西斯，取得了卫国战争的胜利。

外交政策的转变

1933年1月希特勒上台后，在德国全面推行法西斯主义的反共政策，残酷迫害德国的社会民主党和共产党等左派力量。与此同时，亚洲的日本在推行全面的军国主义政策。日本于1931年占领了中国东北，严重威胁到苏联远东地区的安全。面对德日两国的扩张，苏联调整外交战略，由反对和严防英、法、美对苏联的反共干涉，转变为争取联合英、法、美等国共同反对法西斯国家的侵略。

苏联认为，面对法西斯的侵略扩张，必须在以往双边互不侵犯条约的基础上，进一步缔结区域性多边互助条约，以构建集体安全体系。1933年12月，苏联政府提出了缔结包括苏联、法国、比利时、捷克斯洛伐克、波兰和波罗的海沿岸国家参加的共同防御德国侵略的区域性协定的建议。1935年5月2日，苏联和法国签订了《法苏互助条约》。条约规定，当苏联或法国成为"任何一个欧洲国家无端侵略的对象时"，两国应"立即相互进行支援和协助"。5月16日，苏联和捷克斯洛伐克也签订了互助条约，此条约内容同《法苏互助条约》基本相同，也规定了两国应"立即相互进行支援和协助"。但苏联和西欧其他各国因意识形态的对立一直没能就遏制法西斯侵略的问题达成共识，并且，双方还有着祸水东引还是祸水西引的顾虑，国家间猜忌和提防日渐明显。

斯大林会见德国外长里宾特洛甫

随着英、法、德、意四国于1938年签订由德国占领捷克的苏台德区的《慕尼黑协定》，苏联的外交政策再次发生转变，逐渐把防止德国法西斯率先进攻自己作为对外政策的重点。1939年3月，斯大林在联共（布）第十八次代表大会强调要"保持谨慎态度，不让那些惯于从中渔利的战争挑拨者将我国卷入冲突中"。德国法西斯预计，如入侵波兰，英法必会支援。鉴于目前苏联态度极为暧昧，于是决定稳住苏联，先进攻英法。为此，希特勒决定对苏联做出英法无法给予的重大让步，以换取苏联的中立。

1939 年 8 月 23 日，德国和苏联在合力瓜分欧洲的心态下签订了为期 10 年的《苏德互不侵犯条约》。条约的主要内容是："缔约双方保证不单独或联合其他国家彼此间进行任何武力行动、任何侵略行为或者任何攻击"；"如果缔约一方成为第三国敌对行为的对象时，缔约另一方不能给第三方任何支持"。该条约还附有一份秘密议定书，明确划分了双方在东欧地区的势力范围。1939 年 9 月 1 日，德国大举进攻波兰，第二次世界大战爆发；9 月 17 日，苏军出兵波兰，占领波兰东部，并在 11 月初将其并入乌克兰和白俄罗斯，两国完成了对波兰的瓜分。

斯大林深知，《苏德互不侵犯条约》不过是权宜之计，苏、德终有一战。于是他决定借德国进攻英法之机大力对外扩张，以此建立和德国之间的缓冲地带。他先是在 1939 年 10 月发动对芬兰的战争，迫使芬兰割让卡累利阿地峡。1940 年 3 月苏联在占领芬兰的领土上成立卡累利阿·芬兰苏维埃共和国（1956 年降为自治共和国）。1940 年 8 月又通过武力威胁，强迫立陶宛、爱沙尼亚、拉脱维亚三个波罗的海国家加入苏联，同时挥军进入罗马尼亚的比萨拉比亚和北布科维亚地区。苏联在比萨拉比亚建立了摩尔达维亚苏维埃共和国，成为苏联的第 16 个加盟共和国。斯大林虽然知道苏德战争不可避免，但他一直以为德国只有在击败英国后才敢发动对苏战争。因为担心过早做战争动员会激怒德国，苏联一直没能进行充分的战争准备。

莫斯科保卫战

1941 年 6 月 22 日凌晨，德国和它的仆从国芬兰、罗马尼亚、匈牙利共出动 190 个师、550 万兵力，近 5000 架飞机、4000 多辆坦克，在北起波罗的海、南至黑海的 1800 多公里战线上分三路向苏联发动突然袭击。北方集团军群从东普鲁士出发，在 9 月 8 日完成对列宁格勒的包围；中央集团军群从华沙以东出发，在一个月内占领了明斯克和斯摩棱斯克，直逼莫斯科；南方集团军群于多瑙河到卢布林地区集结，于 9 月 20 日占领基辅，围歼苏军 60 多万人，而后向顿巴斯进军。截至 1941 年 11 月，德军深入苏联腹地 850—1200 公里，占领土地 150 多万平方公里。其占领领土上的人口约占全苏人口的 40%，工农业产值几乎占苏联全国的 2/3。到 1941 年 12 月 1 日，苏军共损失 700 多万人、坦克 2.4 万辆、飞机 2.4 万架，而德军仅伤亡 80 万人。

1941 年 12 月，从莫斯科奔赴前线作战的苏联生力军。

1941 年 9 月 30 日，德军向莫斯科发动了大规模进攻。10 月中旬，德军先头部队逼近到离莫斯科不到一百公里处的地方。斯大林做出了坚守莫斯科的决定。11 月 7 日，莫斯科举行了传统的阅兵式，斯大林亲临红场，检阅红军，发表演说，广大军民受到极大鼓舞。11 月 15 日，德军向莫斯科发起第二次进攻。11 月 27 日，德军突击部队推进到离莫斯科只有 24 公里的地方，德军指挥官甚至已经能用望远镜看到克里姆林宫顶端的红星。但在这里，他们遭遇到苏军英勇的抗击，无法前进。

12 月 5 日，苏联军队发起反攻，很快击溃了进攻莫斯科的德军。到 4 月中下旬，苏军在各条战线上将德军击退到距莫斯科 150 公里到 400 公里，从而解除了对莫斯科的威胁，改善了列宁格勒的处境。莫斯科战役的胜利，宣告希特勒"闪电战"的彻底破产，粉碎了德军"不可战胜"的神话，增强了苏联人民取得反法西斯斗争胜利的信心，迫使德军面临持久的两线作战的局面。

斯大林格勒战役

莫斯科战役胜利后，苏联的作战局势仍然十分紧张。1942 年夏，德军在苏德战场南翼实施重点进攻，企图夺取斯大林格勒和高加索，切断苏军的补给线。

8月底，德军从三面包围了斯大林格勒，斯大林要求城内守军"不惜一切代价坚守到最后一个人"。同时，根据斯大林的命令，城外苏军对德军实施局部进攻，以此牵制德军兵力，减弱德军的攻势。9月13日，德军攻入斯大林格勒市区，两军展开激烈的巷战。在巷战中，双方逐街逐楼反复争夺。11月11日，德军冲到伏尔加河河岸。但其攻势已成强弩之末。苏军的浴血奋战保住了这座城市，并牵制住了德军大量的有生力量。1942年11月19日，苏联军队从斯大林格勒北面发动进攻，第二天拂晓，集结在斯大林格勒南面的苏军也发起进攻。苏军迅速突破敌军防线，构成"铁钳攻势"。23日，南北两翼苏军会师，合围德军第六集团军全部和第四装甲集团军一部共22个师，总计33万人。1943年1月10日，苏军顿河方面军开始对被围德军发起总攻，至2月2日全歼被围德军，德军元帅保卢斯成为苏联军队的阶下囚。

在莫斯科以西风雪中的德军士兵

在历时二百天的斯大林格勒保卫战中，苏军歼灭德军近150万人，使德军损失3500辆坦克和强击火炮、3000架飞机和1.2万门火炮，彻底扭转了苏联在战场上的被动局面。苏军从此掌握了战略主动权，开始从战略防御转入战略反攻和进攻。

攻克柏林

1943年7—8月间，苏德两军在库尔斯克进行大会战，苏军最终取得历史上最大规模坦克会战的胜利。1943年9月，苏军强渡第聂伯河，并于11月6日收复基

辅。1944 年 6 月，苏军取得白俄罗斯战役的胜利，解放了明斯克，随即攻入波兰，

三巨头齐聚雅尔塔会议（1945 年）

将德军赶回维斯瓦河以西地区。

1945 年 1 月 27 日，朱可夫元帅率领苏联军队渡过奥祖河，向德国法西斯发起总攻。苏军两个星期内突进 220 英里，攻入德国本土。4 月 16 日，苏军向柏林发起进攻，10 个步兵师、1 个坦克军、3 个坦克旅和两个机械化旅一共 250 万人的苏军，从四面八方杀向希特勒的巢穴。1945 年 4 月 26 日，合围柏林的苏军部队采取多路向中心突击和分割围歼的战术，强攻柏林。4 月 27 日，苏军攻入柏林市中心。经过逐层逐级的争夺，苏军战士于 4 月 30 日把象征胜利的红旗插到了德国国会大厦的主楼圆顶上。

5 月 8 日柏林时间 22 点 43 分，莫斯科时间 5 月 9 日零点 43 分，德国国防军最高统帅部代表在柏林近郊卡尔斯霍斯特正式签署无条件投降书，苏联取得了卫国战争的彻底胜利。战争结束时，苏联的军事实力和国际威望得到了空前提高，被公认为世界上第一流的军事强国。战争结束时，苏联红军总人数达到了 1140 万，共有作战飞机 1.6 万架，坦克 1.2 万辆，军舰 1702 艘。

战争还扩大了苏联的版图，在按照雅尔塔体系重新划分的欧洲政治版图上，苏联在战前占领的东欧和芬兰的领土得到了国际承认，还分到了德国东普鲁士领土的 1/3。至此，苏联领土一共扩充了 60 万平方公里。苏军解放的东欧国家也相继成立亲苏政权，成了苏联的卫星国。

苏联在卫国战争中付出的代价是非常惨重的，军民的伤亡是非常惊人的。此前各方在不同时期的统计数据并不一样，俄罗斯国防部在 2010 年最新公布的数字是，军队作战死亡人数为 688.5 万（包括伤病而死亡），到达前线途中死亡 50 万，加上被俘后死亡的数量，苏联军队共死亡 916.48 万，平民死亡 1740 万，总死亡人数达 2660 万，苏联全国的成年男子有一半非死即残。此外，苏联在战争期间有 1700 个城市和市镇被破坏，7 万多个村庄被烧毁，3 万多个工业企业、6.5 万公里铁路被炸毁，10 万多个集体农庄和国营农场变成废墟，全苏经济损失高达 7000 亿卢布。

奥斯曼土耳其帝国的终结

第一次世界大战期间，奥斯曼土耳其帝国处于分裂状态。在被不同的战胜国的军队占领之后，奥斯曼土耳其帝国爆发了一系列为独立而进行的战争。

当第一次世界大战爆发的时候，国力已经衰弱的奥斯曼土耳其帝国一开始力图保持中立。然而，在年轻好战的土耳其首相恩维尔·帕沙的鼓动下，土耳其于 1914 年 11 月以同盟国的立场加入"一战"。土耳其五支军队中的三支由德国将军奥托·冯·赞德尔斯统领。土耳其海军袭击了英国、法国在黑海的船运。

与同盟国并肩作战的土耳其士兵

这场战争的结果对奥斯曼土耳其帝国来说是至关重要的。阿拉伯凭借英国的协助成功地使自己脱离了奥斯曼土耳其帝国的掌控；在《贝尔福宣言》中，巴勒斯坦部分地区被承认作为犹太人的民族家园；协约国打败同盟国后，占领了奥斯曼土耳其帝国剩下的大部分土地。在 1920 年的《色佛尔和约》中，土耳其丧失了主权。

在穆斯塔法·凯末尔的领导下，土耳其成立了反抗占领政权的组织，并从 1919 年起开展了独立斗争。

伊兹密尔市镇广场

1919 年 7 月 23 日，凯末尔和前任海军长官罗夫·贝在埃尔斯伦召集民族主义者议会。议会组建了民族主义政党，该党在 1919 年 10 月 5 日推翻了软弱的伊斯坦布尔政权，并在随后进行的选举中取得了压倒性的胜利。

该党最初的成功来自年轻的苏联对其东部边境地区的承认。1921 年，法国也被迫宣布放弃对土耳其的领土要求。

土耳其与希腊的战争旨在鲸吞君士坦丁堡以及安纳托利亚的大部分地区，这场战争最后以逐出希腊军队以及一大批长期居住的希腊平民中的少数民族成员而告结束。

独立战争最后在伊兹密尔的破坏下结束。《洛桑条约》签订之后的一年，土耳其在国际上得到承认。

土耳其共和国的建立

随着独立战争的胜利结束。1923 年，穆斯塔法·凯末尔宣布土耳其共和国成立。土耳其随即进入了一个集中的现代化时期。

马霍米特六世——土耳其的最后一个苏丹，对政治事件鲜有影响，因为穆斯塔法·凯末尔领导下的改革运动已经在国内政务中占据上风。在独立战争的进程中，

穆斯塔法·凯末尔成立了一个对抗苏丹王朝的反对政府。1922年，在当选为首任总统之前，凯末尔废除了苏丹制，后来，他同样废除了哈里发和其他宗教法庭。1923年10月29日，凯末尔宣布土耳其共和国成立并且迁都安卡拉。

最后一任苏丹马霍米特六世在登基典礼上，1918年。

在此之后的15年，凯末尔政府见证了土耳其政治、社会的巨大变化。1925年进行的"衣着改革"禁止女性戴面纱，男性戴毡帽。同年，采用格里高利历和公制，后来又采用了拉丁字母。法律体系则是从欧洲各国吸取精华：瑞士民法、德国商法以及意大利刑法等都被采纳并实行。同样，一夫一妻制婚姻以及男女的社会平等原则都被引进。虽然这些仅仅取得了部分的成功，但是在1930年，女性获得了投票权，并且在四年后获得了公职权。

被誉为"土耳其之父"的凯末尔在1938年逝世，继任者是他的战友伊斯麦特·伊诺努，他力图继续推进土耳其的现代化进程。

土耳其在国际上努力维护自己的主权。第二次世界大战期间，土耳其仍然保持中立的立场。1934年，土耳其与希腊、罗马尼亚以及南斯拉夫签订了《巴尔干协定》。土耳其也成了《联合国宪章》的成员国。当苏联企图再一次控制博斯普鲁斯海峡和达达尼尔海峡的时候，土耳其拉近了与美国的关系。这对美国的遏制政策有重大的意义。1952年，土耳其在朝鲜战争中与美国携手作战。此后，土耳其获准加入"北大西洋公约"组织。

凯末尔在对各省的一次视察时监

督推广拉丁字母，1929 年。

土耳其外交官（左二）正在签署《巴尔

干协定》，1934 年 9 月 4 日。

战后叙利亚、黎巴嫩和巴勒斯坦的政治重整

    第一次世界大战之后，大英帝国和法国对战败的奥斯曼土耳其帝国进行领土瓜分。在巴勒斯坦，大英帝国没能成功调解阿拉伯人与犹太人之间的利益冲突，也没能成功地解决领土争端问题。

    为了削弱第一次世界大战期间的敌人——奥斯曼土耳其帝国，英国政府支持包括叙利亚、黎巴嫩和伊拉克在内的奥斯曼各省的民族主义梦想，并给予它们独立的希望，条件是它们以协约国的立场参战。英国官员、考古学家托马斯·爱德华·劳伦斯上校（后来被称为"阿拉伯的劳伦斯"）成功组织了一次阿拉伯人反抗土耳

其人的起义，这场起义对奥斯曼土耳其帝国的衰亡起了相当大的作用。

沙漠中的城堡，位于约旦阿兹拉
克城堡附近，"阿拉伯的劳伦斯"曾
在此设立战斗总部。

然而，在 1920 年的圣雷莫会议上，协约国并不理会他们先前对阿拉伯独立的允诺，转而把巩固他们的势力影响作为其焦点。法国被国际联盟委托统治叙利亚、黎巴嫩，而大英帝国也作为受托管理国接管巴勒斯坦和伊拉克。

同年，叙利亚宣布自己为独立的"联合王国"，法国军队介入干涉，并废黜国王菲萨尔。在伊拉克，英国不得不防御为数众多的起义。同时，在巴勒斯坦地区，英国的统治并不能够满足国际联盟对平衡阿拉伯人与犹太人利益的要求。

巴勒斯坦：宗教—政治矛盾的产生

1917 年以后，阿拉伯人和犹太人的民族运动在巴勒斯坦领土上的宗教和历史敏感地区争端不断。

即使延续至 19 世纪末，阿拉伯民族主义运动还在筹划伊斯兰教的复兴，同时不断保卫自己，以摆脱奥斯曼土耳其帝国统治下的政教分离制度。与此同时，犹太民族主义——犹太复国主义——同样方兴未艾，希冀在奥斯曼土耳其帝国控制下的巴勒斯坦这块"父辈们的土地"上来实现全世界的犹太人的统一。

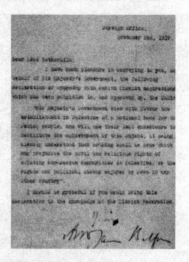

《贝尔福宣言》中关于巴勒斯坦犹太移

民的决定，1917 年。

　　因为犹太复国主义者的任务是反对土耳其人，再加上巴勒斯坦境内的许多犹太
年轻人应征加入英国军队并提供军事情报，所以大英帝国在 1917 年《贝尔福宣言》
中向犹太人允诺建立一个"巴勒斯坦民族家园"。在这种情况下，阿拉伯人和犹太
民族主义者的运动的期望是互相矛盾的。当奥斯曼土耳其帝国瓦解，大英帝国攻占
巴勒斯坦之时，双方都希望达成自己的愿望。

在巴勒斯坦的犹太移民搭设帐篷露宿

的景象，1920 年。

　　犹太复国主义者与阿拉伯民族主义者之间的多轮谈判协商，终于在 1919 年达

成了《魏兹曼-菲萨尔协议》，该协议规定在巴勒斯坦的阿拉伯人的独立能够保证的前提下，阿拉伯人接受犹太移民。

阿拉伯人抵制犹太复国主义者定居巴勒斯坦的活动日益激烈起来。作为回应，英国政府将巴勒斯坦领土限制到约旦河西岸，同时，在外约旦东面建立了一个半独立的阿拉伯酋长国。

耶利哥（死海以北的古城）的街景，1900 年。

20 世纪 30 年代期间，当纳粹的迫害导致日益增多的犹太移民进入巴勒斯坦地区时，犹太人和阿拉伯人之间的矛盾冲突加剧了。1936—1939 年，阿拉伯人在巴勒斯坦起义，要求建立一个独立的国家，并要求终止犹太移民的进入。作为回应，犹太人要求无限制地移民，并在 1942 年的纽约会议上要求在巴勒斯坦建立一个独立的犹太国家。

波斯（伊朗）：在强国保护下进行的现代化

1905 年，波斯在英国和俄国的影响下分裂成了两个部分，两个地区间隔着一个中立地带。随后，在一战期间，俄国、英国和土耳其分别占领了波斯。

1917 年，布尔什维克获得了俄国的政权之后，俄国从波斯撤军，并且承认了波斯的主权。相对的，英国于 1919 年占领了波斯，但是没有能把波斯变成它的保护国，于是最终也撤兵了。英国害怕苏联的继续扩张，因此要求建立一个稳定的波斯政府。

"沙哈"礼萨·汗，1925 年。

　　战争的指挥者礼萨·汗上校在 1921 年通过政变取得政权，并且巩固了波斯中央政府的权威。1925 年，他促使议会废除了恺加王朝的最后一位国王，并选举他为"沙哈"。与他的继任者穆罕默德·礼萨·巴列维一样，礼萨·汗以独裁的方式，按照"凯末尔模式"，在文化、教育和工业上将波斯全面西化。举例来说，他下令建造了贯穿伊朗的铁路；他还引入了民法和刑法等欧洲的法律系统；1929 年起，波斯人民必须穿西式的服装，妇女不必再戴面纱；国家建造了新的医院和道路；1935 年，波斯第一所现代化大学在德黑兰开办。由于整个改革是以服务"沙哈"为目的的，因此在国内收效甚微。

戴着面纱的妇女，1930 年。

　　通过土地改革，"沙哈"强迫游牧民族居住在专门为他们建造的村庄里。反对礼萨·汗政策的暴动遭到了残忍的镇压，反抗的部落首领遭到杀害。

斯大林、罗斯福和丘吉尔在德黑兰会议上，1943年。

波斯努力在国际上维护它的自治权。1933年，波斯迫使英波石油公司签订了对波斯有利的新协定。1935年，波斯将国家的官方名称改为"伊朗"。由于1941年英国和苏联的军队以及随后美国军队的进入，伊朗在第二次世界大战中失去了其试图保持的中立立场。这些国家的目的旨在阻止德国得到伊朗丰富的石油储备。大规模的德国间谍在伊朗的存在，使英国十分焦虑，支持轴心国的"沙哈"被迫退位，并且遭到流放。与同盟国合作的"沙哈"的儿子穆罕默德·礼萨·巴列维继任了王位。罗斯福、斯大林和丘吉尔在1943年德黑兰会议上保证了伊朗在战后的独立，还提出向伊朗提供经济援助。依照约定，美国和英国于1945年从伊朗撤兵，苏联于次年撤兵。

阿富汗：从英国的控制下独立

阿富汗最终在1919年从英国手中赢得了独立。但是在保守势力的反对下，依照土耳其模式进行的国家改革只取得了微弱的成效。

第一次世界大战中，阿富汗在阿米尔·哈比布拉的领导下保持了中立立场。起先，在英国的殖民地印度占领了"杜兰线"以外的阿富汗东南部地区时，阿富汗没有进行自卫。1919年哈比布拉遭暗杀后，他的儿子阿曼努拉即位，并于同年5月指挥军队越过阿印边境进入印度，取得了抗英战争的首次胜利。第三次抗英战争就此开始。1919年8月8日，英阿双方签订了《拉瓦尔品第条约》。英国最终放弃对阿富汗的控制，承认阿富汗独立，并且重新确认"杜兰线"为印阿两国边界线。

阿富汗佛教石窟的岩石表面和"小佛"

阿曼努拉"沙哈"（"沙哈"即阿富汗国王）同适应世俗形式的青年阿富汗派达成了共识，并且依照世俗化的土耳其模式，引进了全面的现代化建设项目。他派遣青年人出国留学，计划了一套广泛但并不现实的社会规范。此外，他还主张赋予妇女平等的权利，将法律体系世俗化，并将保护宗教少数派的要求制度化。这些计划粉碎了那些坚决维护部落传统和宗教权威的保守势力的反抗。1929 年，国内的叛乱导致了阿曼努拉退位。

阿富汗显贵们，约 1910 年。

哈比布拉二世进行了 9 个月的血腥统治后，穆罕默德·纳第尔·汗在 10 月占领了喀布尔，成了纳第尔"沙哈"，并取得政权。他考虑到保守派的政见，小心翼翼地继续实行前任统治者的改革政策。他将伊斯兰教教法作为法律基础，并立逊尼派伊斯兰教为国教。

位于阿富汗首都喀布尔的蓝清真寺

在纳第尔的后继者查希尔的领导下，阿富汗在第二次世界大战中也保持了中立立场。1926年，阿富汗和苏联签订了互不侵犯条约。协约国虽然坚持要求查希尔"沙哈"驱逐轴心国派来的外交使者，但仍然接受了阿富汗的中立立场。

甘地的非暴力不合作运动

1919年。英国在阿姆利则进行了一次大屠杀，这一事件再次刺激了印度独立运动的进一步发展。此后，甘地的非暴力不合作运动发展成为一股强大的政治力量。

尽管印度在第一次世界大战中派出军队为英国效力，但是期望达到政治平等的印度独立运动并没有在战后到来。虽然曾有政府的高级政治报告提出在印度，特别是在地方上，建立一个更能代表印度利益的政府的计划，此外还提出将允许本国人进入各级公共部门，但政府颁布的附加紧急法令却进一步限制了印度人民参与决策的权利。这项法令在印度仅仅加强了由甘地和贾瓦哈拉尔·尼赫鲁领导的提倡民族主义的印度国民大会党的政治权力。

1919年，英国血腥地镇压了在阿姆利则举行的一次反英集会。此后，甘地进行

第一次世界大战期间的印度军队

了他的第一次"公民不服从""不合作"运动，这场运动迅速演变成一场声势浩大的运动，而甘地也无可争议地成了处于印度统治地位的国大党领袖。他号召全国人民抵制英国设立的机构，并且提倡重新恢复印度的基础手工业生产。

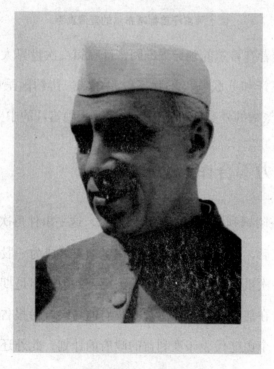

贾瓦哈拉尔·尼赫鲁

　　由穆罕默德·阿里·真纳领导的穆斯林同盟也加入了这场运动，巩固了这场运动的成果。1922年，由于激动的示威者们用武力破坏了不抵抗、非暴力的禁令，甘地终止了非暴力不合作运动。之后，甘地被判处六年有期徒刑。

加尔各答的政治骚乱

印度独立与印巴分治

第二次世界大战之后。英国在国大党的压力下，不情愿地承认了印度独立和穆斯林的巴基斯坦国的建立。

印度国民大会党

1930 年，英国拒绝答应印度的主权要求，这引起了第二次大规模的反英运动的爆发。为了反抗英国垄断食盐工业，甘地领导印度人民参加了一场"食盐进军"，他们的目的地是海边的产盐地。接着，在全国范围内发生了许多非暴力反抗运动。

1931 年在伦敦召开的一次政治会议为这场食盐斗争赢得了部分胜利：《甘地—欧文协定》撤销了英国的食盐垄断，但是甘地提出的民族自决的要求再一次遭到英政府的否决。

1935 年英国国会通过的《印度政府组织法》同意印度人民在各个行省建立自治的印度地方政府，但中央政府仍然由英国控制。这项法案必须让更大范围的各方满意，同时，也要保护印度的少数民族。1936 年，国大党成为印度各省立法议会竞选中的胜利者；然而，由于国大党反对英国政府颁布的非常时期法案，他们只取得了中央政府内的少数职位。

大批印度教教徒和锡克教教徒离开巴基斯坦，1947 年。

在预先没有给予保证印度以后独立的情况下，1939 年，英印总督林利思戈勋爵宣布印度参加第二次世界大战，国大党拒绝支持英政府，并再次发起了"公民不服从"运动。1942 年，甘地提出让英国"撤出印度"的要求。此后，国大党的全部领导人遭到逮捕。然而，战争的进程和印度国内不断紧张的局面迫使英国去寻找一个与印度合作解决问题的方案。

穆罕默德·阿里·真纳认为印度教徒和穆斯林是两个不同的民族。1940 年以后，他不断要求在印度次大陆北部建立一个属于穆斯林的独立国家。为了避免印度教徒和穆斯林间的一场血战的发生，英国决定在第二次世界大战结束之后将印度一分为二。1947 年，巴基斯坦（穆斯林控制地区）和印度（印度教徒控制地区）成为两个自治领。由于甘地坚定地来往于穆斯林和印度教徒间，游说双方和平相处，他在 1948 年被一名狂热的印度教徒刺杀。

中国的内战和日本的侵略

封建制度瓦解之后，中国国内陷入了政治混乱和地方割据的状态。日本利用了这种骚乱的时机，发动了对中国的军事侵略，企图在亚洲建立一个帝国。

袁世凯下令剪去象征皇帝传统的

1911 年底，由孙中山领导的共和革命爆发，袁世凯迫使清朝的末代皇帝溥仪退位，中华民国成立。袁世凯试图建立另外一种王朝的做法，在 1915 年由于各省的反对而失败。1916 年袁世凯死后，政府开始分裂。直到 1928 年，中国一直是内战连绵。尤其是在中国的北部，由军阀进行统治。日本趁火打劫，于 1915 年提出"二十一条"，妄图把整个中国变成它的殖民地。

中国在 1917 年参加了第一次世界大战，希望通过加入协约国来对付日本帝国主义。但是在 1919 年这些愿望落空后，中国的民族主义思想高涨起来。孙中山在 1923 年开始武装共和民族政党（国民党），其目的是统一国家。在 1925 年孙中山去世后，蒋介石掌握了国民党的领导权。1928 年国民党夺取南京后，蒋介石成功地镇压了北方的军阀，成为南京国民政府主席。在率师北伐的途中，蒋介石发动"4·12"政变，第一次国共合作失败。

1931 年，日本侵占了中国的满洲里，并且宣布成立"满洲国"。当 1937 年北京遭到日本攻击时，为了保卫国家，蒋介石和共产党组成了统一战线。然而，日本

日本侵略中国东北满洲里，1931年。

军队仍然继续向中国内陆推进。南京被占领，即通常所说的"南京沦陷"，国民政府被迫向西部迁移。

日军入侵并洗劫南京城，1937年。

当美国在1942年向日本宣战时，中国得到了美国的物资和军事援助。日军向同盟国投降后，日军离开南京，"满洲国"傀儡政权瓦解。

毛泽东领导下的共产党的壮大

20世纪20—30年代，在毛泽东的领导下。共产党的影响稳步增长。虽然受到国民党的残酷迫害，但在第二次世界大战后。共产党最终战胜了国民党。

随着中国加入第一次世界大战和苏联布尔什维克的胜利，西方的革命思想深入中国民心，并且在五四运动中体现出来。由运动中的马克思主义的研究小组成员组成的共产党（CCP）于1921年诞生。在苏联的帮助下，共产党成为中国的一支重

要的政治力量。

蒋介石和他的妻子，1927 年。

在民族统一的召唤下，第一次国共合作于 1922 年实现。共产党的影响稳步增长，然而，在 1927 年发生了两党的分裂。

自此，蒋介石集团开始迫害共产党，尤以在上海的迫害最为严重。在 1927 年的 4 月 12 日，几千名共产党和国共统一战线的成员在上海被杀害。共产党于是将人民解放军撤退到农村，并建立了地方政府。开展土地改革后，共产党在江西省建立了苏维埃共和国。

毛泽东在共产党会议上讲话，1933 年。

为了躲避来自国民党政府的"斩草除根"的战役，共产党被迫把他们的军队转移到中国北部。在大家公认的领袖毛泽东的领导下，共产党于 1934—1935 年进行了长征，他们经过中国西部各省区到达延安，在那里建立了自己的中央根据地。

在与日本帝国主义作战的漫长过程中，共产党的力量稳步壮大。在苏联的支持

在第二次世界大战中的日本步兵和中国俘虏

下，到 1949 年，中国共产党控制了中国大陆的全部地区。1949 年 10 月 1 日，毛泽东宣布中华人民共和国成立。

东亚国家通往独立的道路

随着第二次世界大战的结束，东亚的国家摆脱了日本数十年的殖民统治。

曼谷，暹罗（泰国）首都，约 1930 年。

20 世纪初，几乎所有的东亚地区都由西方殖民势力控制：印度支那附属于法国；菲律宾附属于美国；印度、马来半岛和婆罗洲北部附属于英国；今天的印度尼西亚附属于荷兰。在亚洲大陆上，只有暹罗（今为泰国）是正式独立的，但它也受到法国和日本的影响。朝鲜自 1905 年起沦为日本的保护国。

在各国国内，共产党首先于1914年出现在印度尼西亚，此后到20世纪20年代为止还陆续在东亚其他国家出现。如共产党一样的反抗组织对殖民政府的统治几乎没有造成多大的威胁。只有在1937年，缅甸国内的不信奉国教者达到了有效的目标。主张民族主义的学生起义引发了缅甸脱离英印帝国，英印政府承认了缅甸在某些方面的自主权。

在缅甸的日本士兵，1944年。

日本提出建立"大东亚共荣圈"的计划意味着欧洲国家的势力要被驱逐出东亚地区，这一点大体上受到所有东亚国家的支持，这也促使反对殖民统治的力量走向了分裂。左翼组织不希望受到日本天皇的统治，因此组织了反日的共产主义人民军队，例如菲律宾和马来半岛。相对而言，民族主义者希望由于他们支持日本的立场，日本能帮助他们加快独立的进程。缅甸的一支志愿军支持日本，在印度也有类似的情况。但在越南，人们的反应则有所不同。当日本在1941年占领了越南东部地区时，民族主义者和共产党人在胡志明的领导下，团结在一起反抗日本。他们组织了"越南独立同盟"，简称"越盟"。

随着日本在1945年的投降，其殖民势力逐渐从东亚地区撤出。到20世纪40年代末为止，越南、朝鲜、菲律宾、印度尼西亚、柬埔寨、老挝和缅甸相继宣布独立。马来半岛到1957年才取得独立。英属新加坡和香港蒙受的屈辱，大大降低了东南亚殖民势力的声望。

胡志明（前排）和越盟军队，1950 年。

主权：独立运动的开端

在 20 世纪初的几年，大英帝国赋予了多个殖民地自治的权力，并作为英国的自治领。然而直到 1931 年，它们才正式获得完全独立的地位。

国王乔治五世

1867 年，加拿大成为获得独立的英国殖民地。随后，澳大利亚、新西兰、纽芬兰以及由开普省、纳塔尔、德兰士瓦和奥兰治自由邦组成的南非联盟在 20 世纪初获得了独立。1922 年，爱尔兰也赢得了相同的地位。作为自治领，它们根据国际法的规定转变为独立自主的国家。

然而与英国的结合，尤其在世界性的问题和安全政策上，仍旧维持原状，英王依然是国家形式上的首脑。

当英国在 1914 年向德宣战时，英国自治领也自动加入了战争。但是战争结束后，它们开始抵制英国强加的负担。

1919 年，它们各自签订了《凡尔赛和约》，并加入国际联盟。

在西线作战的加拿大士兵，1916 年。

在 1926 年的伦敦会议上，《贝尔福报告》承诺给予自治领以独立地位，这项协议在 1931 年《威斯敏斯特法案》中生效。

作为"英国下属的自治体，各个国家享有同等的地位"，它们在法律以及国内外政策上不受英国的影响，然而这些国家"必须出于对英王的忠诚而联合起来，自愿加入英联邦，成为其中一员"（贝尔福）。

所有独立的殖民地都自动加入英联邦，同时它们也可以自由退出英联邦。澳大利亚于 1942 年加入英联邦，新西兰也于 1947 年加入。纽芬兰则是一个特例，它从 20 世纪 30 年代又一度由英国直接治理，到 1949 年成为加拿大的一部分。

大英帝国的分裂

在第一次世界大战快要结束的时候，英国拥有的领土比以往任何时期都要广阔。然而经济上的重负和风起云涌的殖民地独立运动，使帝国在第二次世界大战后逐渐瓦解。

一战后，英国进行了最后一次领土扩张。

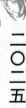

英国外交大臣亚瑟·詹姆斯·贝尔福

　　根据国联的指示，英国接管了巴勒斯坦、伊拉克以及德国殖民地坦干伊喀。同时它还扩大了在新几内亚、纳米比亚等地区的影响力，因为这些地区曾经先后为澳大利亚和南非所管理。

年轻的班图族妇女，1936 年。

　　但是，在它控制的这些地区，英国的力量变得异常微弱。由于本土正遭受着严重的经济危机，因此它不得不缩减在殖民地的基金和管理规模以及驻军。

锡兰（斯里兰卡）妇女在采摘茶叶

另外，一战后非洲和亚洲人民提出要求：如果不能取得完全独立，起码也要获得更多的自主权，并终结那些受英国白人剥削的黑人所遭受的诬蔑。

与已经获得独立地位，并自主决定是否加入英联邦的自治领相比，其余的殖民地则是被迫加入英联邦。而英国的局势在二战后进一步恶化。财政问题以及殖民地日益高涨的、强劲的独立运动，加速了英帝国的崩溃。1947年，印度——英国最重要的殖民地，摆脱了英国的统治。缅甸、锡兰（斯里兰卡）也于1948年脱离英国统治。非殖民化运动形成一股不可遏止的洪流。

第一次世界大战时的非洲

第一次世界大战的失利使德国丧失了其在非洲的殖民地。1920年。那些非洲殖民地由国际联盟托管。

第一次世界大战的非洲战场是在埃及和德国殖民地上。英国、法国、比利时及它们的殖民军队成功地侵占多哥、喀麦隆以及西南非。只有德属东非（现今的坦桑尼亚）保罗·冯·莱托-福尔贝克领导下的非洲土著殖民军队能够在整个战争期间抵抗殖民统治。直到接受并实行了租金细则之后，那里的军队才于1918年的11月停止了敌对状态。

第一次世界大战期间，殖民列强的军队依赖当地人民。非洲士兵不仅被强迫与白人士兵隔离，而且付给他们的报酬也很少，比如说在法国军队里，大约50万非洲人以殖民列强身份参战，欧洲也部署着来自塞内加尔和摩洛哥的士兵。战争结束后，非洲人民对独立的渴望与日俱增。在返回的士兵看来，在所谓的"白人部落的战争"上，殖民主义者道德上违背信义。通过《凡尔赛和约》，非洲的人民自主权得以加强，由此开始了反殖民主义的浪潮。

二战期间，在靠凡尔登的西线作战的法军中的非洲士兵。

各种新的殖民统治形式为殖民地的解放拉开了序幕。1920年，原德属殖民地为"国际联盟"托管，这在理论上对殖民统治者的权力进行了限制，因为他们现在必须对一个更广阔的、有官方性质的国际社会负责。然而实际上，欧洲列强在非洲追逐利益，当地人民仍然被他们任意摆布。

非洲的经济发展

1929年爆发的世界经济危机突然中断了非洲经济的繁荣发展。第二次世界大战中，更多的由殖民列强掌握的权力机制在非洲确立。

第一次世界大战向参战的殖民列强显示了非洲经济发展的潜力空间以及非洲在作战物资和人力供给方面的重要性。

于是，这些殖民列强在战后通过发展基础设施建设，开始系统发展非洲经济和开发整个大陆。

非洲大陆上广播站的分布，1936 年。

20 世纪 20 年代末，一个与今日的铁路网基本相吻合的铁路网覆盖了整个非洲大陆。

20 世纪 30 年代的全球经济萧条打断了对当地居住者而言相对繁荣的现代化进程。欧洲的进口货物忽然之间变得无法承受，同时大约一半的非洲劳工失去了工作。非洲人无望地面对这些改变，然而，白人殖民当权者力图通过增加对其他东西的税收等手段来巩固其利益。

许多非洲人尝试到城市工业地区谋生，于是由此开始了城市的扩大；而在乡村地区，物物交换的古老形式又死灰复燃。

1939 年第二次世界大战的爆发改善了物质条件，同时带来了显著的经济增长。由于大部分白人不得不返回他们的祖国服兵役，以及欧洲国家对原材料需求的增长，非洲产生了许多新的就业机会。这都扩大了本土人口的影响力。欧洲对蓬勃发展的殖民地经济的依赖为非洲人提供了工资增长和工作环境改善的机会。

1940 年，大英帝国通过了《殖民地福利法案》，旨在防止在他们控制的领域内

比利时属刚果的一家铜厂的工人

发生罢工事件。1951 年，英国成为战后第一个给予一个非洲国家——利比亚——主权的殖民国家，由此引发了暴力程度不同的反殖民主义运动浪潮。

利比亚，的黎波里，意大利殖民者的现代化住宅，1935 年。

埃及：主权与英国管辖权

在两次世界大战中，埃及都是英国军事部署的重要阵地。尽管作为一个主权国家，在第二次世界大战期间。埃及曾通过联盟承诺来依附英国，但是一些民族主义者向轴心国寻求帮助以削弱英国的影响。

1882 年，英国军队占领埃及，并控制了整个国家，但没有结束埃及作为奥斯曼土耳其帝国一部分的法定地位。在伊夫林爵士的领导下，埃及进行了广泛的改革。在第一次世界大战爆发之际，大英帝国正式宣布埃及为保护国，强制推行军事化管理，并且切断了埃及人与奥斯曼人的最后联系。1914 年，英国军队阻止了奥斯曼一德国对苏伊士运河的进犯，之后将埃及作为对叙利亚和巴勒斯坦进攻的基地。

苏伊士运河，国际贸易的重要水道，1940 年。

1919 年，大英帝国阻止埃及民族主义团体华夫脱党参加凡尔赛会议，由此导致了激烈的罢工和动荡局势，结果是大批人被逮捕并被处以绞刑。

这一事件的影响是，英国在 1922 年承认了埃及的独立，但前提是英国仍然维持它在埃及的军事部署，并把持埃及的外交事务以达到保护自己利益的目的。

当国王弗阿德一世在 1936 年去世时，大英帝国重新在一个联盟条约中承认埃及的主权，并撤退了除苏伊士运河地区以外的英国军队。然而，英国坚持有权为防止战争进行干涉，因此，埃及在"二战"期间又一次被英国占领，并被作为与德意作战的军事基地。

1942 年，英军在阿拉曼打败德军，并迫使其撤退到利比亚。埃及国王法鲁克一世被迫以亲英政府取代亲轴心国政府。1945 年，埃及正式向德国宣战。

参加阿拉曼战役的北非军队，1942 年。

海尔·塞拉西一世统治下的埃塞俄比亚

埃塞俄比亚凭借其现代化国家结构，能够成功地长期维持国家的独立地位。只有在 1936—1941 年，意大利侵占了埃塞俄比亚。

1896 年 10 月，在国王孟尼利克二世领导下的起义过后，《亚的斯亚贝巴条约》保证了埃塞俄比亚（旧称阿比西尼亚）40 年的独立，然而厄立特里亚仍处于意大利的控制之下。埃塞俄比亚加紧了现代化进程，这种趋势延续至 1913 年孟尼利克二世逝世之后。孟尼利克二世的孙子爱雅苏被公众罢免，其女儿继任。塔法里·马康南在 1928 年成为国王，两年后，以海尔·塞拉西一世的名义登基。在新宪法中，他把选举权和公民权奉为神圣，并使埃塞俄比亚在 1930 年加入国际联盟。国际上对此并没有进行干预，但是，墨索里尼领导下的法西斯意大利控制了埃塞俄比亚。

在埃塞俄比亚拒绝了他们的苛刻条件后，1934 年 10 月意大利制造了一次前线事件，以此作为对埃塞俄比亚发动战争的正当借口。从 1935 年 10 月—1936 年 5 月，意大利动用飞机、坦克和化学武器等对抗埃塞俄比亚的骑兵部队，这一事件成为一桩国际丑闻。

1936 年 5 月 5 日，意大利军队攻陷亚的斯亚贝巴，国王被迫流亡伦敦。同时，埃塞俄比亚与厄立特里亚以及意属索马里共同组成了"意属东非"殖民地。埃塞俄比亚人民在一场游击战中顽强抵抗入侵者，并于 1940 年支持英国进入非洲的意大

被意大利士兵逮捕的埃塞俄比亚部落首领，1936 年。

利殖民地。海尔·塞拉西从流放地返回并重登皇位，他在埃塞俄比亚一直统治到 1974 年。

大萧条期间的拉丁美洲危机

在 19 世纪 30 年代的拉丁美洲，世界经济危机所导致的社会动荡使军事独裁得势。在巴西。瓦加斯建立了将征服与社会慈善结合起来的个人独裁。

世界经济危机深深打击了拉丁美洲的"出口依赖型"经济，并导致了经济崩溃。因此，各地爆发了政治起义。大部分出身于行伍的独裁者开始掌权，他们许诺创造就业机会，并设法消除贫困。

许多拉美国家试图通过国家调控经济的政策来降低对外国贸易和投资的依赖程度。消费品由国内生产，建立起了相关工业。巴西即是这种发展模式的典型例子。

随着世界经济危机的爆发，瓦加斯（曾在 1929 年的总统选举中失利）于 1930 年领导了一次起义。他实行了广泛的行政改革。

在挫败 1932 年的圣保罗起义之后，他的总统地位通过 1934 年的选举合法化。于是，他从 1937 年起开始独裁统治，他的统治得到了共产主义者和法西斯主义者的交替支持。双方推翻他的尝试都被镇压了。

瓦加斯学习葡萄牙的模式，建立了独裁国家，他称之为"新国家"，个人或少数派必须服从整个国家。他认为社会矛盾不应通过阶级斗争来解决，而应通过机构或组织间的合作来调节。尽管是独裁主义，但各项改革使得瓦加斯声名远扬，尤其是在穷人中间得到拥护。政府允许成立工会组织，建立了养老保险和医疗保障系统，国家也保证最低工资。

一个男孩出售捕获的树獭，1935 年。

虽然在第二次世界大战初期瓦加斯宣称自己倾向轴心国，但在 1942 年美国宣战之后，巴西加入了反希特勒联盟，并参加战争。1944 年，巴西向欧洲派遣军队，成为美洲国家中唯一向德国和意大利宣战的国家。一支超过 25000 人的远征军作战于意大利前线，直至战争结束。

然而，在挫败希特勒之后，瓦加斯的地位开始动摇。

瓦加斯在 1945 年被军队驱逐，但由于持久的支持率，他在 1950 年的一次自由选举中再次当选总统。然而，政治丑闻使他在 1954 年走上了自杀之路。

第九章　崛起的世界

——二战后亚非拉各国的独立和发展

一、苏 联

世界历史通览·第八章

1945 年至今

战后，苏联成为唯一可以跟美国抗衡的大国，建立了强大的军事工业，军队驻扎在欧亚许多地区。20 世纪 50 年代，苏联逐步实行经济改革，60 年代中期和 80 年代中后期又进行了两次范围更广的改革。但由于国内外各种复杂原因，改革引发固有矛盾，相继失败，最终导致各联盟国与苏联分道扬镳。

赫鲁晓夫改革的成败

赫鲁晓夫上台后，改变了斯大林时代的极左政策，在苏联社会各领域进行了一系列改革。改革虽然给苏联社会带来一阵新风，也取得了一些成就，终因无法触动苏联计划体系的深层次矛盾，加之利益集团的反对，最后随着赫鲁晓夫倒台，他的改革归于失败。

斯大林去世

卫国战争结束后，斯大林的个人威信在苏联共产党内和国内达到了顶峰。在这种情况下，斯大林大权独揽，党内的组织生活和国内的政治生活变得越来越不正

常。按苏共党章规定，每三年召开一次党代表大会，然而从1939年联共（布）十八大后，党的大会一直未能如期召开，直至1952年才召开了苏共十九大。而党章规定的每四个月召开一次的中央全会，从1947年2月以来就从没有召开过。中央政治局也极少召开会议，党和国家许多重大问题都是在克里姆林宫斯大林的办公室和莫斯科郊外的孔策沃别墅中斯大林的私人宴会上被决定的。

1949年，中国庆祝斯大林生日。

斯大林的个人专权必然导致苏联社会的政治生活失衡，造成在党内和社会上延续30年代末的"大清洗"而继续进行无情的斗争。知识分子首当其冲，一大批苏联著名的学者、作家、音乐家等文化界人士被以莫须有的罪名遭到批判。学术界、文艺界到处在抓"卑躬屈节者""世界主义者""蜕化变质分子"，大批剧目被禁演，许多杂志被查封，一些无辜的人被逮捕甚至被处死。

1953年1月13日，《真理报》公布了一起震惊世界的消息：苏联内务部破获了克里姆林宫内的一个阴谋团体。克里姆林宫的一位放射科医生密报，宣称克里姆林宫医院的许多知名医生"妄图通过有害的治疗来缩短苏联积极活动家的生命"。国家安全部门侦查的结果"表明"，这些医生与外国的特务机构有联系，直接接受该组织的指挥，专门从事残害党和国家领导人的工作，为美帝国主义服务。全国很快掀起了一场揭露"白衣杀手""医生恶魔"的运动。运动很快具有了排犹的性质，因为被捕医生大多为犹太人。医疗机构、研究所、医院，甚至许多科学研究院和高等院校的成千上万的犹太专家被赶走。一时间，苏联社会上上下下人人自危，眼看着一场血雨腥风的政治清洗即将来临。

1953 年 3 月 1 日晚，孔策沃别墅的警卫人员发现斯大林没有按惯例按电铃通知送晚饭，这使得警卫人员非常着急，但是他们不敢打开斯大林房间的那扇大门。几个小时后，实在沉不住气的警卫人员终于打开了铁皮紧封着的大门，看到斯大林已经中风倒在地上。3 月 5 日晚上 9 时 50 分，斯大林的心脏停止了跳动，终年 74 岁。第二天，莫斯科广播电台以多种语言向全世界宣布斯大林去世的消息。

赫鲁晓夫发表《秘密报告》

斯大林逝世后的第二天，中央委员会、部长会议和苏维埃最高主席团召开联席会议，决定由马林科夫出任总理，把内务人民委员部和国家安全部合并，由贝利亚领导，莫洛托夫任第一副总理并恢复外交部长职务。伏罗希洛夫担任最高苏维埃主席团主席。中央委员会主席团人数减为 10 人，其排名次序为：马林科夫、贝利亚、莫洛托夫、伏罗希洛夫、赫鲁晓夫、布尔加宁、卡冈诺维奇、米高扬、萨布罗夫、别尔乌辛。

赫鲁晓夫（1894—1971 年），苏联领导人。

3 月 14 日，马林科夫辞去中央书记职务，由赫鲁晓夫等五人组成书记处。赫鲁晓夫成为中央委员会第一书记，但此职务的权力仅集中在宣传和意识形态上，政治和经济事务则落入马林科夫和当时的内务部长贝利亚手中。赫鲁晓夫感到贝利亚对他的严重威胁，于是他背地里和马林科夫、伏罗希洛夫、莫洛托夫等人密谋将其除

掉。6月26日的克里姆林宫会议上，马林科夫等人突然展开了对贝利亚的围攻，并在朱可夫等军事将领的协助下将其逮捕，又于12月18日以叛国罪、恐怖主义和反革命罪将其处决。

1953年9月，赫鲁晓夫在苏共中央全会上被选为苏共中央第一书记，赫鲁晓夫逐渐成为苏联党和国家领导集团中掌握最高权力的人。1956年2月14日，苏联共产党第二十次代表大会在莫斯科克里姆林宫召开。会上，赫鲁晓夫数次抨击党内存在的个人崇拜现象，但没有提到斯大林的名字。2月25日党代会结束后，代表们突然收到通知，参加一次事先没有纳入计划日程的秘密会议。在会议上，赫鲁晓夫发表了《关于个人崇拜及其后果》的讲话，情绪激动地谴责了斯大林大清洗和驱逐少数族裔的罪行，猛烈抨击了他农业政策带来的灾难，还攻击了他军事指挥上的无能而给苏联在卫国战争初期造成的巨大损失，并在最后表示要重新回到列宁主义的路线上来。讲话共持续了四个小时，如此惊世骇俗的报告使与会代表们大为震惊，以至于"会场内一片寂静，连针掉在地上的声音都能听见"。

会议结束后，作为苏联的冷战对手的美国对于苏联国内的一切风吹草动都非常注意，美国中央情报局很快得到了报告的副本。6月5日，美国《纽约时报》全文刊登了这个文本，并且使用了《赫鲁晓夫的秘密报告》的名称，一下子震惊了全世界。

经济与内政改革

苏共二十大之后，在赫鲁晓夫的主持下，在全国范围内展开了大规模的平反昭雪工作，释放无辜人员和批判个人崇拜。据统计，在1956—1957年间，苏联大约有700万—800万人被释放，500万—600万在政治清洗中死去的人得到平反，社会政治生活出现了巨大的转折，政治空气空前活跃起来。1954年，苏联犹太作家爱伦堡出版了中篇小说《解冻》，小说不仅鲜明地反映了这一新文艺思潮的社会内容，而且《解冻》这一书名也较为贴切地反映了苏联当时的社会政治生活情绪，因此"解冻"一词被广泛地引用。人们普遍地希望改变长期以来的政治高压的紧张气氛。

1959 年 7 月 24 日，美国副总统尼克松在莫斯科索科尔尼基

公园为美国国家展览会揭幕，以此作为对苏联官员访问纽约的

"回拜"，双方随后展开了著名的"厨房辩论"。

赫鲁晓夫执政期间，尝试对苏联的经济，特别是农业进行改革。为了扩大谷物生产，赫鲁晓夫提出开垦荒地的办法。1954 年 2 月党中央全会通过决议，决定在哈萨克斯坦和西伯利亚大规模开垦荒地。从 1954 年到 1958 年间，政府为开荒投资了 67 亿卢布，动员数十万志愿者到东部地区落户，共开垦出 4000 万公顷的土地。但由于组织计划不周密，大规模的垦荒破坏了生态平衡，大量草地和植被被风沙灾害破坏，到 1963 年，一共有 2000 万公顷土地受灾，粮食减产，迫使苏联用硬通货向美国和加拿大进口数百万吨粮食应急。

1958 年 6 月，苏联政府将集体农庄对国家的义务交售制改为农产品采购制，并提高农产品的收购价格。1958 年 2 月，赫鲁晓夫为提高农用生产机械的使用效率，决定将拖拉机等农业机器卖给集体农庄，并将机器拖拉机站改组为机器修配站。到 1959 年，绝大多数集体农庄被强制买下了农业机器。这种匆忙的做法打乱了集体农庄的决策进程，结果使农庄购买了大批机器，却不能充分利用它，甚至出现贫困的集体农庄因购买拖拉机而破产的情况。

赫鲁晓夫的农业改革取得了积极的成果。1951—1955 年间，苏联粮食的年平均产量为 3850 万吨，1961—1965 年间，年平均产量达到 1. 303 亿吨，增长近 50%。

集体农庄庄员的生活明显改善，1955 年的平均月收入为 25 卢布，1965 年达到 51.3 卢布。但苏联农业的粗放经营、低劳动生产率的状况并没有得到改变。

在工业方面，主要是将原属苏联中央管理的企业，如食品、纺织、造纸业划归给地方上的加盟共和国管辖，从而使得归地方加盟共和国管辖的企业在苏联工业生产总值所占比重从 1953 年的 31% 上升到 1957 年的 64%。

赫鲁晓夫被"逼宫"

赫鲁晓夫的改革虽然取得了很好的成效，比如苏联当时的政治气氛大为宽松，苏联的国民生产总值在他执政期间增加了 1.3 倍，人民的生活水平大为提高，但他的改革没能触及苏联斯大林集权体制的根本问题，结果改革没进行几年就陷入进退维谷的僵局。他的决策和行事往往凭的是直觉，有很大的随意性，经常是朝令夕改，政令和改革缺乏科学性和全局性。

赫鲁晓夫上台后，大幅度削减苏联高层官僚的特权，不再增加自己和其他领导人的工资，招致既得利益者的不满；加上他任内主张缓和与西方国家的紧张关系，大力裁减军备，也引起了军方的不满。赫鲁晓夫专横的工作作风和改革中的一些严重失误，使党内对他的不满之声越来越多。从 1964 年 7 月开始，以苏共中央第二书记勃列日涅夫为首的密谋宫廷政变的活动已经在紧锣密鼓地进行着。

1964 年 10 月 11 日，赫鲁晓夫离开莫斯科去黑海度假。这给了勃列日涅夫等人串联密谋的机会，他们召开秘密会议，商讨如何对付赫鲁晓夫。有人相继提出了在食物中投毒、在赫鲁晓夫必经之路埋炸弹、在赫鲁晓夫的专机上制造事故等方案，最后大多数与会者还是决定通过合法流程来逼迫赫鲁晓夫下台。10 月 12 日晚，勃列日涅夫给正在黑海休养的赫鲁晓夫发去电报，请他迅速返回莫斯科，主持讨论农业问题的中央全会。10 月 13 日早晨，不明就里的赫鲁晓夫乘飞机返回莫斯科。

在苏共中央主席团会议上，大多数主席团委员和候补委员都对赫鲁晓夫进行了猛烈的抨击。这些抨击几乎都集中在赫鲁晓夫的工作作风和政策失误上，主要包括：破坏集体领导的原则，把个人意见强加于他人，不理睬其他领导人意见，在干部问题上独断专行，作风粗暴，自我标榜和吹嘘、任人唯亲等，成立工业党委和农业党委造成管理混乱，在古巴导弹危机和柏林危机等外交事务方面的失误。

赫鲁晓夫见大势已去，只得同意在事先准备好的退休声明书上签字。10 月 14 日下午苏共中央全会召开，苏共中央主席团通过决议："满足赫鲁晓夫同志鉴于年迈和健康状况恶化，而解除党的第一书记、中央主席团委员和苏联部长会议主席的请求。"然后由苏共中央主席团当场以举手表决的简单方式选举勃列日涅夫为苏共中央第一书记，选举柯西金为苏联部长会议主席。

赫鲁晓夫从此退出苏联政治舞台，成为一名普通的苏联人民特殊养老金领取者，每月的养老金为 500 卢布。他在苦闷寂寞之余，用老式钢丝录音机口述自己的回忆录，经过整理后送到国外出版。因此受到苏联政府的批评，他被迫发表声明，宣布国外出版的回忆录是伪造的。1971 年 9 月 11 日，赫鲁晓夫因心脏病去世，被安葬在莫斯科的新少女修道院，一年后，他的墓地上竖起一座大理石墓碑，两旁各为黑、白色，中间为他的头像。黑白分明，彰显了他的鲜明性格。

冷战时期苏联的对外干涉活动

随着冷战的展开，苏联日益加紧了对其东欧卫星国的控制，这引起了当地民众的强烈不满。在波兰、匈牙利、捷克等国相继爆发了以摆脱苏联模式为特征的改革和社会运动。苏联对此不惜动用武力压制这些国家的反抗。对于第三世界国家，苏联也是极力扩张自己的势力，其最明显的标志事件就是苏联于 1979 年 12 月入侵阿富汗。

冷战的起源

在二战后期，随着战争的胜利指日可待，苏联和以美国为首的西方集团的矛盾和不信任感日益突出。在战后的政治格局安排中，苏联竭力在由其解放的东欧地区建立亲苏的社会主义政权，并全力把自己的政治与经济制度移植到这些东欧国家中。苏联此举更加剧了和美国的矛盾。1946 年，杜鲁门邀请已经下野的英国首相丘

吉尔到美国进行私人访问。3月5日，丘吉尔在杜鲁门的老家密苏里州富尔敦的威斯敏斯特学院发表了长篇演说《和平砥柱》。他指出："从波罗的海的什切青到亚得里亚海边的的里雅斯特，一幅横贯欧洲大陆的铁幕已经降落下来。在这条线的后面，坐落着中欧和东欧古国的都城。华沙、柏林、布拉格、维也纳、布达佩斯、贝尔格莱德和索菲亚——所有这些名城及其居民无一不处在苏联的势力范围之内。不仅以这种或那种形式屈服于苏联的势力影响，而且还受到莫斯科日益增强的高压控制。"他呼吁美国对苏联的扩张行为采取一定措施。

1947年，杜鲁门在美国国会参众两院发表咨文并同时对全国广播。他宣称世界已分化为两个敌对的营垒，美国负有领导"自由世界的"责任和使命，他指责苏联是"极权主义"国家，极权主义和任何国家的民族民主革命都威胁着美国的安全。声称美国的政策必须是支持各国"自由人民"抵抗少数武装分子或外来压力所实行的征服活动。1949年4月4日，比利时、冰岛、丹麦、加拿大、卢森堡、荷兰、挪威、葡萄牙、意大利、英国、法国和美国的外长（国务卿）在华盛顿签订了《北大西洋公约》，以美国为首的西方军事联盟——北大西洋公约组织宣告成立。1954年10月23日，美、英、法等西方国家签订了《巴黎协定》，吸收联邦德国加入北大西洋公约组织。

为了与以美国为首的北约相抗衡，1955年5月14日，苏联同阿尔巴尼亚、保加利亚、波兰、民主德国、捷克斯洛伐克、罗马尼亚、匈牙利在华沙签署了《华沙条约》，正式建立政治与军事同盟。

美苏的对立实质上是两种不同社会制度和意识形态的对立，因二战造成的惨重人力物力损失以及民众的和平厌战情绪，使得美苏谁都不可能再发动全面的战争，加之美苏都有核武器，一旦爆发全面冲突，可能导致全人类的毁灭，因此双方都极力避免发生全面的"热战"。其对抗通常通过局部代理人战争、科技和军备竞赛、外交竞争等"冷"方式进行，即"相互遏制，却又不诉诸武力"，因此称之为"冷战"。

波匈事件

赫鲁晓夫1956年在苏共二十大上所做的《秘密报告》产生了巨大的影响，犹如原子弹爆炸，引发出了强大的冲击波。几十年来，斯大林不仅在苏联，而且在全世界共产党人中都是一种精神支柱。而现在，在赫鲁晓夫的报告面前，斯大林的神圣形象被打碎了，人们在心灵上所经受的震撼是可想而知的。受赫鲁晓夫《秘密报告》冲击最大的是东欧国家，这些国家大多是在第二次世界大战结束时由苏联红军从德国手里解放的。它们都毫无例外地采用苏联的模式，受苏联的影响，这些国家的领导人在国内也曾经搞过像斯大林那样的骇人听闻的政治清洗，制造出很多冤假错案。当赫鲁晓夫在《秘密报告》中对斯大林的错误进行揭露后，东欧国家的民众要求其领导人纠正过去的错误，为冤假错案进行平反昭雪，出现了要求摆脱"斯大林模式"、摆脱苏联控制的社会情绪。

波兹南事件中，波兰政府的镇压行动导致了至少74人死亡，800人受伤，其中一名13岁的少年遭到波兰政府军的杀害。波兹南事件是波兰逐渐摆脱苏联政治控制的里程碑事件之一。

最先起事的是波兰。波兰是有着浓厚民族主义情绪的国家，在二战初期被苏联出卖，惨遭德国和苏联瓜分，民众中反苏情绪特别高。1956年6月上旬，波兹南市一个车辆厂的1万多名工人就增加工资问题举行罢工，走上街头。他们向市中心的方向游行示威，沿途又有许多群众加入游行队伍，队伍到达广场后，就派出代表要求市委领导接见，但是市委领导拒绝接见，这使广场上的群众情绪激愤，大有一触即发之势。这时，去华沙的工人代表团被公安部逮捕的谣言在群众中迅速传开，人群中激起了怒潮。有人高喊"到监狱去！""要找到他们，把他们放出来！"等口号。同时，有人打出了事先准备好的标语牌："我们不要空头支票，我们要面包和自由！""打倒秘密警察！""波兰独立万岁！""俄国佬滚回去！"广场上空响彻着愤怒的口号声。游行的人群冲击了附近的监狱，并占领了武器库，后来又攻击了法院以及省公安厅的办公楼。最后，游行示威被波兰军队镇压，在流血冲突中，有数百人死伤。

波兹南事件后，波兰共产党内部以哥穆尔卡为首的改革派威望增强，在10月19日，波兰党召开八中全会，商讨政治局改组和应对危机的措施问题。这时，赫鲁晓夫等苏联领导人害怕波兰脱离社会主义阵营，马上率一个代表团不请自来，飞到华沙向波共领导人施压。此时驻在波兰的苏军开始向华沙移动，局势一触即发。哥穆尔卡等人据理力争，顶住了苏联方面的压力，同时向苏联保证波兰不会退出华沙条约组织和转变亲苏路线。赫鲁晓夫也不愿意与波兰共产党彻底撕破决裂，于是双方达成妥协，波兰危机就此和平解决。

不久，在另一个东欧国家匈牙利爆发了更为严重的反苏活动，当时以拉科西为首的匈共领导集团照搬苏联的经济、政治模式，对外一味追随苏联，对内推行极"左"路线，造成一大批错案，加之生活必需品严重短缺，引起匈牙利民众的强烈不满。1956年6月发生的波兹南事件，对匈牙利事态的发展也产生了直接影响。由知识分子组成的"裴多菲俱乐部"，于10月22日向党中央提出关于召开中央全会、实行工人自治、罢免拉科西等10项建议。当夜，布达佩斯各大专院校的学生团体又向政府提出要求苏军立即撤走、组织以纳吉为总理的新政府、确认工人罢工权利、改革目前的经济制度等16点要求。10月23日下午，又组织了大规模的集会和支援波兰的示威游行，但流行随后转变为流血冲突。事件发生后，匈牙利共产党发生分裂，首都的骚动蔓延到全国的城镇，一时间匈牙利处于无政府状态。匈党不久宣布改组中央领导，任命纳吉为部长会议主席，但流血冲突仍继续扩大。纳吉上台后要求苏军撤离匈牙利，并表示匈牙利要退出华约。纳吉之举激怒了赫鲁晓夫，11月4日，赫鲁晓夫下令驻匈牙利的苏军进入布达佩斯，推翻了刚成立不久力图脱离苏联控制的纳吉政府，镇压了当地民众的反苏示威，扶植了亲苏的保守派政府。匈牙利事件最终在苏军的坦克镇压下以悲剧收场。

碾碎"布拉格之春"

1968年3月，捷克斯洛伐克成立了以杜布切克为首的改革派政府。新政府上台后，马上出台了一系列"自由化"改革措施，对内主张从根本上改变经济体制，扩大企业的权力，建立"工人委员会"，实行民主管理，经济政策的制定要充分发挥市场作用。对外主张奉行"独立的"外交政策，主张在"进一步发展"同苏联的"联盟和合作"的同时发展同西方的关系。捷共的改革措施很快得到全国民众特别是知识分子的拥护，一时间捷克的首都布拉格到处都在讨论政治和改革问题，这种现象被西方媒体称为"布拉格之春"。

捷共的改革很快引起苏联的不满和不安。1968年7月14日至15日，苏、波、匈、保和民主德国的领导人在华沙开会，联名给捷共写了一封信，批评捷克的自由化改革，称捷克国内的政治风潮已不再是他们"自己的事情了"，而是全体华约国家"共同关心的事情"。7月18日，捷共给这些国家复信，捍卫自己的立场。8月20日夜间，一架苏联民用客机飞到布拉格的鲁齐内机场上空，向地面发出信号：由于机器发生故障，要求准许紧急降落。但降落后从机舱里走出来的是手持自动步枪的苏联士兵，他们迅速占领鲁齐内机场。与此同时，苏、波、匈、民主德国的25个师从四面八方越过与捷边界，第二天，整个捷克斯洛伐克已被苏联等国的军队占领。8月21日，苏军以"工农革命政府"的名义逮捕了以杜布切克为首的捷共领导人，将其强制送到莫斯科。1969年4月，在苏联的支持下，胡萨克取代杜布切克

1956 年 10 月 23 日——11 月 4 日，匈牙利民众对匈牙利人民共
和国政府以及其亲苏政策不满，从而自发进行的全国性革命。

任捷党的第一书记，随后开始了清除杜布切克分子的运动。这样，捷克的"布拉克之春"被苏联军队坦克碾压而消逝了。

入侵阿富汗

阿富汗位于中亚地区西南部，与苏联的塔吉克、乌兹别克、土库曼斯坦三个加盟共和国为邻。在冷战期间，苏联为了取得从陆地进入印度洋与美国争霸的通路，同时为了获得波斯湾丰富的石油资源，早在 20 世纪 50 年代就开始逐步控制了阿富汗的经济命脉和阿富汗军队。

1973 年，达乌德在苏联的支持下发动了政变，推翻了查希尔王朝，成立了阿富汗共和国，达乌德出任总统。不久，达乌德企图摆脱苏联的束缚，这引起了苏联的不满。1978 年 4 月，苏联支持以塔拉基为首的阿富汗人民民主党发动了军事政变，推翻了达乌德政府。阿富汗改名为阿富汗民主共和国，塔拉基担任革命委员会主席，并兼任总理。塔拉基政府继续执行亲苏政策，被苏联拉入了"社会主义大家庭"。1978 年年底，塔拉基访问苏联，双方签订了《友好睦邻合作条约》，条约规定，双方在平等、相互尊重国家主权、领土完整和互不干涉内政的基础上发展全面合作，为保证两国安全、独立和领土完整而进行磋商，经双方同意后采取相应措施，继续发展两国间军事领域的合作。缔约双方各自宣布，不参加旨在反对缔约另一方的军事联盟或其他联盟，不参加旨在反对另一方的任何国家集团以及行动或措施。

塔拉基执政期间，在国内残酷镇压反对派，在部落中推广苏联社会主义模式，破坏传统文化和宗教，导致国内社会矛盾日益激化。1979 年 3 月，阿明被任命为政府总理，但他不被苏联所接受，苏联企图联合塔拉基搞垮阿明，但阿明却抢先一步于 1979 年 9 月发动政变，处死了塔拉基，自己出任总统。阿明上台后，进一步加大了与苏联的离心倾向，公开指责苏联插手帮助塔拉基策划阴谋，迫使苏联撤换了驻阿大使。他还要求苏联撤回在阿富汗的 3000 名军事顾问、教官和技术人员，并拒绝了苏联向其发出的访苏邀请。苏联认识到，阿明政权不能实现苏联在阿富汗的利益，决定实施南下战略，除掉阿明。

1979 年 10 月下旬的一个夜晚，勃列日涅夫召开苏共中央政治局秘密会议，专门讨论如何处置阿明的问题。据会议的参加者后来回忆，勃列日涅夫清了清嗓子，低沉而威严地说："我决定，干掉他！" 12 月 12 日，苏军在苏阿边境地区建立了相当军一级的指挥机构。为了加大行动的突然性，苏军采用了就地动员、就地扩编、迅速展开、快速推进的进攻战略。12 月 27 日晚，苏联一共出动 8 个师的兵力，在特种部队和空降部队的配合下，悍然发动了对阿富汗的军事入侵。仅用了三个半小时，苏军就攻占了总统府，阿明和其家人被杀害。28 日，阿富汗人民民主党召开中央政治局会议，选举卡尔迈勒为总书记，正式建立苏联扶植之下的傀儡政权。苏军从 28 日起，以 6 个师的兵力，组成东、西两个突击集群，沿两条战略公路迅速越过苏阿边境向纵深高速开进，一周之内即控制了阿富汗全国主要城市及交通干线，切断了阿富汗与巴基斯坦、伊朗边境上的主要通道。

苏联虽然如愿以偿，把阿富汗纳入自己的囊中，但他对阿富汗的统治并不稳固，阿富汗民众不甘心接受苏联的统治和苏联的经济社会制度，在复兴伊斯兰的旗

撤出阿富汗的苏联军队

帜下，纷纷组建穆斯林游击队，在广大的山区展开了旷日持久的游击战。截至 1988 年 7 月，阿富汗游击队组织发展到 200—300 个，人数扩大到 10 万人左右。

　　苏联入侵阿富汗的举动在国家舆论上也受到绝大多数国家的谴责，苏联一直承受着沉重的外交道义压力。到 1989 年 2 月 15 日，苏联的戈尔巴乔夫政府出于缓和东西方关系，重建外交形象的目的，宣布从阿富汗撤军。苏军的入侵，给阿富汗人民带来了深重的灾难，大约 130 万人死于战火，500 多万人被迫逃离家园，沦为难民。苏军也付出了近 1.5 万名苏联士兵伤亡的惨重代价。

停滞与改革

　　勃列日涅夫执政期间，苏联迎来了其综合国力最强的时代，苏联成为在国际舞台上可以与美国抗衡的不可一世的超级大国。但是苏联高度集中的计划经济体制和集权政治制度日益成为经济和社会发展的阻碍，苏联的历代领导人都试图对其体制进行改革，其中尤以戈尔巴乔夫的改革最为全面和彻底。

改革与停滞

　　赫鲁晓夫被逼下台后，勃列日涅夫成为苏联党和国家的最高领导人。勃列日涅夫于 1966 正式推行以"新经济体制"命名的经济改革，改革主要是减少中央的指

令性计划指标，改革管理体制、改进管理方法和扩大企业自主权，强调利润对企业领导和工人的物质刺激作用。其实质是在计划经济的框架内，有限地利用市场机制；以行政手段为主，辅之以经济手段管理经济。新经济改革取得了一定的成效，20 世纪 70 年代苏联经济增长率达 6.4%，是苏联历史上经济发展最快的时期，苏联国民收入占美国的百分比由 1950 年的 31%上升到 1970 年的 65%，经济实力跃居世界第二位。由于其经济改革对苏联长期以来实行的高度集中的计划经济没有根本的触动，没有解决苏联经济如何持续增长这一实质性问题，加上为与美国争霸而付出的高额军事开支，到 70 年代后半期，苏联的经济增长速度慢了下来，很快陷入经济停滞的困境。

勃列日涅夫与尼克松（1973 年）

在政治方面苏联也出现了停滞局面，主要表现在各级干部严重老化。由于取消了干部定期更换的规定，造成干部任期事实上的终身制，高层机关长期无法输入新鲜血液，造成这些机关陷入"严重的停滞"，成为一潭死水，不可避免地出现了"老人政治"局面。到 1982 年勃列日涅夫去世时，苏共中央政治局委员的平均年龄都超过了 70 岁。在勃列日涅夫时期，党政机关的干部特权和腐败现象相当严重。当时的领导干部，享受着高于普通职工几十倍的高薪，拿着名目繁多的补助，兼职兼薪，拥有高级别且享受特殊商品供应等等。特别是领导干部搞裙带关系，结党营私、损公肥私现象相当普遍。可以说，苏联在一派歌舞升平、欣欣向荣的繁荣场面

在政治局和书记处的人员中，戈尔巴乔夫是一位与众不同的人物。他年轻时就曾学习政治思想史、外交学和国际法学之类的课程，也接触过欧洲早期马克思主义者所信奉的西方"资本主义民主"观念。

背后隐藏着巨大的经济与社会危机。

戈尔巴乔夫上台

1982 年 11 月 10 日，勃列日涅夫病逝，68 岁的苏联克格勃首长安德罗波夫继任为党的总书记。他执政后锐意推行改革，以解决和调整苏联严重的政治、经济和社会问题。在农业方面推行集体承包制，1983 年又实行家庭承包制以提高农业作物生产量。在工业方面扩大企业的经营自主权，在政治方面则整顿党的纪律，查处贪污腐败。从 1982 年 11 月至 1983 年底，仅党中央、政府部长和州党委第一书记以上的高级干部，因贪污受贿或渎职而被撤换的达 90 多人，包括内务部部长和内务部第一副部长、勃列日涅夫的女婿。但由于安德罗波夫患有严重的肾病，在任仅 15 个月就于 1984 年 2 月 9 日去世了，他的改革政策这时还未见成效。

接替安德罗波夫的是当时已经 73 岁的契尔年科。和他的前任一样，契尔年科就任前就已经病患缠身，他在任期间基本是在医院度过的。他的思想较为保守，任期内基本没什么建树，基本上沿袭安德罗波夫的改革措施。1985 年 3 月 10 日，契尔年科病逝。

1985年3月11日，苏共中央非常全会选举54岁的戈尔巴乔夫继任苏共中央总书记职务，大家期望这位政坛新秀能改变苏联政坛一潭死水的局面，带领苏联走出危机。戈尔巴乔夫1931年生于苏联南部斯塔夫罗波尔边疆区的一个农民家庭，中学毕业后以优异成绩被保送到著名的莫斯科大学法律系学习。大学毕业后一直从事党团和农业方面的工作。由于他的才智和勤奋，戈尔巴乔夫很快就成为苏共干部队伍中有名的"农业经济学家"。1970年他就任农业部部长，次年被选入苏联共产党中央委员会。1980年，49岁的戈尔巴乔夫成为最年轻的苏共中央政治局委员，并成为主管苏联农业的书记。

改革的"新思维"

戈尔巴乔夫一上台就表现了改革的气魄和充沛的精力，他大刀阔斧地调整了从中央到地方的各级领导班子，撤换了一批长期主政的政界元老，从而在一定程度上结束了苏共中央和政府领导人年龄偏大、思想保守的局面，为下一步的改革扫清了道路。

戈尔巴乔夫上台伊始就着手进行经济体制改革。1987年，苏共通过了《根本改革经济管理体制的基本原则》，把商品货币关系列入社会主义经济体系，扩大企业自主权，实行完全经济核算和自筹资金制，广泛发展集体承包制。提出干部制度改革和经济体制改革，提出党的各级领导干部通过选举产生。制定企业法，让企业成为自筹资金、自负盈亏、自我管理的单位。但在计划经济条件下，企业的自主权无法落实。企业利用垄断地位，通过提高价格来获得高额利润，厂长通过给工人多发工资获得工人支持，结果商品短缺没有解决，通货膨胀恶性发展，人民更加不满。政治体制和因循守旧的干部阻碍着改革。戈尔巴乔夫认为需要动员社会力量给各级干部以压力，激发人们的改革热情，于是从1988年6月苏共第十九次代表会议开始，开始把改革重点转向政治体制。

在政治体制改革方面，戈尔巴乔夫提出了"公开性"和"民主化"的口号。

1988 年，苏共中央先后为布哈林、李可夫、加米涅夫、季诺维也夫等前党和国家的领导人平反。这一举动得到了全社会特别是知识分子的支持。"公开性"像一阵狂飙首先在苏联的思想文化界刮起。"原来被出版检查打入冷宫的作品纷纷出笼"，一批揭露斯大林体制给苏联人民造成灾难的影视作品、文学作品、历史著作，以及一大批遭到迫害流亡国外的思想家的著作得到开禁。戈尔巴乔夫进而提出"取消意识形态垄断"。他认为，把马克思主义作为指导思想是"精神垄断"。他强调意识形态要多元化，他甚至公开说：共产主义并不理想，一个多世纪以来，国际共产主义运动的"主航道"是错误的。

政治体制改革的中心是提倡政治多元化和民主化，提出"全部政权归苏维埃"，放弃苏联共产党的核心领导地位。1990 年 3 月，苏联人民代表大会通过决议，正式废除了宪法第六条关于"苏联共产党是苏联社会的领导力量和指导力量，是苏联社会政治制度以及国家和社会组织的核心"等规定，苏共不再有法定的领导地位。此后，形形色色的政党和社会团体如雨后春笋一般在苏联出现，到 1990 年 8 月，全国性的政党和组织已经发展到 20 多个，非正式的组织数目达 9 万多个。

"公开化"和"民主性"造成社会政治的极度混乱以及整个社会严重分化，苏共党内和社会的反对派势力迅速发展。由于商品短缺、生产下降等问题并没有解决，人们自然把不满发泄到苏共头上，反对派势力迅速发展，各地罢工风潮不断。一时间，整个苏联越来越陷入失控的无政府状态。

"八一九事件"与苏联解体

戈尔巴乔夫上台时，苏联好像是一个身患晚期癌症的病人，早已经病人膏肓了，戈尔巴乔夫各项急风暴雨式的改革，将苏联政治和经济体制深层次的矛盾全部显露出来，苏联最终在这一激进的手术下于 1991 年年末以解体的形式结束了自己的生命。

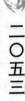

分崩离析

在民主、公开的浪潮下，苏共对各个加盟共和国的控制能力日渐减弱，各民族潜伏的不满情绪纷纷显露，各民族主义政党借自由选举的机会纷纷上台掌权，宣布独立，苏联面临分崩离析的困境。

1989 年 11 月 9 日，存在 28 年零 3 个月的柏林墙被推倒，历史学家认为这是东西方冷战终结的开始，也是东西德统一的标志。

独立的浪潮首先从波罗的海地区开始。1988 年 10 月，爱沙尼亚民族主义政党人民阵线宣告成立，其成员已达 10 万人。他们表面上支持戈尔巴乔夫的改革，但其最终目的是脱离苏联而独立。立陶宛著名钢琴演奏家兰茨贝吉斯在 1988 年组织立陶宛民族主义团体争取改革运动，其成员主要是作家、学者和文化界名人。该团体在 1990 年 2 月的立陶宛最高苏维埃大选中获得 80% 以上的选票，兰茨贝吉斯本人当选为立陶宛最高苏维埃主席，立陶宛最高苏维埃于当年 3 月 11 日通过独立宣言，在苏联 15 个加盟共和国中第一个宣布脱离苏联而独立。

有了波罗的海加盟共和国独立的先例，高加索地区的亚美尼亚也在 1990 年 8 月 23 日宣告独立；摩尔多瓦在 1991 年 2 月 19 日、格鲁吉亚于 1991 年 4 月 9 日也先后宣布退出苏联而独立；而以俄罗斯为代表的其他加盟共和国也公布《独立国家宣言》，宣布加盟共和国是主权国家，有权自行解决本国的一切事务而无须联盟中央政府的同意，保留自由脱离苏联的权利。

面对联盟解体的危险，为了维系联盟的存在，已经成为苏联总统的戈尔巴乔夫一方面要求于 1991 年 3 月 17 日前就联盟前途举行全苏联的全民公决，另一方面竭力争取同各共和国签订新的联盟条约。1990 年 12 月 17 日，苏联最高苏维埃讨论戈尔巴乔夫提交的新的联盟条件草案，其主要内容包括：新联盟由主权国家组成，各联盟成员国在政治、经济和国际关系方面享有充分的国家主权，并决定在 1991 年 3 月 17 日组织全民公决确定是否保留联盟。公决遭到波罗的海和高加索一共 6 个加盟共和国的抵制，只在其余 9 个加盟共和国进行，结果有 76.4% 的投票公民赞成保留联盟。1991 年 4 月 23 日，戈尔巴乔夫与 9 个加盟共和国领导人发表了联合声明，决定在 1991 年 8 月 20 日签订新联盟条约，此后将重新制定宪法，并重新组建联盟的中央机构。

"八一九事件"

1991 年 8 月 4 日，苏联总统戈尔巴乔夫及其家人飞到克里米亚的总统疗养地"福罗斯"别墅度假。按原计划，8 月 19 日戈尔巴乔夫将返回莫斯科，于第二天主持新联盟条约的签字仪式。就在他们要启程返回莫斯科时，莫斯科发生了震惊世界的事件。

1991 年 8 月 19 日清晨，莫斯科市民发现电视的屏幕上没有任何节目，只有芭蕾舞"天鹅湖"的音乐。莫斯科时间 6 点零 5 分，在苏联中央电视台和莫斯科广播电台，副总统亚纳耶夫宣布：鉴于戈尔巴乔夫因健康状况不可能履行苏联总统职责，苏联总统全权移交给他本人。在苏联部分地区实施为期 6 个月的紧急状态，国家紧急状态委员会由亚纳耶夫、总理帕夫洛夫、国防会议第一副主席巴克拉诺夫、国防部长亚佐夫、内务部长普戈、国家安全委员会主席克留奇科夫等 8 人组成。该委员会发布《告苏联人民书》，称戈尔巴乔夫倡导的改革政策已经走入死胡同，国家处于极其危险的严重时刻。委员会连续发布两道命令，要求各级政权和管理机关无条件地实施紧急状态。

　　当日上午9时，根据国防部长亚佐夫的命令，坦克和军队开始出现在莫斯科街头。傍晚，几十辆装甲车包围了俄罗斯联邦最高苏维埃大厦所在地——白宫。上午11时，国家紧急状态委员会发表第一号命令，下令各级权力机构必须遵守紧急状态制度，否则将派代表接管权力，停止政党和社会团体阻挠局势正常化的活动，禁止集会、示威游行和罢工，对新闻传媒实行监管。紧急状态委员会的举动马上遭到俄罗斯加盟共和国总统叶利钦的反击。8月19日11时30分，叶利钦举行记者招待会，宣读了《告俄罗斯联邦人民书》，宣布国家紧急状态委员会成员的行动是一次"反宪法的反动政变"，号召俄罗斯公民反击，举行"无限期罢工"。下午1点，数万民众聚集在俄罗斯议会大厦——白宫的广场上，声援叶利钦，反对紧急状态委员会。

"八一九事件"时莫斯科街头的坦克

　　"八一九事件"是苏联保守派势力为挽救苏联做出的最后一搏，他们力图通过政变的方式推翻戈尔巴乔夫，击垮叶利钦的改革派，保持苏联原有的政治与经济制度不变。但当时苏联共产党已经声誉大减，莫斯科大多数民众站在叶利钦一边，大多数军队领导也不肯服从紧急状态委员会。亚纳耶夫领导的紧急状态委员会很快陷入了众叛亲离的境地，这场政变很快宣告失败。

　　8月21日晚，戈尔巴乔夫在其休假地克里米亚发表声明，说明他已完全控制局势。戈尔巴乔夫于 22 日凌晨回到莫斯科，当天发布总统令，撤销由国家紧急状态委员会公布的一切决定，解除该委员会成员的现任职务。国家紧急状态委员会成员、内务部长普戈自杀，副总统亚纳耶夫等人被捕。戈尔巴乔夫于 8 月 24 日宣布辞去苏共总书记职务，并建议苏共中央委员会自行解散。就这样，由列宁缔造的、曾经叱咤风雨数十年的苏联共产党就这么无声无息地消失了。

苏联解体

"八一九事件"后，戈尔巴乔夫迅速被架空，苏联的解体已经成为时间和程序上的问题。8 月 20 日，叶利钦宣布将俄罗斯境内的所有苏联政府机构转归俄罗斯政府管辖，这意味着苏联中央的所有机构和权力都转归叶利钦所控制，戈尔巴乔夫实际上已经成为叶利钦的傀儡。

"八一九事件"后，苏联联盟中央和总统戈尔巴乔夫权力受到极大削弱，各加盟共和国脱离苏联的独立倾向更趋高涨。1991 年 8 月 20 日，爱沙尼亚宣布独立，脱离苏联。接着，拉脱维亚（8 月 22 日）、乌克兰（8 月 24 日）、摩尔多瓦（8 月 27 日）、阿塞拜疆（8 月 30 日）、乌兹别克和吉尔吉斯（8 月 31 日）、塔吉克（9 月 9 日）、亚美尼亚（9 月 23 日）、土库曼斯坦（10 月 27 日）、哈萨克（12 月 16 日）先后宣布独立。最后就剩下准备继承苏联国际法主体地位的俄罗斯联邦没有宣布独立，但它在 8 月 24 日带头承认了爱沙尼亚和拉脱维亚的独立。9 月 6 日，苏联国务委员会被迫承认波罗的海三国的独立。

1991 年 12 月 8 日，俄罗斯、乌克兰和白俄罗斯三国在白俄罗斯首都明斯克签署了《关于建立独立国家联合体的协议》，宣布"苏联作为国际法主体和地缘政治的现实将要停止其存在"。12 月 21 日，俄罗斯、乌克兰、白俄罗斯、摩尔多瓦、阿塞拜疆、亚美尼亚、哈萨克斯坦、吉尔吉斯斯坦、乌兹别克斯坦、塔吉克斯坦、土库曼斯坦 11 个共和国最高首脑在哈萨克斯坦首都阿拉木图会晤，签署了《关于独立国家联合体协议的议定书》等六项文件，正式宣布以"独立国家联合体"建立代替苏联，"独立国家联合体"并不具有国家的性质，而仅仅是各个独立国家之间松散的联盟。

12 月 24 日，叶利钦宣布取消苏联的外交部，由俄罗斯取代苏联在联合国大会和安全理事会的地位。12 月 25 日晚 7 时，已经丧失了一切权力的戈尔巴乔夫在电视上发表演说，宣布正式辞去苏联总统和苏联军队最高统帅的职务，并把象征最高权力的启动核武器的核按钮转交给叶利钦。晚上 7 点 38 分，克里姆林宫的苏联国旗徐徐降下，苏联就此走过了它的最后一刻。12 月 26 日，苏联最高苏维埃召开最后一次会议，从法律上宣布苏联作为一个国家已经不存在，随后代表们相互握手道别，各奔东西。至此，成立 69 年的苏维埃社会主义共和国联盟正式归于历史。

叶利钦时代

苏联解体后，叶利钦成为俄罗斯首位领导人。在他在任期间，俄罗斯通过休克疗法完成了向市场经济的转轨，建立了以总统制为核心的政治体制，为维护俄罗斯国家的统一，叶利钦还两次派兵发动车臣战争，尽管颇受争议，叶利钦还是被一致认为是一个不平凡的政治领袖。

叶利钦其人

1931 年 2 月 1 日，叶利钦出生于斯维尔德洛夫斯克州布特卡村的一个农民家庭。其父尼古拉在 1934 年被指参与煽动反苏维埃活动，被送入古拉格集中营劳改三年，出狱后做过建筑工人。叶利钦是这个家庭的长子。为纪念儿子在出生后受洗时所经历的生死考验，父亲给他取名鲍里斯（意为斗志）。贫寒的家境、艰苦的童年生活，培养了叶利钦倔强好斗的性格。中学毕业后，他选择了建筑专业，考入了乌拉尔基洛夫工学院建筑系。1955 年毕业后，他在斯维尔德洛夫斯克市的不同建筑单位任职，从基层工作干起，一年内竟掌握了 12 门专业技术。他的实干精神和工作能力使他步步高升，从工长到工段长，又任总工程师、建筑局局长。

叶利钦于 1976—1985 年间担任斯维尔德洛夫斯克州委第一书记，这对于他来说，是一个由基层技术干部转向政治家的重要时期。其间，在 1981 年的苏共二十

鲍里斯·尼古拉耶维奇·叶利钦（1931—2007 年），俄罗斯第
一任总统。曾历任苏共中央政治局委员、莫斯科市委第一书记、苏
联俄罗斯联邦最高苏维埃主席、俄罗斯首任民选总统。

六大上，他当选为苏共中央委员。从此，他进入了苏共领导上层，并与中央保持良好关系。叶利钦于 1985 年 4 月离开家乡前往莫斯科任苏共中央建设部部长。两个月后，在苏共中央六月全会上，他当选为主管建筑工业的苏共中央书记。1985 年 3 月，戈尔巴乔夫入主克里姆林宫后，对叶利钦十分赏识。叶利钦很快担任了苏共中央书记、莫斯科市委第一书记，后又于 1986 年 2 月当选为苏共中央政治局候补委员。叶利钦任职后，第一把火就是干部大换班。他认为，光靠教育是不可能的，只有进行更换才能解决问题。任职期间，他在城市食品供应、城市建设和规划方面做了一些工作。他反对干部特权，提出"批评无禁区，公开无限制"的口号。他大胆地进行改革，取得了一定的成绩，颇引人瞩目。但好景不长，叶利钦激进的政治主张很快就和戈尔巴乔夫产生分歧，1987 年 11 月 11 日，戈尔巴乔夫代表苏共中央解除了叶利钦莫斯科市委第一书记职务，改任他为建委第一副主席。戈氏将这个决定通知叶利钦时，特意强调："叶利钦你要记住：我决不会再让你搞政治。"

在苏共党内失势后，叶利钦在政治上一度销声匿迹。民主选举给了他东山再起的机会，1988年他参加竞选苏共第十九次代表会议代表，这是他开始以政治反对派的面貌出现在苏联政治舞台上的一个信号。

1990年1月，在他的积极活动下，苏联共产党内形成了以他为代表的"民主纲领派"。这年7月，在苏共第二十八次代表大会上，"民主纲领派"公开提出苏共放弃马列主义作为党的指导思想，放弃共产主义的奋斗目标，放弃民主集中制，要把苏共建设成社会党的思想主张，他们还极力主张取消军队、政治部门和国家机关中的基层党组织。叶利钦这些激进主张当然没法被大会接受，于是，叶利钦在大会结束时当众宣布退出苏联共产党。经过激烈的较量和争斗，叶利钦于1990年5月出任俄罗斯联邦最高苏维埃主席，1991年6月入主克里姆林宫，登上了俄罗斯联邦总统的宝座。叶利钦夺取俄罗斯联邦最高权力后，在解体前夕的苏联和独立后的俄罗斯所发生的一些重大事件中，都扮演了重要的角色，对加速苏联解体发挥着至关重要的作用。

休克疗法

俄罗斯的经济形势在1992年就已经出现严重的危机，为使俄罗斯经济摆脱连年危机，叶利钦和俄罗斯政府采用了美国著名经济学家杰佛瑞·萨克斯的"休克疗法"，即采取激进办法，实行私有化、自由化、市场化，实现经济制度和经济体制转轨的战略。

实行价格完全由市场供求决定，这是休克疗法中最激进的步骤。1991年12月19日，俄罗斯政府根据总统令制定了《俄罗斯联邦放开物价措施的决定》，宣布从1992年1月2日开始，俄罗斯境内的所有企业、组织和其他法人所生产的生产资料和消费品、提供的劳务和所完成的工程，其价格和收费除一些特殊情况外一律放开，由市场供求关系自行决定。

在价格放开后的头四个星期里，大多数商品价格上涨了3—5倍，特别是肉、香肠、黄油这类俄罗斯人每天必不可少的食品的价格涨得更是厉害。莫斯科退休工人 1 个月的工资仅能购买 1 公斤猪肉或 2 公斤黄油。1992 年物价上涨 2508%，国内生产总值下降 14.5%，投资下降 45%，进出口总额下降了 23%，居民实际收入下降了 55%，俄罗斯广大民众生活得苦不堪言。

在不到一年的时间里，俄罗斯政府在实行全面放开物价的同时，又宣布开放金融市场，推行商业银行私有化、利率市场化；废除国家管制和垄断；实行对外经济活动自由化；允许卢布自由兑换、汇率自由浮动。所有这些措施的出台，虽然推动了市场体制的建立，但是由于操之过急，政府对市场一度失去了控制，投机资本肆虐，市场秩序极端混乱，生产急剧下滑，物价暴涨，政府财政赤字剧升，货币信贷体系濒临崩溃。据俄罗斯经济学家统计，1995 年与 1992 年相比，消费品价格上涨了 1700 多倍。

1991 年 12 月 29 日，叶利钦发布总统令，批准《俄罗斯联邦国有及市有企业私有化纲要基本原则》。随后，俄罗斯政府颁布了一系列的加快国有企业私有化进程的纲领、法令和条例，开始了大张旗鼓地私有化运动。从 1992 年 10 月至 12 月，俄罗斯政府向每个俄罗斯公民发放面值 1 万卢布的私有化证券，以保证每个公民能够用它作为投资资本，购买所在企业和其他上市企业的股票。到 1993 年 1 月底，共发出 1.46 亿张证券，96% 的俄罗斯公民领到了私有化证券。到 1995 年年底，共有 118797 家国有大中型企业实现了各种形式的私有化，其账面财产总价值达 1.6 万亿卢布，约占全俄国有资产总值的 56.7%。

炮打白宫

新俄罗斯建立后，新一轮权力斗争又在俄罗斯内部爆发，以总统叶利钦和国会主席哈斯布拉托夫、副总统鲁茨科伊为首的议会形成了两大力量中心。双方的矛盾主要表现在哈斯布拉托夫、鲁茨科伊反对休克疗法，主张实行渐进式改革，他们认为急剧的经济转轨将使国家陷入混乱，使人民生活更加贫困，国家将陷于无政府状态。再就是以哈斯布拉托夫为首的议会要求建立限制总统权力的议会制国家体制，坚持议会与总统拥有平等的权限，提出总统不能兼任总理，总统无权解散议会。叶利钦则要求建立美国式的总统制国家体制，主张进一步扩大总统的权力。

为打败政治对手，叶利钦坚持于 1994 年 4 月举行了全民公决，公决结果是有 58.7%的选民对"你是否信任俄罗斯联邦总统叶利钦？"投了赞同票，有 53%的选民对"你是否赞同俄罗斯联邦总统和政府 1992 年以来所实行的社会经济政策？"投了赞同票。这表明，绝大多数的俄罗斯居民支持叶利钦政府的改革政策，叶利钦就此获得了政治斗争中的优势地位。

俄罗斯第 2 近卫塔曼斯卡亚摩托化步兵师
的坦克在轰击俄白宫（1993 年 10 月 4 日）。

1993 年 7 月，叶利钦通过他控制的制宪会议，顺利通过了以总统制政体为核心的新宪法草案，使得政府与议会的矛盾加剧。1993 年 9 月 1 日，叶利钦宣布暂停鲁茨科伊的副总统职务，鲁茨科伊则声明总统令没有任何效力，国会也宣布叶利钦的命令违背宪法，并发表《告人民书》，指责叶利钦企图以非法手段控制社会，使宪法制度受到威胁。叶利钦下令调动军队进入首都莫斯科，迫使哈斯布拉托夫、鲁茨科伊及其支持者躲进国会所在地——白宫，与叶利钦展开武装对峙。9 月 21 日，叶利钦签署法令并于当晚 8 时发表了电视讲话，宣布解散国会。针对总统的行动，国会立即给予了反击，宣布解除叶利钦的总统职务，由鲁茨科伊任代总统。对此，叶利钦采取了一系列措施：封锁通往国会大厦——白宫的道路，向白宫周围增派军警，切断白宫的供电、供水、供暖以及电话，并发出最后通牒。但议会并没有因此而屈服，双方处于尖锐的对峙状态。

10月2日，国会的支持者与包围白宫的军警发生武装冲突。10月3日，上万名国会支持者冲破防线，聚集在斯摩棱斯克广场。叶利钦闻讯后立即宣布莫斯科市实行紧急状态，随即调政府军于4日早上7时包围议会大厦。8时，在叶利钦的命令下，政府军发起炮火进攻。重型炮弹在议会大楼里频频爆炸，这座白色的大楼四处起火，黑烟冲天。700名特种兵在重型坦克和3架武装直升机的火力攻击下，攻占了白宫，迫使哈斯布拉托夫、鲁茨科伊等人于下午4点50分向政府军投降。持续了一年多的权力之争，终于在叶利钦的重炮之下以国会的失败而告终。

车臣战争

车臣位于俄罗斯联邦境内的高加索山脉北侧，面积约1.5万平方公里，人口100多万。车臣人以骁勇善战闻名，其中绝大多数是信奉伊斯兰教的穆斯林。19世纪，沙俄经过近半个世纪的高加索战争，于1895年把车臣并入帝国版图。二战期间，苏联政府以车臣人同德国侵略者合作为由，把许多车臣人强行迁出家园，当时有38.7万多车臣人被驱逐到中亚和西伯利亚。在流放期间，有不计其数的车臣人死于饥饿、疾病以及俄国人的子弹，车臣人因此丧失了40%的人口。直到1957年1月9日，苏联最高苏维埃才决定恢复车臣—印古什自治共和国的建制，归俄罗斯联邦管辖。此次迁徙更加深了车臣人对俄罗斯的仇恨，为日后的车臣问题埋下了祸根。

1991年苏联解体后，车臣的民族主义势力迅速膨胀。当年10月，在阿富汗战争中曾被授予苏联英雄称号的退役将军杜达耶夫当选为车臣共和国的总统。他一上台就公开宣布车臣独立，并建立了车臣的第一支正规部队国民卫队，人数最多时达到6万人。车臣虽然只是处于里海与黑海之间的弹丸之地，但却是进出高加索的咽喉要道。它的地下蕴藏着丰富的石油资源，从中亚向欧洲输送石油的管道同样也必须经过这里，俄罗斯政府绝不会坐视车臣独立。

1994年12月11日，叶利钦下令出兵车臣，决定不惜一切代价，不顾国内和西方舆论的压力，执意打垮杜达耶夫。但是尽管俄罗斯现代化的军队兵分三路，以空

1994 年 12 月，俄军 Mi-8 直升机于格罗兹尼附近被车臣武装击落。

中、地上的立体攻势进攻车臣，在武器装备、作战人员、物资储备等方面均处弱势的车臣武装力量依旧顶住了俄罗斯军队暴风雨般的进攻。俄军付出了惨重的代价，仅攻占格罗兹尼就花了整整两个月的时间，牺牲了 1000 多名俄罗斯士兵，花费了 80000 亿卢布的巨额军事开支。

　　1995 年 3 月 7 日，俄罗斯军方宣布完全解放格罗兹尼城区，武装分子已被赶到了南部山区，局势暂时平静下来。到 4 月时，俄军已经基本确保了对车臣所有平原地区的控制。1995 年 6 月初，第一次车臣战争接近尾声，已丧失了统一指挥的杜达耶夫武装被渐渐瓦解，相互之间无法协调行动。为不给武装分子喘息的机会，6 月 11 日，俄军对车臣武装分子控制的车臣山区的最后一个据点沙托伊发起进攻。6 月 13 日晚，俄军地面部队和空降兵团包围了沙托伊，并迅速发起冲锋。6 月 14 日，俄军攻占沙托伊，俄罗斯国旗高高升起。至此，第一次车臣战争主要战事基本结束，但追剿残余非法武装分子、解除他们武装的战斗又持续了一年的时间。杜达耶夫本人也终究没能逃脱惩罚。1996 年 4 月 22 日凌晨 4 时，俄罗斯利用秘密安排的一次与杜达耶夫通电话的时机，通过预警机截获杜达耶夫本人的手机信号并迅速测出了杜达耶夫所在位置的坐标，使用"精确定点清除"战术，用两枚导弹将他炸死。

　　1996 年 12 月，叶利钦宣布从车臣撤出全部俄军。随后车臣在 1997 年举行了民主选举，一个叫马斯哈多夫的人当选车臣民选总统，车臣局势暂时归于平静。此后

在 1999 年 8 月到 2000 年 2 月间又爆发了第二次车臣战争，俄罗斯政府在新的领导人普京的部署下，成功击败了车臣非法武装，完全控制了车臣的局势。

主动让贤

从 1995 年起，叶利钦的身体状况一直欠佳，曾因肺炎、感冒、支气管炎、胃出血等疾病多次住院治疗。1996 年春夏竞选连任总统时，出于竞选上的考虑，他未透露自己患有严重心脏病这一情况。总统大选获胜后，叶利钦就住进了莫斯科中央临床医院，11 月，由美国医生和俄罗斯医生联合为他做了心脏搭桥手术。但康复出院后，叶利钦健康状况仍不见好转，先后因心脏病、肺炎、支气管炎和感冒等病症近十次住院、疗养。1999 年，叶利钦的健康状况进一步恶化，言语、行动和思维开始迟钝，在出访外国参加礼仪活动时几次险些跌倒。在此情况下，经过长时间的考察和考虑，叶利钦选定普京为自己的接班人和未来的总统人选。

位于叶卡捷琳堡的叶利钦雕像

1999 年 12 月 31 日 17 时 30 分，叶利钦通过俄罗斯公共电视台向全国公民发表了电视讲话，宣布辞去总统职务。他说："今天，在迎接即将到来的新世纪的最后一天，我辞去（总统）职务。""我将提前离任。我知道我必须这么做，俄罗斯在新的世纪，必须有新的政治家、新的面孔和充满才智、精力充沛的人民。我已经掌权多年，应该离去了。""我为未能实现你们的梦想而乞求宽恕。我没有能够使国家跨越到明亮、富有、文明的未来。"他表示："我不应该阻碍历史进程的发展。当这个国家拥有一个更坚强的人能够胜任总统，我没有理由等待，这不是我的性格。"叶利钦在讲话中还宣布他将把权力移交给总理普京。叶利钦将自己心爱的签署总统令的钢笔交给他的继任者普京时，语重心长地说："珍惜俄罗斯。"叶利钦主动引退，实现俄罗斯国家最高权力的正常移交，为他的政治生涯写上了光彩的一笔。

2007 年 4 月 23 日，叶利钦因心脏病在莫斯科去世，享年 76 岁。俄罗斯政府于 4 月 25 日为他举行了最隆重的国葬，普京总统亲自护送灵柩，数十万俄罗斯民众自发为他送别。当时的英国首相布莱尔说道："当我听到叶利钦逝世的消息之后，感到非常悲哀，他是一个不寻常的人。"

在叶利钦逝世一周年时，普京在叶利钦墓碑揭幕式上说："作为俄罗斯首任总统，20 世纪最卓越的政治家之一，叶利钦不仅从根本上影响了我们国家的发展，也影响了世界历史的发展，这样说毫不夸张。20 世纪汹涌澎湃的 90 年代是剧烈变革的时代，是属于勇敢、不平凡的人的时代，属于善于逆流而上、引领大众奔向新目标的人的时代，鲍里斯·叶利钦当之无愧为一代杰出人物。"

强人普京

2002 年初，俄罗斯电台播放了一首流行歌曲，并在全国范围内迅速蹿红，成为多家电台的流行金曲，歌名就是《嫁人就嫁普京这样的人》。在俄罗斯妇女心目中，普京总统是全俄罗斯最性感、最有魅力的男人。新生的俄罗斯在克格勃出身的强人——普京总统的领导下正迈向一个崭新的时代。

特工出身

在俄罗斯有这样一种说法，秘密情报部门是通往克里姆林宫高官的快车道。1982 年继任苏共总书记的安德罗波夫此前就当了 15 年克格勃首脑，而在新俄罗斯由克格勃演化而来的对外情报局的局长普利马科夫和联邦安全局长斯捷帕申也先后出任总理。但是把这一说法发挥到极致的，却是俄罗斯联邦总统普京。

穿着克格勃制服的普京

普京于 1952 年 10 月 7 日出生于列宁格勒（现圣彼得堡），母亲是一名工厂女工，而他的父亲曾在苏联海军服役，后在工厂里做钳工。18 岁时，聪明伶俐的普京考入了著名的列宁格勒国立大学，主修法律。学生时代的普京体格健壮、精力充沛，尤其爱好柔道和摔跤，曾多次在学校的桑勃式摔跤比赛中夺冠。1975 年普京大学毕业前夕，克格勃列宁格勒分部找他谈话，提出让他加入情报机关为祖国效力，普京立即同意了，他被分配到克格勃对外情报局，负责对德语国家的情报侦察工作。1985 年，普京被派往东德的德雷斯顿从事情报工作，其凭借出色的工作能力很快成为苏联驻东德工业情报机构的负责人之一，他组织建立了一个代号为"阳光"的间谍网，为莫斯科收集经济和科技情报。长期的情报工作和青年时期对体育运动的热爱，使普京形成了坚忍不拔的性格和顽强果断的处事风格。

1990 年，普京返回列宁格勒，担任列宁格勒大学主管外办的副校长助理。他的导师索布恰克当选列宁格勒市长后，深受器重的普京于 1991 年成为市长助理。此后，在索布恰克的提携下，普京接连晋升，1992 年成为改名后的圣彼得堡的副市长，兼任国际联络委员会主席。他成为索布恰克的左膀右臂，深受重用。索布恰克不论去哪里，都把他带在身边，普京因此获得"灰色大主教"之雅号。

1996 年索布恰克在市长选举中落选，普京不愿留在圣彼得堡工作，通过当时担任叶利钦总统办公厅主任的丘拜斯的引荐来到莫斯科任职，并于 1997 年初出任俄罗斯总统办公厅总务局副局长，主管法律和对外经济联系工作。不久又晋升为总统办公厅第一副主任，分管地方经济，与各地方领导人打交道，检查地方对外经济关系状况，特别是监察他们如何使用中央提供的贷款。

1998 年 7 月 25 日，叶利钦任命普京出任俄罗斯联邦安全委员会（前身就是克格勃）主席。当基里延科总理在克格勃总部为普京上任举行简短仪式时，普京满怀激情地说："我回到了娘家。"8 年前他离开克格勃开始从政，现在政治又把他送回到克格勃。1999 年 8 月，普京被叶利钦提名为俄罗斯政府总理，并获国会通过。1999 年 12 月底，叶利钦辞职后，普京顺利地成为俄罗斯的最高领导人。

重振国威

普京接手政权时，面临着极为严峻的国内形势。俄罗斯政局动荡，各地方政权自行其是，国家经济命脉被金融寡头所控制，经济长期低迷不振，工资和养老金拖欠严重，民众生活水平下降，各类罢工和示威活动此起彼伏。据俄罗斯国家统计局当年资料显示，俄罗斯的 GDP 下滑到世界第 16 位，仅相当于美国的 1/10，普通俄罗斯人生活水平一落千丈，贫富差距严重，15%的最高和最低收入阶层之间的收入相差近 20 倍。

普京上台后，雷厉风行地出重拳整顿国家内政。早在他任总理期间，他就发动了第二次车臣战争，严厉打击了车臣非法武装的势力。2003 年，车臣地方选举成功举行，建立起听命于莫斯科的地方政权，为结束车臣战争和重建该地区创造了条件。为强化中央对地方的掌控能力，普京在 2000 年 5 月实行行政改革，将全国划分为 7 个联邦行政大区，并委任 7 名全权代表协助总统解决所属地区问题，对中央政令在地方的实施及地方律令是否违宪进行监督。这些改革措施加强了中央的权力，削弱了地方行政长官的特权，遏制了一些民族地方势力的分离倾向，对巩固俄罗斯统一起到了积极作用。

普京（中）在 2006 年 APEC 会议上

在经济改革方面，普京主张在俄罗斯实行"可控制的市场经济"，并根据以往经济改革和转轨的经验教训，制定了"富民强国"的基本方针，强调在不引发大的社会动荡的前提下逐步改革，遵循温和的自由市场经济原则，建立由国家调控的自由社会经济体系。他认为在俄罗斯经济改革过程中，应当发挥国家的宏观调控和主导作用，扶持俄罗斯特有的高新技术和民族产业，逐步提高本国产品在国内外市场的竞争力。为提高经济效益，普京对政府内有关的行政和立法工作进行了大幅度调整。俄罗斯政府大大缩减了各部门的审批权力，把需要审批的经营项目由原来的500 多个减少为 102 个，把企业利润税下调为 24%，个人所得税下调为 13%。由于采取积极有效的经济整改措施，加上国际能源市场石油价格大幅攀升和俄罗斯石油出口不断扩大，2000 年俄罗斯国内生产总值比 1999 年增长约 7.8%，工业产值增长 10%，居民收入比上年增长约 30%，政府预算出现约 30 亿美元盈余，国家外汇储备增至近 300 亿美元。这些成就使俄罗斯成为当年全球经济增长最快的十个国家之一。

普京采取的另一个重要举措，是向老百姓深恶痛绝的金融寡头发起攻击。金融寡头们凭借雄厚的财力，长期左右俄罗斯高层决策，控制媒体，对国家政权造成严重威胁和干扰。普京上台后，马上开始收拾这些不可一世的金融寡头们。2000 年 6 月，俄罗斯总检察院以涉嫌侵吞和诈骗国家巨额财产为由，临时拘留了媒体大亨古辛斯基，12 月又宣布对已潜逃到西班牙的古辛斯基进行全球通缉。普京又果断地

拒绝了叶利钦的讲情，撤销另一个金融寡头别列佐夫斯基在政府里的一切职务，清查其聚敛资金的种种非法活动，迫使别列佐夫斯基不得不于2001年流亡英国。2003年10月25日，俄罗斯总检察院以收购欺诈、偷税漏税、伪造票据为由，在西伯利亚逮捕了金融和银行业寡头霍多尔科夫斯基。2005年，莫斯科当地法院以窃取国家财产、欺诈、恶意违背法院裁决及偷逃税款等四项罪名判处其刑期8年。普京对这三个人的处理极大地震慑了其他的国内寡头，寡头涉政的积弊已基本消除。

梅普组合

2008年对于普京来说，既是关键的一年，也是转折的一年。按宪法规定，这一年他必须交出总统权力，他周围的支持者建议他设法修改宪法，以谋求再度连任，但他发誓不修宪。普京虽然不继续当总统，但也不甘心退出权力核心，他首先出任"统一俄罗斯党"在国会中的领导人，然后在"统一俄罗斯党"在国会获得绝对胜利的情况下，由他出任政府总理，继续掌控国家大权。2008年10月初，"统一俄罗斯党"在国会选举中大获全胜，10月10日，"统一俄罗斯党"提名政府第一副总理德米特·梅德韦杰夫为下届总统候选人。

梅德韦杰夫于1965年9月14日出生在列宁格勒一个知识分子家庭，1990年从普京的母校圣彼得堡大学毕业，获得副博士学位，专业也是法律，是普京正宗的校友和老乡。从1991年至1996年，他在圣彼得堡大学留校担任教师工作。他个性内敛，举止得体，有着很明显的书卷气。1991年，索布恰克竞选圣彼得堡市长期间，梅德韦杰夫也是竞选班子的重要成员之一，与普京过从甚密，结下很深的交情。1999年11月，梅德韦杰夫被已经出任总理的普京招到莫斯科，被任命为总理办公厅副主任，成为普京的左膀右臂。

2000年6月，普京顺利在总统选举中获胜后，为之立下汗马功劳的梅德韦杰夫被任命为总统办公厅主任，成为普京的大内管家，他积极支持普京的各项改革措施，深得普京信赖和器重。2005年11月14日，梅德韦杰夫被任命为俄罗斯第一副总理，具体负责医疗、住房、农业、建筑和文化领域的事务。2008年3月7日，梅

德米特里·阿纳托利耶维奇·梅德韦杰夫

德韦杰夫以超过70%的得票率成功当选为俄罗斯新一届总统,成为俄国现代历史上最年轻的国家元首,普京则顺理成章成为总理。在俄罗斯宪法中,除了规定总统有权任命或解除总理职务外,理论上总统的权力要大于总理,但很多西方媒体都认为,普京仍然是俄罗斯的第一号掌权者,俄罗斯依然是普京时代,而梅德韦杰夫本人也是一个新的普京。

在21世纪初,梅德韦杰夫和普京联手共同掌控俄罗斯政坛,组成独特的"梅普组合",成为国家政治舞台上独特的风景线。2011年11月,普京作为"统一俄罗斯党"候选人参加2012年俄罗斯总统大选的提名获得全票通过,正式宣布2012年参选总统。2012年3月5日,在这场毫无悬念的总统选举中,普京以64.9%的得票率再度当选俄罗斯总统,并于5月7日宣誓就职,而他的搭档梅德韦杰夫则接任总理职务,"梅普组合"又以新的面貌活跃在俄罗斯政坛上。

乌克兰、白俄罗斯和摩尔多瓦

乌克兰和摩尔多瓦建立了民主制度,白俄罗斯(前白俄罗斯社会主义共和国)则仍然是集权主义的政治体制。

二战中期以来,乌克兰一直努力实现自治,乌克兰义军同苏联当局的战斗一直持续到 1954 年。1991 年 12 月苏联解体后，乌克兰随即成为独联体的一员，大多数乌克兰人投票赞成继续维持同俄罗斯的亲密合作关系。

1994—2004 年任职的乌克兰铁腕总统列奥尼德·库奇马实行市场经济。在政治上，他坚定地倾向俄罗斯。

2004 年，在对库奇马接班人的选举中发生了反常事件，这就导致了和平的、长期的民众抗议，即"橙色革命"。

列奥尼德·库奇马总统（左）在同杰出的地区政界

人物举行会议，2004 年 11 月 29 日。

这些抗议最终导致 2005 年 1 月举行了一次决定性的选举，改革派政治家兼前总理维克托·尤先科胜出。他宣称要引导乌克兰更靠近西方。

1990 年 7 月，白俄罗斯社会主义共和国宣布国家独立，并从 1991 年起成为独联体的一员。它在政治上也亲近俄罗斯。1994 年以后，亚历山大·卢卡申科担任白俄罗斯总统。

卢卡申科最初被看作一名市场经济改革家，1996 年的公民投票提升了他的权威。从那以后，他在白俄罗斯长期执政。2001 年 9 月，卢卡申科以 75.65% 的得票率蝉联总统。反对派在大选失败后活动渐少，进入新的分化组合期，无力与政府对抗。总统的执政地位进一步巩固，行政能力进一步增强。

摩尔多瓦在 1991 年也加入了独联体。前共产党成员在 1994 年以后以各种联盟的形式统治这个国家。在要求自治的德涅斯特河地区，摩尔多瓦人、俄罗斯人、加告兹人之间存在着紧张的种族关系。这个国家同时也在与经济困难做斗争，大约有80%的人口生活在贫困线以下。

波罗的海诸国与高加索地区

波罗的海诸国获得独立后，纷纷倒向西方，建立了民主制度，并加入了欧盟。2003年后，格鲁吉亚转向民主制。

早在1987年，波罗的海诸国的独立运动就日趋高涨，这让人想起了自1918年以来这些国家的独立传统。1990年，立陶宛和拉脱维亚成为第一批宣布脱离苏联的国家，它们避免了国内那些由效忠莫斯科的反对独立者发动的暴力政变。在三个波罗的海苏联共和国中，国内民众都投票支持独立；1991年8月，在一场反对戈尔巴乔夫的政变之后，它们的独立成为现实。

示威者们在议会大楼前挥舞着立陶宛国旗，

维尔纽斯，1991年1月9日。

通过加入联合国和欧洲理事会，再加上经济援助及与西方的合作协定，波罗的海诸国向西方模式下民主政治制度的过渡就变得容易了。到1994年，苏联军队从波罗的海诸国撤出并与其签署了边界协议。1995年10月27日，拉脱维亚成为波罗的海诸国中第一个申请加入欧盟的国家。不久，爱沙尼亚和立陶宛也申请加入欧盟。经济实力和议会制度得以巩固，三国于 2004 年 5 月 1 日与其他七国一起成为欧盟十大新成员国。

旅游者们在爱沙尼亚首都塔林古镇，2001 年。

在高加索地区，早在 1989 年，纳戈尔诺一卡拉巴赫飞地的流血冲突已有发生。1991 年，占亚美尼亚人口多数的纳戈尔诺-卡拉巴赫飞地宣布脱离阿塞拜疆。作为回应，亚美尼亚于 1993 年入侵阿塞拜疆。一年后，两个独联体国家最终达成停战协议。1993 年，在阿塞拜疆，盖达尔·阿利耶夫领导的前共产党重掌政权。纳戈尔诺一卡拉巴赫飞地在 1997 年选出了自己的总统，但是该总统并未被阿塞拜疆政府承认，时局仍旧紧张。2001 年 1 月，亚美尼亚和阿塞拜疆都成为欧洲理事会的成员国。

亚美尼亚和阿塞拜疆两国边境上的苏军，1990 年 1 月 22 日。

1989 年，随着格鲁吉亚人和南奥塞特人冲突的发生，格鲁吉亚国内的种族紧张态势也浮上水面。同年，苏联军队镇压了第比利斯支持独立的示威活动。1990 年，由兹维阿德·加姆萨胡尔季阿领导的国家反对派赢得了第一次多党选举的胜利，并在 1991 年宣布格鲁吉亚独立。

1992 年 1 月，在战争的重压下，加姆萨胡尔季阿总统被罢免，苏联外交部长爱德华·谢瓦尔德纳泽当选为新一任总统。通过石油出口所得的利润以及与西方达成的协议，谢瓦尔德纳泽总统稳固了经济，但同时他也通过总统宪法进一步加强了个人权力。其政权最明显的特征就是镇压与腐败。

2003 年 11 月 22 日被操纵的议会大选之后，人民举行了和平示威，谢瓦尔德纳泽被迫辞职。在 2004 年 1 月举行的新一轮大选中，反对党主要候选人、"全国团结运动"领袖米哈伊尔·萨卡什维利获得胜利，当选为新总统。

中亚各国

中亚各个苏联共和国建立了总统制政体，把适度的经济改革和年长的政治精英结合了起来。

同高加索地区的几个国家一样，中亚各个苏联共和国在独立后都经历了政治动荡。它们共同拥有一个激进的、常常是政治化的伊斯兰基地组织。在阿富汗疏于控制的边境地区，该组织的激进拥护者们获得他们的武器和宣传材料。这些国家的政府都在国内对政治生活实行独断控制。

在土库曼斯坦，共产党领导人萨帕尔穆拉特·尼亚佐夫当选为总统并在 1990 年通过共产党大会当选为政府首脑。

1992 年，他通过一部新宪法，增加了总统的权威；同年，他在没有对手的选举中连任总统。1999 年，尼亚佐夫宣布自己为终身总统。

2005 年 2 月，尼亚佐夫宣布放弃终身总统地位的待遇。2006 年 12 月，别尔德穆哈梅多夫出任代总统和武装力量最高统帅，2007 年 2 月他就任总统并任职至今。

1991 年，塔吉克斯坦独立。一年后，埃莫马利·拉赫莫诺夫成为国家首脑。1993—1994 年期间，他向伊斯兰武装分子宣战，并向独联体军队寻求帮助来共同对

土库曼斯坦共和国总统萨帕尔

穆拉特·尼亚佐夫，1997年。

抗武装叛乱。1996年，阿富汗支持的叛乱分子控制了国家部分领土；之后，拉赫莫诺夫和他们进行了和平谈判，甚至在1998年允许他们加入政府。

哈萨克斯坦石油生产：里

海上的钻井平台，2005年。

　　哈萨克斯坦是一个自1990年就已实现独立的国家，其国内对于总统权力的支持已经到了个人崇拜的地步。因此，对于1990年努尔苏丹·纳扎尔巴耶夫操纵总统大选的重选并获得97%选票，政治观察家们并不感到惊奇。似乎不可能的大选胜利和专制倾向也是其他中亚国家政治制度的特征。纳扎尔巴耶夫自1990年起一直担任哈萨克斯坦总统。他通过与西方的经济联系、与俄罗斯和中国的政治友谊以及国内石油和矿物资源的开发，保持着国家的相对稳定。2000年，纳扎尔巴耶夫获得了部分终身权力。

乌兹别克斯坦首都塔什干的一所清真

寺内，穆斯林正在做祷告，2001年。

伊斯兰·卡里莫夫自1990年起掌握乌兹别克斯坦的国家权力，他的铁腕政策统治着穆斯林人口占多数的乌兹别克斯坦。2001年，以美军为首的联合部队入侵阿富汗，乌兹别克斯坦为其提供军事基地。

吉尔吉斯斯坦是中亚共和国中最小的一个，自1990年到2005年一直由阿斯卡尔·阿卡耶夫总统掌权。1998年，吉尔吉斯斯坦成为第一个加入世界贸易组织的苏联共和国。1999年，经历了政府军和伊斯兰叛乱分子之间的激战后，阿卡耶夫开始对国内持不同政见者进行残酷镇压。2005年3月，在国内激烈的反政府抗议中，阿卡耶夫被迫流亡国外。

二、阿拉伯世界和西亚

1945 年至今

政治上，多数西亚、北非国家都由政治强人及其家族牢牢把握统治权，没有人事和政策的更新。长期的个人和家族垄断统治，必然导致政权专横粗暴，贪污腐败成风，人民深恶痛绝。在国家暴力机关的压制下，民众无可奈何，但是内心积累了强烈的不满，只是等待爆发的时机。

1967 年六日战争前的以色列

1948 年，犹太复国主义者向英国殖民当局、巴勒斯坦居民和邻近的阿拉伯国家发动战争，试图建立一个自己的国家。在美国的帮助下，以色列在经济、军事和政治方面都取得了成功。以色列的军事实力为本国人民带来了安全，但对巴勒斯坦人来说却并不意味着和平。

以色列这个国家诞生于冲突之中。1939 年，为缓解以色列与巴勒斯坦人之间的紧张关系，英国委任当局将犹太人向巴勒斯坦地区移民的人数限额减少到了 75000 人。但在 1945 年，欧洲发生了纳粹对犹太人的大屠杀。之后，成千上万的犹太人涌入巴勒斯坦，其中大多数人为非法移民，却得到了犹太难民组织的支持。这些移民居住在犹太人居住区内，决心为自己的生存而奋斗。到1948年为止，英国政府曾尝试用许多种打压方法来阻止过量的犹太移民进入巴勒斯坦地区，犹太人地下组织则用袭击作为回应。

第一任以色列总理大卫·
本·古里安，1950年。

1948年5月14日，以色列工人党领袖大卫·本·古里安宣布成立独立的以色列国家。

1949年，以色列一院制议会第一次召开会议，选举魏兹曼为总统，本·古里安为总理。

以色列人聚居地一个集体农场上的
拖拉机，1962年。

到1954年，犹太移民已经增长到576000人，他们占有3000多平方公里的阿拉伯土地，并很快加以开发。

以色列人与巴勒斯坦人之间的冲突仍未得到解决，耶路撒冷城被分割成两部分，一半被以色列人占领，另一半仍居住着阿拉伯人。

到1948年，50万名巴勒斯坦人逃到邻国，特别是进入约旦；之后几年里，另

自 1967 年起被以色列占领的戈兰高地

有 30 万名巴勒斯坦人逃离。

随着美国的大量经济援助，以色列的经济快速发展起来，它还建立了一支现代化的、拥有强大防御能力的军队。1948 年 5—11 月的阿以战争中，以色列大获全胜，并于 1956 年 10 月伙同英法两国占领加沙和西奈半岛。

在六日战争期间，以色列占领了叙利亚的戈兰高地、东耶路撒冷和巴勒斯坦的部分领土。

1967 年至今的以色列

与埃及和约旦签订的和平协议是以色列外交史上的一座里程碑。以色列人在处理巴勒斯坦人的要求这一事情上，进行了许多调停尝试，但其过程仍然备受争议。

1972 年，在当时的总理果尔达·梅厄的授意下，以色列军队出兵占领了黎巴嫩南部，因为那里是对以色列北部发动武装攻击的巴勒斯坦游击队员的聚居地。

在 1973 年 10 月 6 日—26 日期间进行的"赎罪日战争"中，以色列人成功击退了埃及和叙利亚的突袭。

自 1973 年 12 月在日内瓦召开中东和平会议以来，在联合国、美国和其他国家的斡旋下，以色列开始以谨慎的态度逐渐和阿拉伯国家和解。

然而，各类巴勒斯坦组织发动的恐怖袭击以及他们的"战斗精神"仍旧是一个紧迫的问题，这导致了多种外交问题的产生。

1974 年，以色列陷入严重的财政和经济危机。与此同时，在与巴勒斯坦的相互

理解和协定方面，以色列主要党派间产生了分歧。1979 年，通过多番的努力，以色列才签署了与埃及的和平协议。以色列的总理内阁由强硬派转为温和派，并且寻求与巴勒斯坦人之间的永久和谐。严格信奉传统犹太教的犹太人和激进的移民群体的呼声更为响亮。

谨慎的进展：巴解组织领袖阿拉法特和以色列总理拉宾在一次会议上交谈，马德里，1994 年。

在 1992—1993 年的戴维营和平会谈中，来自美国的日益沉重的压力和建立两国间相互信任关系的秘密会谈使以色列接受巴勒斯坦解放组织作为其谈判伙伴。

1995 年 11 月 4 日，以色列总理拉宾被一名犹太右翼极端分子暗杀，巴以和平进程遭遇首次重大挫折。尽管强硬的右派主义者内塔尼亚胡赢得大选，但巴勒斯坦自治政府于 1997 年和以色列开始了一些方面的合作。

2000 年，巴拉克领导的工党政府摆出的姿态似乎表示，他会比以往任何一位以色列领袖向巴勒斯坦做出更多的让步，但他未能取得任何成效。

2001 年巴勒斯坦抵抗运动和自杀性炸弹袭击之后，总理沙龙以军事报复袭击和暗杀激进分子的领袖作为回应。

2002 年，沙龙开始下令建造一道颇具争议的防卫墙，以回应巴勒斯坦的民主化改革，因为这次改革宣称要把以色列从加沙驱逐出去。

"黑色九月事件"发生前的巴勒斯坦和约旦

1948 年，随着以色列国的建立，阿以战争爆发，导致成千上万的巴勒斯坦人逃离家园。巴勒斯坦难民的涌入破坏了约旦的社会秩序，直至约旦国王侯赛因二世再次控制住了局面。

"巴勒斯坦问题"和以色列息息相关。1947 年 11 月 29 日，联合国宣布了一项决议，将巴勒斯坦地区划分成犹太人的国家和阿拉伯人的国家两部分，但这个计划失败了。随着以色列国的建立，大量巴勒斯坦人涌入约旦河西岸和约旦国。约旦在 1946 年 5 月刚刚成为一个独立的国家，尽管政治结构薄弱，人口稀少，但它尽力处理好巴勒斯坦难民流的问题。1950 年，约旦吞并了约旦河西岸地区的部分领土（现为约旦西部）；随后，巴勒斯坦游击队员与约旦军队发生冲突。

耶路撒冷伊斯兰教的大穆夫提

阿明·侯赛尼，1941 年。

当巴勒斯坦的政治领袖即耶路撒冷的大穆夫提阿明·侯赛尼向以色列宣战并决心彻底歼灭它时，约旦国王阿卜杜拉一世则寻求与犹太国恢复友好关系。1951 年 7 月 20 日，阿卜杜拉一世在东耶路撒冷的雅克萨清真寺内被一名巴勒斯坦枪手暗杀。

约旦国王阿卜杜拉一世（左），在 1950 年后与

巴勒斯坦人决裂。

越发激进的巴勒斯坦人开始向余下的几个阿拉伯国家寻求帮助。20 世纪 50 年代，他们首先向埃及总统纳赛尔请求援助。在阿拉伯国家与巴勒斯坦休戚相关的名义下，其他阿拉伯国家也加入了战争，并向巴勒斯坦士兵提供武器。随后，巴勒斯坦和以色列之间进行互相突袭并发生了一系列小规模的冲突。

1952 年 8 月开始，阿卜杜拉一世的孙子侯赛因二世就任约旦国王。1957 年，英国撤回了它驻扎在约旦的最后一批士兵。迫于巴勒斯坦的压力，侯赛因和纳赛尔结盟，但他同时也与西方世界保持联系。侯赛因好几次从对他的暗杀和政变中死里逃生。

1999 年，他的儿子阿卜杜拉二世继承了约旦王位。

1967 年阿以战争期间，以色列军队占领了整个耶路撒冷和约旦河西岸地区，造成了新的一批巴勒斯坦难民涌入约旦。

阿拉伯国家战败之后，巴勒斯坦解放组织领袖亚瑟尔·阿拉法特开始组织游击队在约旦边境外反击以色列军队。巴解组织威胁称将控制约旦首都安曼；经过长期激战，侯赛因国王直到 1970 年才在"黑色九月事件"中以武力打败巴解组织的力量。

巴勒斯坦走向建国之路

在联合国大会上发言后，巴解组织领袖阿拉法特为独立巴勒斯坦国的建立所作的声明开始获得国际社会的认可。奥斯陆和平进程标志着巴以双方直接谈判的尝试的开始，但他们还没有达成一个全面的和解方案。

1971 年，约旦和巴勒斯坦全面和解，也与 1970 年站在巴勒斯坦一边的邻国埃及和叙利亚和解。从 1972 年起，巴勒斯坦领导人发动了一系列引人注目的袭击和劫机事件（如 1977 年德国汉莎航班劫持事件），以引起国际社会对其奋斗事业的注意。

随着 1973 年"赎罪日战争"中阿拉伯国家的战败及以色列与埃及的和解，巴勒斯坦更多地向其他阿拉伯国家——特别是叙利亚、利比亚和伊拉克寻求支持；巴解组织在联合国大会上提出了建立独立巴勒斯坦国的目标。

对于重重压力下的以色列，美国予以庇护，但同时也寻求调停，这方面著名的有 1977 年的"卡特计划"。阿拉法特和巴解组织领导修正了他们的想法并不断寻求以谈判方法解决问题，然而这个过程在 1982 年遭受了一次重大挫折。当时，在黎巴嫩首都贝鲁特西部被占领后，以色列的盟友、基督教长枪党的民兵组织在萨布拉和夏蒂拉的巴勒斯坦难民营进行了一次大屠杀。

1987 年，加沙地带和约旦河西岸爆发了巴勒斯坦武装抵抗运动（全国性的起义）。运动一开始是以和平的方式进行的，但很快就演变为投掷石头的市民和以色列军队之间的街头暴动。

1988 年，阿拉法特承认以色列国的存在，同时对建立自治的巴勒斯坦国的要求更加迫切。1994 年的奥斯陆和平协议制定出了一个协商和平的方案。次年，巴勒斯坦当局建立，以管理加沙地带和约旦河西岸地区。1997 年，希伯伦被交还到巴勒斯坦人手中。然而这个进程被越来越多的持续不断的暴力行动破坏，双方的温和派都受到排挤。

到 1997 年为止被以色列占领的巴

勒斯坦城市希伯伦的屋顶

1995 年，以色列总理拉宾遭以色列右翼极端分子暗杀。1996 年，恐怖组织哈马斯发动自杀性炸弹袭击，以色列对黎巴嫩南部进行轰炸，冲突再次发生。2000年，第二次巴勒斯坦武装抵抗运动爆发；在一波轰炸后，以色列军队于 2001 年 4月重新占领了巴勒斯坦的自治领土。随后，阿拉法特的官邸被以色列军队包围。

2003 年 4 月，美国提出"中东和平路线图"，构想了一个巴勒斯坦国。2004 年11 月，巴勒斯坦民族权力机构主席阿拉法特逝世，温和派的阿巴斯继任；他的当选被许多人看成是一次打破巴以僵局的机会。

埃及与利比亚

在纳赛尔的领导下，埃及成为阿拉伯世界的最有影响力的国家。他的后继者萨达特结束了埃及反以色列的外交方针，而卡扎菲领导下的利比亚却继续贯彻"纳赛尔主义"的路线。

在埃及，国王法鲁克一世的腐败统治虽然得到英国的支持，却在 1952 年 7 月23 日被一个叫作"自由军官组织"的团体推翻。1953 年 6 月 18 日，该团体宣布成立埃及共和国。1954 年，加麦尔·阿卜杜勒·纳赛尔成为共和国的总理；两年后，他兼任总统。纳赛尔镇压共产党人和穆斯林兄弟会，宣布埃及将在社会主义和民族主义的基础上建设成为一个现代化国家。纳赛尔自认为是泛阿拉伯主义的发言人；1955 年，他与印度总理尼赫鲁及其他领导人一起，成为"不结盟运动"的领导人之一，共同反对霸权主义。

1956 年 7 月，埃及将苏伊士运河收归国有，这一举措引起了国际性的苏伊士运河危机，这场危机在同年 10 月达到高潮。尽管埃及军队在这场战争中被以色列、英国和法国击败，但纳赛尔仍然保持了自己的政治威信，并在第三世界树立起极大的威望。

1958 年，叙利亚和埃及联合建立阿拉伯联合共和国，这是泛阿拉伯主义理论在现实中的一次尝试。但是到 1961 年，阿拉伯联合共和国已名存实亡，它于 1971 年正式解散。20 世纪 60 年代，纳赛尔开始在埃及大搞建设，如阿斯旺大坝和核电站。

建设阿斯旺大坝，1963 年。

虽然 1967 年与以色列"六日战争"中的失败削弱了埃及的力量，但纳赛尔的国家信条仍然成为埃及邻国，特别是利比亚的榜样。

在利比亚，穆阿迈尔·卡扎菲领导的"革命指挥委员会"于 1969 年 9 月 1 日控制了政府。卡扎菲采取了纳赛尔关于民众动员和个人崇拜的原则，从根本上消灭了他所有的潜在对手。1969 年以后，卡扎菲把全国石油出口业收归国有，利比亚迈出了现代化的步伐，人民生活水平也得到了提高。但由于他经常实行一些事先难以预测的政策并且支持恐怖组织，利比亚在 20 世纪八九十年代被其他国家孤立。大约从 2000 年开始，卡扎菲就一直尝试通过国际妥协来改变这种孤立状态。

1970 年纳赛尔逝世后，安瓦尔·萨达特继任。1979 年 3 月 26 日，萨达特与以

穆阿迈尔·卡扎菲上校，1975年。

色列签署了一项和平协议，结果导致埃及在阿拉伯世界受到孤立，从此萨达特开始依靠西方世界的支持。

穆巴拉克治理下的埃及和独立后的叙利亚

穆巴拉克继续在埃及实行总统制。在叙利亚。总统阿萨德领导的叙利亚社会党在叙利亚独立初期短暂的社会动荡后取得了叙利亚的政权。

萨达特所发动的反对伊斯兰教的战争、对以色列的调和姿态，以及独裁的国内政策，导致他在1981年10月6日的一次军事阅兵中被暗杀。

胡斯尼·穆巴拉克成为萨达特的继任者。他继续推行萨达特的方针，同时努力与阿拉伯阵营达成和解。他还进一步开放了埃及的旅游业。1989年，埃及再次成为阿拉伯联盟的正式成员。穆巴拉克总统的统治缓和了埃及与穆斯林兄弟会组织的冲突，但西方世界却认为其缺乏民主而批评如潮。2005年2月，穆巴拉克承诺将允许更多的候选人参加未来的总统选举。

1946年叙利亚从法国手中赢得独立，但在独立最初几年里，叙利亚及其首都大马士革的政局非常不稳定。这主要是由于叙利亚人在宗教、种族和政治上的多样性。1943年叙利亚社会党成立并于1955年获得合法地位；通过1949和1951年的

萨达特被暗杀后，安全局人员正在照顾受伤躺在地上的受害者，
1981 年 10 月 6 日。

军事政变后，它上升成为叙利亚的领导力量。该党提倡泛阿拉伯民族主义和社会主
义，并与纳赛尔治理下的埃及展开合作。

埃及众多旅游名胜之一：门农石像之一，2004 年
11 月 22 日。

　　与埃及结盟后，在社会党人的迫使下，叙利亚于 1961 年 9 月 30 日退出阿拉伯
国家联盟，再次成为单独的叙利亚共和国。1963 年 3 月，社会党在由阿明·哈菲斯
将军领导的一场军事政变中控制了叙利亚政府。此后，叙利亚和埃及的关系开始疏
远，转而更多地向伊拉克和巴勒斯坦人靠近。1966 年，社会党内部的左派力量占据
了优势，叙利亚与苏联的合作因此更加紧密。1967 年的阿以战争期间，叙利亚在军
事上失利，以色列占领了戈兰高地。

　　在 1970 年的"黑色九月事件"中，由于叙利亚支持巴勒斯坦，于是导致了叙

叙利亚总统巴沙尔·阿

萨德，2005 年 4 月 8 日。

利亚社会党内部的权力斗争。这次较量最后由国防部长、阿拉维派教徒哈福兹·阿萨德获胜。1971 年 3 月 11 日当选总统后，阿萨德镇压伊斯兰教起义，消灭他的潜在对手，并且在社会主义和民族主义的基础上发展国家现代化。1976 年，他以武力干涉黎巴嫩内战。

叙利亚和伊拉克的矛盾早在 1968 年就已经产生，20 世纪 70 年代矛盾加剧，最终导致叙利亚在 1991 年海湾战争中加入反对伊拉克联盟。

同时，由于阿萨德生前巩固了其家族在叙利亚的统治地位，因此在他 2000 年逝世后，国家权力落入了他的儿子巴沙尔·阿萨德手中。叙利亚武装干涉黎巴嫩之后，国际社会不断施压，它被迫从黎巴嫩撤军。2005 年大选之后，新的自由党政府组建起来了。

黎巴嫩

黎巴嫩国内不同宗教团体间愈发紧张的关系导致了一系列政治危机的发生。最终引发了 1975 到 1990 年间的毁灭性内战。在以色列和叙利亚的军事势力之间，黎巴嫩政府陷入了两难境地。

1946 年 12 月，黎巴嫩从法国手中独立出来，但它面临着许多问题。1943 年达成的《国民公约》虽然平衡了基督徒和穆斯林这两种不同宗教之间的政治力量，但却造成了人民的分化。居住在北部的基督教徒变得更加富裕和西化，而南部的亲阿拉伯国家的穆斯林却更加贫穷。基督教徒卡米勒·夏蒙连任总统后，依靠美国的军事援助重新确立了政府的权威。1958 年 5 月到 7 月，早期内战爆发。在黎巴嫩南部，巴勒斯坦难民的涌入更加剧了黎巴嫩的宗派矛盾。直到 1969 年 10 月，军政府才止住了国家的暴力分裂。

1975 年内战期间，叙利亚支持穆斯林，武装干涉了黎巴嫩内战，并从 1976 年开始对黎巴嫩许多地区进行了长达近三十年的统治。

1976 年 10 月以后，通过阿拉伯国家联盟的调停，这场摧毁了首都贝鲁特和黎巴嫩其他主要城市的战争逐渐平息下来。

基督教长枪队民兵组织对一个巴勒斯坦难民营进行

残忍的大屠杀结束后，1982 年 9 月 19 日。

1982 年 6 月，一名以色列大使遇刺，接着，以色列就向黎巴嫩发动了代号为"加利利和平行动计划"的全面入侵。1982 年 9 月，新当选的黎巴嫩总统贝希尔·杰马耶勒遇害，名为基督教长枪队的民兵组织对巴勒斯坦难民营展开了大屠杀。同月，杰马耶勒的兄长阿明当选为他的继任总统。次年，他在日内瓦主持召开了和平会谈，参加会谈的包括卷入内战的黎巴嫩所有党派。最终，以色列同意将军队撤到黎巴嫩南部的一个安全地带。

1988 年，黎巴嫩北部的基督教民兵组织和激进的什叶派真主党之间再次爆发了战争。1989 年，马龙派基督徒的领袖米切尔·奥恩宣布发动一场反对叙利亚的"解放战争"。1991 年，叙利亚正式承认黎巴嫩独立，但是以黎巴嫩需要它来提供一种可以与民兵组织抗衡的力量为借口，拒不撤兵。这就使得黎巴嫩被两股国外势力占据。1975—1990 年的内战总共夺走了超过 144000 人的生命。

战后的日常生活：男孩们在贝鲁特郊区遭到
破坏的房屋前踢足球，2003 年 10 月。

1992 年后，在联合国维和部队的支持下，黎巴嫩的局势逐渐稳定。但是，仅被部分缴去武器的民兵和巴勒斯坦激进组织仍旧是黎巴嫩的一大问题。在盟友南黎巴嫩军队瓦解后，以色列于 2000 年单方面从黎巴嫩撤军。2005 年 2 月前总理拉菲克·哈里里遇害后，黎巴嫩人民强烈要求叙利亚军队也撤出黎巴嫩。同年 4 月，在沉重的国际压力下，叙利亚宣布将遵从这个要求，从黎巴嫩撤军。

沙特阿拉伯、众酋长国和也门

沙特阿拉伯和盛产石油的众多酋长国把君主统治形式和掌有巨额财富的富裕阶层结合起来。内战结束后的 1967—1990 年间。也门在政治上被分割成了几个部分。

受瓦哈卜主义道德观念的影响，沙特阿拉伯是伊斯兰世界政治和宗教信仰上最保守的国家之一。占统治地位的沙特家族和他们的追随者垄断了沙特的政权和巨额财富，民主体制完全缺乏。沙特的这种保守主义和富裕的权力精英与国家现代化的基础设施之间形成了奇怪的对照。作为世界上最大的石油储备国，石油开采所得到的财富是沙特进行现代化建设的资金来源。

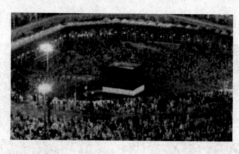

成千上万穆斯林在哈兰沙利斐的大清真寺前，围着天房克尔白转七圈，作为他们向麦加朝觐活动的一部分，2004 年。

沙特王国的建立者，阿卜杜拉·阿齐兹·伊本·阿卜杜勒·拉赫曼·伊本·沙特于 1953 年逝世。王位依次由他的儿子沙特、费萨尔、哈立德、法赫德继承。1964 年，国王沙特被他的兄弟费萨尔王储罢黜。费萨尔实行了一系列谨慎的改革，并且成为伊斯兰世界反对纳赛尔主义的保守派领袖。1975 年，费萨尔被一名家族成员谋杀，他的兄弟哈立德继承了王位。出于对伊朗发生的伊斯兰革命和伊拉克军事武装的恐惧，哈立德主要在美国的帮助下，从 1980 年开始武装沙特阿拉伯。第一次海湾战争中，沙特是美国在中东地区最重要的盟友。

尽管沙特人民要求民主改革的呼声日益强烈，沙特的统治者却极少做出让步。类似的情况也在萨巴赫家族统治下的科威特以及在阿拉伯联合酋长国、巴林、卡塔尔和阿曼也同样存在，不过是以一种更加温和的形式。

1979 年 11 月，伊斯兰教极端分子占领了麦加的一座清真寺，沙特王储法赫德王子对此加以严厉处理，这第一次反映了沙特阿拉伯和伊斯兰激进主义间的矛盾。今天的沙特政府面临着更大的国际舆论压力，因为许多国际恐怖分子是来自沙特阿拉伯。

1962 年 9 月，统治哈里发长达一千年的栽德派伊玛目的独裁统治被推翻，北也

第一次民主选举后，在利雅德召开的舒拉议会的
会议，2005 年 2 月 10 日。

门独特的神权政治制度随之结束。1967 年英国从南也门撤军，之后马克思主义者控制了那里的政权。1967 年 11 月，这个国家被正式分割，其界限的划定与英国和土耳其殖民者在 1849 年对边界线的划定极为相似。南也门在苏联和中国的支持下，依照苏联模式，建立了一个政教分离的人民共和国；北也门仍然是一个阿拉伯共和国。在经历一段时间的互相交战后，南北也门于 1979 年开始了和谈。1990 年 5 月 22 日，统一的也门共和国建立。

1979 年以前的伊拉克

1958 年革命以后，民族主义总统制政府一直统治着伊拉克。1968 年，主张政教分离的民族主义社会党成了伊拉克的执政党。

二战后，伊拉克国内出现了宗教（伊斯兰逊尼派-什叶派）、种族（库尔德人-阿拉伯人）冲突的紧张局面。

在这种局势下，伊拉克国王费萨尔二世被他亲英派的表兄阿卜杜勒·伊拉亲王和总理努里·赛义德控制起来。大英帝国当时控制了很大一部分伊拉克经济。

1958 年 7 月 14 日发生的军事政变推翻了伊拉克的君主统治，王室家族被杀。

这次政变的领导者、陆军准将阿卜杜勒·克里姆·卡塞姆成为新成立的共和国总理。他立刻实行了全面的行政、社会和土地改革，将石油生产收归国有，并在

继承王位后，国王费萨尔二世在伊拉克国家

议会面前向宪法宣誓，巴格达，1953 年 5 月 2 日。

1959 年将英国从伊拉克驱逐出去。

卡塞姆将军在军事政变中被罢黜两天后，巴格

达街道上的一辆坦克和巡逻士兵，1963 年 2 月。

　　1961 年 3 月，伊拉克北部爆发了库尔德人起义。起义领导人是穆斯塔法·巴尔扎尼，他宣布要建立一个库尔德人的国家。此后，所有伊拉克的当政政府都要被迫与库尔德人谈判。1970 年，政府赋予库尔德人文化自主权和参与政府的权力。

　　1960 年开始，卡塞姆建立起个人独裁专政，并在 1961 年宣布科威特成为伊拉克的一个省。在 1963 年 2 月的权力斗争中，卡塞姆被他的前副手阿卜杜勒·萨拉姆·阿里夫上校打败。阿里夫在阿拉伯社会复兴党的帮助下夺取了政权。他和社会党人一起，对共产党人和其他政治对手进行了残酷迫害。1963 年 11 月，他消灭了分裂的社会党人，并转而依靠传统的民族主义者。

1966 年，阿里夫死于一场直升飞机事故，他的弟弟阿卜杜勒·拉赫曼·阿里夫成为伊拉克的统治者，但在 1968 年 7 月 17 日的军事政变中他被罢免了。在这场政变中，阿哈麦德·哈桑·贝克尔将军领导下重新振兴的社会党，通过大规模的清洗行动确保了其对军队的最高统治权。

伊拉克总统走访库尔德地区：阿卜杜勒·萨拉姆·阿里夫（前）骑着驴子前行，1958 年 7 月。

1970 年与库尔德人签订和平条约后，伊拉克政府着手启动雄心勃勃的社会改造工程。该工程以土地改革和改善灌溉工程为主要特征，其目的在于使更多土地投入耕作。虽然不断加快的进程带来的后果混杂不一，但 1972 年开始的对整个石油工业的国有化改革，使国家的正常收入得到保障。接着几年里的油价飞涨又使国家收入猛增。

1975 年，两伊关于波斯湾附近阿拉伯地区归属问题的冲突结束。伊朗撤回它对伊拉克北方叛乱的库尔德人的援助，迫使他们接受政府的停火呼吁。

伊拉克：从萨达姆执政到现在

1979 年，萨达姆开始强化他的个人权力。与伊朗的战争结束后，他于 1990 年占领了科威特，但他的军队在 1991 年战败，而他本人则在 2003 年被赶下台。

来自提克里特的贝克尔将军在 20 世纪 70 年代担任伊拉克总统。1968 年，属于贝克尔一派的萨达姆·侯赛因成为贝克尔的副手。自 1972 年起，萨达姆开始以残酷的、专制的政策进行统治。1979 年 7 月 16 日，他继承了贝克尔的总统和政府首脑职位，并立即开始通过众多手段消灭潜在的对手。

独裁者萨达姆·侯赛因的巨大壁画，该形象渗透
了伊拉克人民的日常生活。

　　利用人民对伊朗革命的恐惧，萨达姆趁机武装起伊拉克军队，使之成了阿拉伯世界最强的军事力量。通过个人崇拜、设计严密的监督系统以及在政府部门任人唯亲的做法——这一点在他给他儿子乌代和库赛安排的职位中体现得尤其明显——萨达姆巩固了自己的统治。1980 年 9 月，萨达姆入侵伊朗，两伊战争爆发。这场战争不久就陷入僵局，不仅造成了大量的流血伤亡并且一直持续到 1988 年。1988 年 2 月，萨达姆的军队还使用毒气杀害了成千上万起义的库尔德人。

　　伊拉克继续推行前政府的主张，于 1990 年 8 月 2 日占领了科威特，并宣布它成为伊拉克第十九个省。伊拉克没有遵照联合国的要求撤军，这一事件引发了第一次海湾战争。伊拉克战败，被联合国授权美国领导的联合部队驱逐出科威特。

　　趁此机会，伊拉克南部什叶派和北部库尔德人爆发起义，反对战败的伊拉克政府。萨达姆残忍地镇压了这些叛乱，随后库尔德人的盟友们为他们建立起了保护区。

　　伊拉克统治集团只以消极的态度执行了由联合国的一个视察小组制定的条款，以及海湾战争后达成的销毁大规模杀伤性武器的协议。联合国强制执行的贸易禁运

美国海军在占领巴格达后不久，经过一座被装甲车推倒的萨达姆塑像，2003 年 4 月 10 日。

对伊拉克人民造成了更多的影响，而不是伊拉克的领导层。

2001 年"9·11 事件"后，作为"邪恶轴心"的一分子，萨达姆·侯赛因为首的统治集团再次进入美国人的视野。借口伊拉克秘密藏有大规模杀伤性武器，主要由英美两国组成的军队在 2003 年 3 月 20 日入侵伊拉克，企图推翻萨达姆的统治。英美联军很快攻破了伊拉克军队的抵抗防线。

在外国入侵后被委任的伊拉克临时

总统伊亚德·阿拉维，2005 年。

到了5月，伊拉克战败，但最终并没有任何证据表明伊拉克藏有所谓的大规模杀伤性武器。

2004年5月，伊拉克管理委员会接管了伊拉克的政治领导权。接着在6月，伊拉克政权被伊亚德·阿拉维领导的过渡政府接管。

战争结束以来，英美联军的军事势力以及逊尼派（当时占统治地位）和什叶派中的多数派之间日益加剧的权力斗争，导致了几乎每天都有袭击和自杀性爆炸事件发生。

2005年1月30日第一次自由选举（逊尼派中的多数派拒绝参加）中，易卜拉欣·贾法里领导的什叶派联盟-伊拉克统一联盟获胜，贾法里于2005年2月就任伊拉克总理。

新政府成立后，伊拉克袭击事件似乎更多了，这一情况使得深陷伊拉克战争泥沼的美国更加尴尬。

沙哈统治下的伊朗

沙哈（Shah，伊朗国王的称号）礼萨·巴列维强制建立一种压迫性的政教分离的社会制度，并由此发展出一套独裁主义的腐败统治。这种压制。再加上伊朗西部石油公司帝国主义的统治，激起了中产阶级和什叶派牧师的反抗。

1941年，英美两国任命年轻的穆罕默德·礼萨·巴列维为伊朗国王。由于伊朗是最亲近西方的国家，同时也是主要的石油输出国，因此美国也在军事上对伊朗进行武装，特别是在1946年与苏联在阿塞拜疆问题上发生冲突后。

1951年4月起，穆罕默德·摩萨台担任总理，他反对英国对伊朗石油贸易的干涉，并将英国—伊朗石油公司（AIOC）收归国有。

在后来的权力斗争中，伊朗国王匆忙逃离了他的国家，但在1953年8月又回到伊朗。

在美国中央情报局的帮助下，国王推翻了摩萨台和他的民族主义人民党。他还将英国—伊朗石油公司交还给它原来的拥有者，并强行执行戒严令直到1957年。

20世纪70年代伊朗的石油开采：

伊朗是世界最大的石油出口国。

从1960年开始，国王试图通过一系列改革不断加强对反对派的控制权。1963年1月，他开始实行著名的"白色革命"：没收大土地所有者的土地、开展扫除文盲和妇女解放运动等。这些措施的主要受益人是城市人口。国王西方化的生活方式、他与西方的政治联系、腐败，以及对伊斯兰教传统的漠视逐渐使统治者和他的人民疏远了。自20世纪60年代起，在总理阿米尔·阿巴斯·胡韦达的治理下，政府统治变得更加专制。统治集团的反对者遭到秘密警察萨瓦克的严刑拷打。1975年，一党制制度化。

1978年，国王许诺进一步改革，试图平息1977年以来形成的大量反对派。然而，他的改革经常被示威运动破坏，特别是在什叶派的圣城里。这些示威运动支持被流放的阿亚图拉鲁霍拉·霍梅尼，并以他为中心形成了伊朗的伊斯兰反对派。

1979年9月，流放归来的霍梅尼开始呼吁一场永不妥协的反对国王的战争和"伊斯兰革命"。

以国王为中心的上层阶级将他们的财产转移到国外，而劳动者的罢工行动也使

阿亚图拉鲁霍拉·霍梅尼回到伊朗，受到群

众的热烈欢迎，德黑兰，1979 年。

得石油生产陷于停滞。11 月建立起来的军事政府不能再控制国内局势。

在巴黎，霍梅尼与反对派中的温和派"国家阵线"结成同盟，他们宣告以建立伊斯兰共和国作为共同目标。

1979 年 1 月 16 日，国王逃离伊朗。

2 月 1 日，霍梅尼从巴黎回到伊朗，在德黑兰受到群众的热烈欢迎。伊朗革命开始。

1979 年伊斯兰革命以来的伊朗

在霍梅尼的领导下，强硬派伊斯兰势力控制了伊朗。直到他死后。伊朗才开始出现一些自由化的趋势。在关于国家未来走向的问题上，传统主义者和温和的改革派之间斗争不断。

1979 年 4 月 1 日，霍梅尼宣布伊朗伊斯兰共和国成立，但他并没有立刻以伊朗政治领袖的身份出现在公众面前。起初，一位温和的反对派政治家当选为总统，但随着伊朗学生占领美国驻德黑兰大使馆，以及具有严格宗教信仰的伊斯兰共和党在 1980 年 5 月的议会选举中获胜，11 月时，激进的革命运动进一步发展。随后伊斯兰教教法被推行，即在传统主义者群体中，妇女被普遍强制要求戴面纱，以及推行强烈的"反美"意识形态倾向，伊朗的公共生活开始重新伊斯兰化。

霍梅尼和伊斯兰教激进的神职领导人（毛拉）不断地将分裂的伊斯兰温和派势

在一次抗议妇女穿着"非伊斯兰"服饰

（"挑逗性的暴露"）的潮流中，戴着很长

面纱的虔诚的妇女们，伊朗，2004 年。

力逐出政府或流放国外。1980 年 9 月伊拉克发动的两伊战争为毛拉们带来了最后的胜利。在霍梅尼及其狂热的"宗教守护者们"的帮助下，甚至连政府的反对派也加入保卫国家的战斗中。1988 年，伊朗接受了联合国的停火协定。同时，伊斯兰革命的胜利激励了其他国家的激进组织，特别是黎巴嫩的穆斯林什叶派真主党。

直到 1989 年 6 月 3 日霍梅尼去世，伊朗的国内压力才得到了缓解。继任他的精神领袖位置的是阿亚图拉阿里·哈梅内伊，同时他也在 1981—1989 年间担任总统，并继续代表毛拉们的保守势力。之后，总统一职由实用主义者阿里·阿卡巴·拉夫桑贾尼取得。他开始缓和紧张局势，并重新开始了与西方的经济合作。

两伊战争期间，与伊拉克军队的一次边境冲突中被

杀害的两名伊朗士兵的尸体，1985 年 3 月。

1997年，被认为是温和派伊斯兰代表的穆罕默德·哈塔米当选总统。许多改革者认为他是国家最大的希望，虽然他在权力争夺中必须不断地与由保守派控制的政治制度进行斗争。2002年6月，议会已经通过的反酷刑法遭到保守的护教会议否决。

从2004年开始，伊朗开始了核能源开发活动，在当时得到美国及其他西方国家的支持。1980年与美国断交后，美国曾多次指责伊朗以"和平利用核能"为掩护秘密开发核武器，并对其采取"遏制"政策。

2010年6月9日，联合国安理会伊朗核问题通过第1929号决议，决定对伊朗实行自2006年以来的第四轮制裁。2010年8月9日，伊朗第一座核电站——布什尔核电站被宣布将于2010年9月投入运营。目前，伊朗核计划已发展到关键阶段。美国政府企图以此为由发动对伊朗的战争，此举将大大提高美军控制中东和中亚的能力，产生世界性的影响。

内战爆发前的阿富汗

阿富汗的部落文化长期影响并降低了政府的执政效率。1973年，君主制政体被推翻。1979年。苏联入侵阿富汗，其支持建立的政府四面受敌。紧随而来的是一场充满血腥的侵略和内战。

阿富汗对教师的培训：未来的老师们正在上课，1963年。

自1933年起，穆罕默德·查希尔开始统治以传统、自治的部落结构为基础的阿富汗，但阿富汗实际上的掌权者是在 1933 年被谋杀的纳奇尔的兄弟们，即查希尔的三个王叔。他们想实行中央集权制，但由于各个部落的反对而成为泡影。

然而，自 1953 年起，国王的妹夫、阿富汗总理穆罕默德·达乌德在苏联的帮助下，成功地实行了几项社会改革。1963 年，达乌德被罢黜。

次年温和派政治集团引入君主立宪制，并在 1965 年举行了第一次自由的议会选举。

两名阿富汗妇女将木柴运回她们的村子，约 1965 年。

1973 年 7 月 17 日，达乌德在一次政变中罢黜了国王，并宣布成立共和国。作为总理，他开始实行谨慎的土地改革和银行国有化，此举获得了阿拉伯国家的支持，他在 1977 年 2 月确立了独裁的总统制统治。

1978 年 4 月，有共产主义倾向的人民民主党在军队的帮助下策划了一场政变，谋杀了达乌德，并宣布建立阿富汗民主共和国，努尔·穆罕默德·塔拉基任总理。

新成立的共和国和苏联建立了密切的联系。

政府的政教分离政策导致 1979 年许多部落和部分军队发动叛乱，阿富汗许多地区陷入无政府的混乱状态。在强大的社会压力之下，新任总理哈菲佐拉·阿明向苏联求助。

1979 年 12 月 27 日，苏联军队进入阿富汗，帮助流放在外的忠诚的巴布拉克·卡尔迈勒成为国家和政府的首脑。虽然总的来说，新政府较尊重伊斯兰教和阿富汗的传统，但许多伊斯兰组织和民族主义团体立刻组织力量反抗苏联的侵占，他们被称为穆斯林圣战者。这些游击队员在喀布尔开展了一场反抗政府和苏联军队的游击

苏联坦克在喀布尔的大街上巡逻，搜寻叛乱者，1980 年 2 月。

战，并且得到美国和许多阿拉伯国家在经济和军事上的援助。

阿富汗（1979 年至今）

在苏联军队因遭受重大损失而撤出阿富汗后，伊斯兰团体内部开始争斗。起初，游击队控制了这个国家，然后，塔利班接管了政权。2000—2002 年间。塔利班被剥夺了政权。

事实逐渐证明，阿富汗的部落委员会和政府一样软弱无能，山区已经发展成为伊斯兰激进抵抗力量的中心，他们与巴基斯坦和秘密基地组织有着密切的联系。

到 1983 年为止，20%的阿富汗人逃到邻国，尤其是巴基斯坦。为此，联合国发起几次和谈，但都没能平息冲突。双方上演的暴力行为进一步毁灭了签订和平协议的希望。

迫于苏联压力，人民民主党的总书记萨伊德·穆罕默德·纳吉布拉于 1986 年取代卡尔迈勒，并于 1987 年成为总统。他倡导民族和谐政策。

随着伊斯兰激进游击队员攻占了越来越多的阵地，戈尔巴乔夫领导下的苏联遭受了巨大损失。《日内瓦和平条约》签订后，苏联于 1988—1989 年间将军队撤出了阿富汗。

苏联撤军导致了纳吉布拉政权的土崩瓦解。在 1990 年发生的一场预谋政变后，纳吉布拉最终于 1992 年被游击队驱逐出了喀布尔。在新组建的游击队政府中，西

阿富汗境内170英尺高的巨大佛像，在

2001年被塔利班炸毁。

卜加图拉·穆贾迪迪出任总统，古尔布丁·希克马蒂亚尔任总理。但他们未能得到分布在阿富汗余下大部分地区的其他抵抗组织的认可。因此，内战仍然在继续。

1996年9月，伊斯兰塔利班民兵组织占领喀布尔，并建立了一个暴虐的政府。他们强制实施伊斯兰原教旨主义政策，同时允许阿富汗种植鸦片。

在塔利班统治下，阿富汗的鸦片种植量达到世界鸦片生产总量的75%。阿富汗北部的武装力量，即著名的北方联盟，反对塔利班企图征服整个国家的野心。

1997—1998年间，穆拉·奥马尔领导的塔利班开始驱逐西方的援助组织，并公开表明支持伊斯兰恐怖主义者，尤其是本·拉登。1998年8月，美国驻内罗毕和达累斯萨拉姆大使馆遭到袭击，之后美国导弹袭击了阿富汗的恐怖分子训练营。

一名塔利班战士背着受伤的同伴，1997年。

2001年"9·11"事件发生后，由于塔利班拒绝了美国引渡本·拉登的要求，

在乌兹别克将军阿卜杜·拉希德·杜斯塔姆领导下，美英两国军队和北方联盟协调作战，共同发动了对塔利班的进攻。11 月 13 日，联军夺回了喀布尔。不久，塔利班被驱逐到阿富汗与巴基斯坦的边境地区。

为了支持总统哈米德·卡尔扎伊的政府，北约军队仍然驻扎在阿富汗。

三、崛起的其他亚洲国家

1945年至今

　　战后，大多数亚洲国家先后摆脱殖民压迫获得独立。中国成为占世界三分之一人口的社会主义国家。朝鲜半岛分属两对峙的阵营，终至爆发战争。日本在美国的扶植下迅速崛起。东南亚国家经济快速发展。印度与巴基斯坦带有深深的大国政治烙印。由于发展道路、历史背景、文化传统等诸多因素，亚洲政治经济一体化的进程步履艰难。

中华人民共和国

　　公元1949年4月，中国人民解放军占领南京，宣告国民党在中国大陆22年的统治结束。同年9月，中国人民政治协商会议在北京举行，选举组成以毛泽东为主席的中央人民政府。10月1日，中华人民共和国正式宣告成立。定都北平，改名北京。新中国成立后，中国人民在中国共产党的领导下，探索开辟建设社会主义的前进道路，创建人民民主专政的新国家。在政治、经济、文化、科技、外交等各方面都发生了天翻地覆的变化，取得了举世瞩目的成就。但其间也走过弯路，发生过曲折，甚至付出了沉重的代价。公元1978年，中共十一届三中全会以后，以邓小平为核心的第二代领导集体，承前启后，提出坚持"一个中心、两个基本点"，实行

开国大典　油画

改革开放的治国方略，使中国方方面面都发生了深刻的历史性变化。政治稳定，经济持续、稳定、健康发展，文化蒸蒸日上，科技日新月异，外交取得巨大成果。在"一国两制"思想指导下，香港、澳门顺利回到祖国怀抱。公元1992年，中共十四大提出了实行经济体制改革的目标，即建立社会主义市场经济体制。其后，以江泽民为核心的第三代领导集体，继往开来，深化改革，扩大开放，抓住机遇，迎接挑战；顶住了亚洲金融危机的冲击，战胜了特大自然灾害，保持社会稳定，保持经济持续发展。共和国正以前所未有的发展态势，昂首挺胸迈向21世纪。

印度独立

印度在二战中，作为协助英国的条件是要求独立。但是对独立的方法，甘地等国民会议派的领导主张统一，印度穆斯林伊斯兰教徒联盟主张巴基斯坦的分离。因此当初计划统一印度独立的英国改变方针，把问题的解决交到了印度人手中。结果，公元1947年8月，印度分裂，独立成为以印度教徒为主的印度联邦和以伊斯兰教徒为主的巴基斯坦两个国家。尼赫鲁当选印度联邦总理，真纳当选巴基斯坦总督。但是，在独立建国时，巴基斯坦分离成为夹印度的跨东西两个地区的国家。东部东巴基斯坦被经济富有的西巴基斯坦支配，两者关系恶化。公元1971年，经过内战，东巴基斯坦受印度的援助，作为孟加拉国独立。

印巴分治

印度在二战中，是世界人民反法西斯战争的重要组成部分。公元 1946 年 2 月 18 日，印度孟买皇家海军海员发动印度皇家海军起义。英国殖民者深恐重演印度民族大起义，于 2 月 19 日派遣内阁特使团到印度谈判。公元 1947 年 2 月 10 日，英国宣布于公元 1948 年 6 月前移交政权，并提出印巴分治的《蒙巴顿方案》。该方案规定，巴基斯坦和印度两个国家分别于公元 1947 年 8 月 14 日和 15 日成立。英国在印度的殖民统治从此宣告结束。印巴分治给当地人民带来巨大损失，加剧了双方的摩擦，至今战火不断。

巴勒斯坦战争爆发第一次中东战争

公元 1948 年 5 月 16 日凌晨，为争夺巴勒斯坦，以色列和阿拉伯国家之间发生大规模的战争，史称第一次中东战争，也称巴勒斯坦战争。中东地区是欧洲人以欧洲为中心提出的一个地理概念，是亚、非、欧三洲连接的地区，主要包括埃及、叙利亚、黎巴嫩、伊拉克、约旦、科威特、巴勒斯坦、巴林、卡塔尔、也门、沙特阿拉伯、阿拉伯联合酋长国、阿曼、土耳其、塞浦路斯、伊朗和以色列等 17 个国家和地区，总面积为 749 万平方千米，人口约 1.7 亿。中东地区不仅战略地位极为重要，而且拥有十分丰富的石油资源。巴勒斯坦位于地中海东岸，扼亚、非、欧三洲要冲，战略地位十分重要。第二次世界大战前，这一地区主要受英国和法国殖民主义控制。战后，美国乘英、法势力的削弱，乘虚而入，取代了英、法两国的地位。这一地区历史遗留的各种问题，随着国家的独立和发展而不断激化，使这一地区长期处于动荡不安之中，武装冲突和局部战争不断发生，成为世界重要"热点"地区。战后，阿拉伯国家与以色列在巴勒斯坦及其周围地区连续爆发多次大规模的局部战争。二战后，美国支持犹太复国主义向巴勒斯坦移民，夺取了阿拉伯人土地。

在美、英、苏等大国操纵下，联合国公元 1947 年 11 月 29 日通过巴勒斯坦"分治"决议，将 56%的土地划给人口不及巴勒斯坦 1/3 的犹太人国家以色列。犹太复国主义者得寸进尺，残暴驱赶屠杀阿拉伯人，这激起阿拉伯人的强烈反抗。在以色列宣布建国的第二天，即爆发了第一次中东战争。埃及、约旦、叙利亚、黎巴嫩、伊拉克军队参加了对以色列的战争。战争初期，阿拉伯人攻势凌厉，一度攻占阿什杜德，直逼以色列首都特拉维夫和耶路撒冷南郊等地区。联合国见势不妙，直接干预战争，挽救了以色列的败局。此后，以色列趁停火之机，从英美等国运进大量飞机、大炮、坦克、武器弹药。停战期一过，以色列先发制人，首先发起进攻，阿拉伯军队作战失利。公元 1949 年 2 月 24 日至 7 月 20 日，参战的阿拉伯国家先后与以色列分别签订停战协议，划定临时停战线，经过 15 个月的战争方告结束。以色列占领了巴勒斯坦总面积的 80%，只有加沙地带和约旦河西岸归巴勒斯坦。约 96 万阿拉伯人成为流离失所的难民。从此，巴以冲突种下祸根，至今连绵不断。

旧金山和约

公元 1951 年 9 月 8 日，在美国操纵下部分国家与日本签订的片面和约。公元 1951 年 9 月 4—8 日，在旧金山召开包括日本在内的 52 个国家参加的对日媾和会议。美国未邀请中国、朝鲜参加。印度、缅甸、南斯拉夫虽被邀请，但未派代表出席。参加会议的苏、波、捷拒绝在和约上签字。条约共 7 章 27 条，主要内容有：日本放弃对台湾、澎湖列岛、南库页岛、千岛群岛的一切权利、权利根据与要求；日本承认朝鲜独立；日本同意将琉球群岛和小笠原群岛等交美国"托管"；各盟国承认日本是一个主权国家；盟国占领军应尽早撤出日本，但外国武装部队可依照同日本缔结的双边或多边协定，在日本领土上驻扎或驻留。公元 1952 年 4 月 28 日条约生效。条约宣告了美国对日本全面军事占领时期结束，日本取得主权国家地位，确立起以军事同盟为基础的日、美特殊关系。

朝鲜的分裂

第二次世界大战日本投降后，美、苏两国分别占领朝鲜南北部。公元 1945 年 12 月，美、英、苏三国外长会议达成协议，决定创造条件重新使朝鲜统一。但美国公元 1946 年 2 月却在南部成立"民主议院"。公元 1947 年冷战爆发后，美国加快

1950 年 7 月 7 日，美国操纵联合国安全理事会，通过了组成侵朝"联合国军"的决议。9 月 15 日，美军和南朝鲜军在朝鲜西海岸仁川登陆。

分裂朝鲜的步伐。公元 1948 年 5 月 10 日，在美国的操纵下，南朝鲜举行非法的"国民议会"选举，7 月 12 日公布《大韩民国宪法》，8 月 15 日成立"大韩民国政府"。为了回击美帝国主义及其走狗的阴谋，在以金日成为首的朝鲜劳动党的领导下，整个朝鲜于公元 1948 年 8 月 25 日举行选举，9 月 8 日公布宪法，组成以金日成为首的政府。9 月 9 日，朝鲜民主主义人民共和国成立。公元 1948 年底，苏军全部撤离北朝鲜。美国军队仍然驻扎在南朝鲜，使两个朝鲜的分裂局面长期存在。

朝鲜战争宣告结束

公元 1953 年 7 月 26 日，朝鲜停战谈判达成协议。27 日，朝中方面谈判代表团首席代表南日大将和美方谈判代表团首席代表哈里逊中将，在板门店正式签署朝鲜停战协定及其附件和临时补充协议。同日，"联合国军"总司令克拉克于汶山在停战协定和临时补充协议上正式签字；金日成首相于平壤在停战协定和临时补充协议上正式签字。彭德怀 28 日于开城在朝鲜停战协定和临时补充协议上正式签字。金日成、彭德怀 27 日向朝中部队发布停战令；自公元 1953 年 7 月 27 日 22 时起，全线完全停火。历时 3 年多的朝鲜战争宣告结束。"联合国军"总司令美国上将克拉克在签字时说："我是美国历史上第一个在没有取得胜利的停战协议上签字的将军。"

中苏签订援助中国发展国民经济协定

中苏两国政府公元 1953 年 5 月 15 日在莫斯科签订《关于苏维埃社会主义共和国联盟政府援助中华人民共和国中央人民政府发展中国国民经济的协定》。苏联政府将援助中华人民共和国建设与改建 91 个企业；这 91 个项目同以前已签订的中苏协定所规定的建设与改建 50 个企业所给予的援助一同进行；上述 141 项工程将于公元 1953—1959 年期间分别开工。协定规定，苏联负责完成对上述项目的各项设计工作和设备供应，并在施工过程中给予技术援助，帮助培养这些企业所需的干部。中国政府组织现有企业生产一部分供 141 项所需配套用的和辅助性的半成品、成品和材料；完成建设上述企业的技术设计与施工图的 20%—30% 的设计工作。同日，以协定议定的形式规定，苏联对中国 35 个国防工业企业保证完成各项设计工作和设备供应，给予其他技术援助。

日本经济高速发展

公元 1945 年 8 月，美国占领日本后，从控制日本和根除日本军国主义法西斯势力出发，推行了一系列的民主化改革，主要有三个方面的内容：

（1）修改宪法。公元 1946 年 2 月，盟军总部着手修改宪法。同年 10 月，新宪法经日本国会通过，并于公元 1947 年 5 月 3 日生效。新宪法规定"主权属于国民"，废除天皇的绝对统治权，而只将其作为日本国的象征；日本为议会制国家，内阁对国会负责，行政权由内阁执掌；保障人民享有基本公民自由；永远不以战争为国策，不得保持陆、海、空军和其他武装力量。日本实现了政治体制的民主化，从而保证了战后日本政局的稳定和经济的迅速发展。

（2）解散财阀，禁止垄断。日本的财阀把持总公司，分派家族成员掌管各公司，派至亲和心腹控制各公司重要部门。他们控制了国家经济命脉，使它成为日本法西斯的经济基础。为此，美国占领当局首先解散财阀，指定三井总公司和三菱总公司等 83 家公司为持股公司，指定三井、三菱等十大财阀的 56 人为财阀家族以及与这些财阀有关的 625 家公司为"限制公司"，规定上述被指定者的所有股票必须交给"持股公司管理委员会"公开出售，并勒令财阀家族及财阀公司负责人一律辞去职务，并解散持股公司。公元 1947 年 4 月，公布了《禁止私人垄断法》和《经济力量过度集中排除法》，成立"公正交易会"，以此防止被解散的财阀复活。这次对日本垄断资本的改组，促进了战后日本企业管理体制的改革和企业经营的现代化，为战后日本经济的高速发展创造了条件。

（3）进行农业改革。废除了寄生地主制，促进了日本农业的恢复与发展。

公元 1945—1955 年是日本经济恢复时期，到 50 年代中期，日本主要经济指标已达到战前水平。公元 1955—1973 年是日本经济高速发展时期。到公元 1968 年，日本的国民生产总值跃居资本主义世界第二位，仅次于美国。20 世纪 50 年代中期至 70 年代初，日本经济的高速发展是与国内外一系列的有利条件分不开的。国际有利条件主要有以下几点：首先，战后科技革命浪潮的兴起为日本战后经济高速发展提供了可能性。日本抓住这一有利时机，引进先进技术，迅速缩小了与国外技术的差距。其次，战后世界市场的原料、燃料价格长期稳定、低廉，而工业品价格偏高。这种情况对缺乏资源、而工业产品竞争力较强的出口贸易型的日本非常有利。再次，有美国的大力扶植。从国内有利条件来看，战后的民主改革为日本经济的发展开辟了道路；而自民党长期执政，国内政局稳定，也是非常重要的条件。

除了上述有利的国内外客观条件外，推动日本经济高速发展的具体原因还有：第一，把发展国民经济作为压倒一切的中心任务来执行。第二，以资本高积累为基础，进行大规模的固定资本投资，增强各工业部门的生产能力，推动了整个国民经济的发展。第三，大力引进国外先进技术，实行以引进、模仿加改良为起点的技术革命战略。第四，日本吸收和参考欧美先进国家的企业经营管理制度，结合日本传统的"集团意识"和中国的儒家思想，创造日本式管理体制。第五，充分发挥政府干预经济的作用，对经济生活实行方向性的指导。第六，把发展教育作为经济发展战略的重要组成部分，大力培养人才，充分发挥开发智力的先锋作用。最后，扩大进出口贸易，以产品出口带动资源进口，把"出口第一"作为经济纲领，将"贸易立国"当作基本国策。

松下与索尼

松下电器公司的创建者是松下幸之助，公元 1894 年出生于日本和歌。父母双亡的他九岁就不得不离开学校去当学徒。公元 1918 年他创立了松下电器公司的前身——松下电器器具制作所。由于采取了高效科学的管理模式，公司得到迅猛的发展，市场得到迅速的拓展。在 60 年的经营生涯中，松下幸之助把毕生的精力投注于事业中，企业发展蒸蒸日上。松下公司公元 1935 年转变成股份公司，很快发展为日本最大的家用电器产业和世界最大的家用电器产业。在国内外，它

拥有 60 家子公司，25．4 万工人和管理人才。

索尼公司成立于公元 1946 年，从生产收音机等小型电器起家，公元 1950 年开始生产录音机及磁带等。微型袖珍收音机是它首创的产品，继而，生产录像机、摄像机以及各种声像设备。这个公司麾下拥有 30 多家工厂和 70 多家分公司，有 13 万雇员。

松下与索尼在相互竞争的过程中不断完善经营理念和管理方式，找到了一条最适合自己的创业道路，它们生产的家用电器、声像设备都是日本乃至世界首屈一指的。

抗美援朝

公元 1950 年 10 月 19 日，中国人民志愿军分批渡过鸭绿江，揭开了抗美援朝战争的序幕。朝鲜战争开始时，朝鲜人民军势如破竹，一直把南韩军队逼到朝鲜半岛最南端的大邱、釜山一线，整个朝鲜即将获得解放。但是，由于美国纠集了 15 个国家（即所谓的联合国军）的军队，突然在仁川登陆，使朝鲜人民军前后受敌，遭受很大损失，撤至北部山区及鸭绿江沿线。美军此时长驱直进，气势正盛。面对武器装备占有绝对优势的敌军，志愿军与朝鲜人民军并肩作战，敢打敢拼，先后进行了 5 次战役，将敌军打回到"三八线"附近。公元 1951 年 7 月，美国被迫坐到谈判桌前。在随后的两年时间里，由于美国无和谈诚意，形成了边谈边打的局面，战斗一直在"三八线"附近展开。到公元 1953 年 7 月美国终于被迫在停战协定上签了字，历时 3 年的朝鲜战争宣告结束。抗美援朝战争的胜利，粉碎了美帝国主义妄图吞并朝鲜的野心。

日内瓦会议

公元 1954 年 2 月 28 日，苏、美、英、法 4 国外长在柏林会议上达成协议，决定于同年 4 月在瑞士的日内瓦举行会议，主要讨论朝鲜问题和印度支那问题。

中国人民志愿军雄赳赳，气昂昂，跨过鸭绿江。

4月26日，除苏、美、英、法、中五大国的代表外，还有有关国家的代表参加。中国代表团由总理周恩来率领，日内瓦会议是中国首次以五大国之一的地位和身份参加讨论国际问题的一次重要会议。

日内瓦会议的第一项议事日程是讨论朝鲜问题。参加这次讨论的有朝鲜半岛两国、澳大利亚、加拿大、比利时、希腊、哥伦比亚、荷兰、新西兰、菲律宾、土耳其等国的代表。

公元1953年7月27日，随着朝鲜停战协定的签订，朝鲜战争结束了，但朝鲜问题仍悬而未决。根据停战协议的规定，停战3个月内应召开双方高一级的政治会谈，但美国政府丝毫没有解决朝鲜问题的诚意，根本不想召开政治会谈，采取一拖再拖的手法，并于12月12日宣布中断板门店会谈。即使把和平解决朝鲜问题提到了日内瓦会议上，美国还是百般阻挠。

会议一开始，朝鲜民主主义人民共和国代表提出了"恢复朝鲜统一和组织全朝鲜自由选举"的方案。韩国代表却提出"在选举前1个月，中国军队应全部撤出朝鲜，联合国军队作为监督方，则在选举和完成统一后撤退"的无理建议，美国代表马上对韩国代表的建议表示了支持。很明显，美、韩是想把整个朝鲜划归旗下，用假和平吞并朝鲜民主主义人民共和国。

周恩来代表中国同朝鲜、苏联代表团协商后指出："联合国是朝鲜战争中的交战方，不能由交战方来监督朝鲜的选举，而应该对选举进行国际监督，成立中立国监督委员会，对全朝鲜选举进行监督。"

澳大利亚、加拿大和苏联代表对周恩来的这一建议表示了赞同。但是，美国还是不甘心，纠合了属于"联合国军"一方的16个代表团于6月15日在会上宣读了"十六国宣言"，决意要破坏和谈。周恩来不肯放过一线和平解决朝鲜问题的希望，他又提出："日内瓦与会国家将继续努力，以期在建立统一、独立和民主的朝鲜国家的基础上达成和平解决朝鲜问题的协议……如果这样一个建议都不能被有关国家通过，那这种反和平的精神将为国际会议留下一个极不良的影响。"但是，美国还是以各种理由阻止了这一最低限度、最具有和解性的建议，致使朝鲜问题在日内瓦会议上的讨论没有取得任何结果。

日内瓦会议对朝鲜问题和印度支那问题的讨论是交叉进行的。从5月8日起，各国代表就开始讨论印度支那问题，参加者除五大国外，还有越南民主共和国、柬埔寨、南越、老挝的代表。

印度支那问题主要讨论包括：停战后一段时期内为越南交战双方武装力量划分集结区，停战的监督和保证，印度支那三国的政治前途等。越、中、苏三国代表主张印支全境停火，政治解决印度支那问题，但法、美等国则坚持军事停火只限于越南，拒绝承认印度支那三国的民族权利。美国的目的很明显，企图延长或扩大印度支那战争。在这种情况下，中国代表团同苏联和越南代表团紧密合作，尽力争取与会国的多数，包括法国，集中反对美国的破坏，推动了会议的发展。

在解决老挝和柬埔寨问题上，中国代表及时折中了有关国家的意见，使与会国就两国的停战问题达成了一些协议。在解决如何划分越南交战双方的集结区问题上，中国代表团也发挥了重要作用。周恩来总理专门与越南胡志明主席和法国新总理孟戴斯·弗朗斯交换意见，进一步协调了越、中、苏的看法，打破了在划分谈判中的僵局，扫除了会议达成协议的最后也是最大的一个障碍。

7月21日，会议通过《日内瓦会议最后宣言》，签订了关于在印度支那三国交战双方停战的协定，结束了法国在这个地区多年的殖民战争和统治，确定了印度支那三国的民族权利。

日内瓦会议表明，国际争端是可以用和平协商的方法求得解决的，不同制度的国家是可以和平共处的。持续了八年之久的印度支那战争通过协定停止下来是日内瓦会议的重大成就，这次会议对维护世界和平起到了巨大作用。

越南、老挝、柬埔寨人民的抗美救国战争

美国破坏日内瓦和平协议，加紧对印度支那的侵略。公元1954年7月日内瓦协议关于印度支那停战协议签订后，法国军队从印支三国撤退。但是，美国立即取代了法国的地位，加紧对这个地区的渗透。公元1954年9月，经过美国国务卿杜勒斯的多方奔走，在马尼拉召开了美、英、法、澳、新、菲、泰、马等八国外长会议，缔结《东南亚集体防务条约》，拼凑了"东南亚军事集团"。这个集团公然把越南南方、老挝、柬埔寨划入它的"保护"范围。越南停战后，美国在南越扶植吴庭艳担任总理，排挤法国传统势力，建立亲美独裁政权。在美国的支持下，吴庭艳集团发动"控共""灭共"战役，向南越爱国者举起了屠刀。公元1958年12月1日，吴庭艳集团在西贡附近的富利集中营制造了毒死千余名政治犯的大惨案。公元1959年5月，又颁布了"第十号总统法令"，设立特别军事法庭，有权随时处决爱国人士。公元1959年，美国迫使法国撤走军事训练小组，取得了老挝王国政府军的训练权。美国中央情报局还支持王宝将军组成一支"秘密军队"。柬埔寨王国摆脱了法国的殖民统治，于公元1953年11月9日宣布独立。日内瓦协议确认了柬埔寨的独立。以诺罗敦·西哈努克亲王为首的柬埔寨王国政府执行和平中立的政策，拒绝参加东南亚军事集团，并参加了亚非会议，赞成和平共处五项原则。又同中华人民共和国建立了外交关系，柬埔寨奉行的和平、中立和不结盟政策遭到美国的敌视，美国中央情报局策动亲美右翼势力，多次发动政变，阴谋颠覆西哈努克政府，使柬埔寨的和平中立地位和国家安全受到严重威胁。

亚非会议

20 世纪 50 年代中期，亚非地区已经发生了巨大的变化。新获得独立的国家有13 个，加上战前已独立的国家，亚非地区已有近 30 个国家获得独立。许多亚非国家由于奉行独立自主的政策，已经开始在国际事务中发挥作用，宣告亚非国家任人摆布的命运和在国际事务中毫无发言权的时代结束。越来越多的亚非国家渴望把命运掌握在自己手中，反对侵略战争、维护和平，反对殖民压迫、争取和保障民族独立，反对帝国主义掠夺和奴役、发展民族经济，已成为亚非拉各国人民的共同愿望和要求。

许多亚非国家认识到，需要制定一个促进亚非国家友好合作、反帝反殖的共同纲领。公元 1953 年底，周恩来在会见印度政府代表团时，提出了和平共处五项基本原则，即互相尊重主权与领土完整、互不侵犯、互不干涉内政、平等互利、和平共处。五项原则提出后受到亚非拉各国人民的赞同和支持，从而加速了这一地区的团结。亚非会议就是在这样的背景下召开的。

万隆会议会址

公元 1955 年 4 月 18 日，有 29 个亚非国家参加的亚非会议在印度尼西亚万隆的独立大厦开幕。会议遭到帝国主义的阻挠和破坏。美国不是与会国，却派出 70 多人的"记者团"，企图挑起亚非国家间的分歧，使会议达不成任何协议。某些国家的代表在美国的唆使下提出，亚非国家面临的问题不是反殖民主义，而是"共产主义威胁"和"颠覆活动"等，企图转移会议反帝、反殖的宗旨，影射攻击中国，阴谋挑起争端。中国代表团团长周恩来总理洞悉美国破坏会议的阴谋，他在发言中说："中国代表团是来求团结而不是来吵架的，中国代表团是来求同而不是立异的……在我们中间有无求同的基础呢？有的。那就是亚非绝大多数国家和人民自近代以来都曾受过而且现在仍在受着殖民主义所造成的灾难和痛苦。""从解除殖民主义痛苦和灾难中找共同基础，我们就容易互相了解和尊重、互相同情和支持，而不是互相疑虑和恐惧、互相排斥和对立。"这些话表达了具有相同历史命运、患难与共的亚非人民要求反帝、反殖的深切愿望。周总理最后说："十六万万的亚非人民期待我们的会议成功。让我们亚非国家团结起来，为亚非会议的成功努力吧！"

中国代表的原则立场和发言博得了与会国代表的热烈欢迎和普遍赞扬。沙斯特罗阿米佐约、尼赫鲁、吴努等许多国家的著名政治家离开座位，与周恩来握手、拥抱，甚至在会上攻击过中国的代表也主动与周恩来握手，并表示歉意。

4月24日，亚非会议胜利闭幕，并发表《亚非会议最后公报》，会议一致通过了《亚非会议最后公报》，宣布一切国家的人民享有自决的权利，支持殖民地和附属国的民族独立斗争，倡导以和平相处、友好合作十项原则为国与国之间关系的准则，强调促进经济发展的迫切性，号召亚非国家发展全面的经济与文化合作。会议体现了亚非人民团结一致、保卫世界和平和增进各国人民之间的友好合作的精神，促进了亚非各国人民反帝反殖斗争的发展。

越南人民军打败法军

公元1893年，法国把柬埔寨、老挝、越南作为殖民地，成立法领印度支那联邦。后经公元1941年—1945年的日本占领时代。公元1945年，胡志明组成的越南独立同盟（越南人民军）宣布越南民主共和国的独立。但是，法国不承认独立，再次进攻越南南部，公元1946年开战，公元1954年5月，武元甲将军率领的越南人民军，在老挝国境附近的法军大要塞奠边府取得决定性胜利，9年的战争结束。在瑞士日内瓦签订的和平条约中，越南分为共产党政府领导的北越和美国援助的南越。南北统一选举的愿望失败，新的战争之火燃烧。

以色列占领加沙

公元 1956 年 1 月 23 日，在重申以色列决定占领加沙地带是"为了当地居民和他们的外部邻居"之后，以色列总理大卫·本·古里安当天又阐述了以色列从加沙地带和沙姆沙伊赫撤军的条件。沙姆沙伊赫是控制着蒂朗海峡通往亚喀巴湾的入口。联合国要求以色列无条件撤退到公元 1949 年规定的停战线。当古里安总理回答休战协定"已被违背和打破并无法弥补"时，他指出，与埃及没有和平，这同战争状态不是一回事；又指出以色列正准备同埃及签订一项"不交战和互不侵犯"条约。以色列撤军的主要条件是埃及不再利用这些地区进行敌对活动。当本·古里安要求确保蒂朗海峡，从而确保海峡将不再被封锁时，他已经请求同与之相邻的国家——埃及、沙特阿拉伯和约旦签订协约。他还坚持以色列拥有使用苏伊士运河的权利。

第二次中东战争

第二次中东战争又称英、法、以侵埃及或苏伊士运河战争。公元 1956 年 10 月 20 日，在英法唆使下，以色列借口埃及宣布苏伊士运河收归国有而向埃及发动进攻，侵入西奈半岛。10 月 31 日，英法联合出兵支持以色列，11 月 5 日在塞得港、富阿德港附近实施空降和登陆，在埃及军民奋起抵抗和世界人民声援下，英法被迫于 11 月 7 日撤离加沙和西奈半岛，由联合国部队进驻加沙和亚喀巴湾沿岸地区。

越南战争

越南战争是一场以越南人民为首的越南、老挝、柬埔寨三国人民捍卫民族独立、实现国家统一和解放的民族解放战争。这场战争从公元1961年5月美国派遣"特种作战部队"在越南南方登陆开始，到公元1975年4月越南共产党解放西贡，南越傀儡政府倒台为止，历时14年。这场战争，可大致分为"特种战争""局部战争"、战争"越南化"三个阶段。从越南全境看，地形复杂，森林较多，利于开展游击战争。越南人民有着光荣的革命斗争历史和丰富的作战经验。尤其是在9年的抗法战争期间，人民游击战争曾遍及越南南方各地，除了大城市及其附近地区外，

越战期间，美国向越南投下了800万吨炸药，远超过第二次世界大战各战场投弹量的总和，这场战争造成越南160多万人死亡和整个印度支那1000多万难民流离失所，家破人亡、妻离子散的场景随处可见。

都建立过革命政权或有过人民武装活动。从公元1953年起，美国人就输送大炮、坦克和飞机给法国，向法军派出美军顾问，帮助法军训练，为法国侵略印度支那出谋划策，指望他能够镇压住胡志明领导的越共的反抗，能够取而代之，把越南控制在美国的势力之内，作为其在东南亚的一块立足之地。公元1968年5月，约翰逊政府被迫同意在巴黎与越南民主共和国政府开始谈判。公元1969年初上台的尼克松转而推行战争越南化的方针，开始撤走美军。为了"体面地"结束战争，仍然继续轰炸越南北方，向越南民主共和国施加压力，但是并未奏效。公元1973年1月27日，美越在巴黎签订《关于在越南结束战争，恢复和平的协定》，美国承认越南的独立主权、统一和领土完整，从南越撤出全部美国军队。公元1975年4月30日

西贡获得解放，越南人民的抗美战争取得最后胜利。

中国第一枚原子弹爆炸成功

中国核工业创建于公元 1955 年初，由中共中央指定陈云、聂荣臻、薄一波负责领导筹建工作。以后周恩来、聂荣臻领导制定了两次科学技术长远规划。公元 1962 年 11 月，中共中央决定成立以周恩来为首的专门领导机构。公元 1964 年 9 月 16 日至 17 日，中央召开第九次专门委员会会议，讨论关于首次核试验的准备工作、预演总结、正式试验时间及其有关问题。21 日，周恩来向毛泽东转交罗瑞卿的会议报告并附件说："关于核爆炸及其有关问题，争取待主席回京后，当面报告，以便中央早做决定，时间以不迟于 24 日为好。因为如决定今年爆炸，以 10 月中旬到 11 月上旬为最好……"10 月 16 日 15 时（北京时间），中国制造的第一颗原子弹在本土西部地区爆炸成功。这次试验比美、英、法等国的首次核试验在技术上更为先进。它的成功，标志着中国国防现代化进入一个新的阶段，对于打破帝国主义霸权主义的核讹诈、核垄断，加强和巩固国防具有重要意义。当天，中国政府宣布：中国在任何时候、任何情况下，都不会首先使用核武器。并建议召开世界各国首脑会议，讨论全面禁止和彻底销毁核武器问题。

马寅初发表《新人口论》

马寅初公元 1957 年 7 月 15 日在《人民日报》上发表了《新人口论》。他主张提高人口质量，控制人口数量；建议进行人口普查，掌握中国人口增长的实际情况，举办人口动态统计，在此基础上来确定人口政策，把人口增长的数字订入五年计划。马寅初认为，人多固然是一个极大资源，但也是一个极大的负担，如果不予控制任其盲目增长，势必严重影响国民经济的发展和人民生活的提高。实行计划生育是控制人口增加最有效的办法。

中印边境自卫反击战

从公元 1962 年开始，印度军队先后在中印边境西段、中段和东段越过中印双方实际控制线，逐步蚕食中国领土。公元 1962 年 10 月 20 日，印军向中国边防军发起大规模武装进攻，中国边防军在忍无可忍的情况下，被迫在东、西两段同时实施自卫反击。至 11 月 21 日，击退了印度军队的入侵，清除其设立的侵略据点，并追击到传统习惯线附近。中国政府于公元 1962 年 11 月 21 日发表声明，宣布人民解放军边防部队全线主动后撤至公元 1962 年 11 月 7 日中印实际控制线中国一侧 20 千米以内地区。

印巴克什米尔争夺战

公元 1965 年，印度和巴基斯坦爆发战争，这是印度教徒和伊斯兰教徒为了控制克什米尔（位于印度北方美丽的省份，以伊斯兰教徒占多数）而形成的冲突；加深了公元 1947 年印度分裂所产生的敌意，当时克什米尔（超过 2/3 的人口是伊斯兰教徒）加入了印度教徒统治的印度，而非新成立的伊斯兰教国家巴基斯坦。分裂不久后，巴基斯坦就发动进攻，与印度发生流血冲突并被击退。自此以后，边界冲突不断持续发生。公元 1999 年又发生大规模冲突。

第三、第四次中东战争

第三次中东战争又称"六五战争"或"六天战争"。因阿以矛盾和美苏对中东的争夺加剧，以色列在美国支持下，借口埃及（当时国名叫阿联）封锁亚喀巴湾，于公元 1967 年 6 月 5 日向阿拉伯国家发起突然袭击，偷袭开罗、苏伊士运河区和西奈半岛的埃及十几个机场、导弹基地和雷达站，埃及 300 多架飞机在机场被炸毁。以色列地面部队侵入西奈半岛，6 月 8 日抵达苏伊士运河东岸，苏伊士城、塞得港、富阿德港等主要城市和战略要地遭到严重破坏。整个西奈半岛落入以军手中，包括耶路撒冷在内的整个约旦河西岸和加沙地带被以军占领。6 月 9 日，以军侵入叙利亚，占领戈兰高地大片土地和战略要地库奈特拉。6 月 10 日，在联合国干预下，实现就地停火。这次战争，以色列占领的领土从公元 1949 年的 2.07 万平方千米扩展至 10.24 万平方千米，造成 180 万人流离失所，成为难民。1973 年 10 月 6 日，埃及、叙利亚为收复在第三次中东战争中失去的土地，经过周密的准备之后，对以色列发动了突然袭击，第四次中东战争爆发。这次战争，在历史上又被称为"十月战争""斋月战争""赎罪日战争"。

新加坡自马来西亚联邦脱离

公元 1965 年，成立仅两年的马来西亚联邦将新加坡驱逐出去。新加坡岛位于马来半岛南端，大都为华人。在决定与该岛分离时，马来西亚总理阿卜杜勒·拉赫曼证实马来人与华人间的种族冲突日益紧张。他告诉政府："很显然，目前的体制已无法再持续。"因此，新加坡成为一个独立的城市国家，李光耀则是第一任总理。主张种族融合的李光耀说，"现在这个梦已经破碎"。但如果说成立联邦政府的理想已告结束，那么一个经济的梦想则正在起飞。以后的 30 年里，这位总理将新加坡这个中世纪以来的贸易中心建设为东南亚的商业首都。同时，锡、橡胶、石油等自然资源丰富的马来西亚也享受相对的繁荣。

美国总统尼克松应邀访华

美国总统理查德·尼克松应周恩来的邀请，于公元 1972 年 2 月 21 日至 28 日，访问了中国。陪同访问的有尼克松夫人、美国国务卿威廉·罗杰斯、总统助理亨利·基辛格博士和其他美国官员。21 日，毛泽东会见了尼克松，两位领导人就中美关系和国际事务认真坦率地交换了意见。27 日，中美双方在上海就《联合公报》达成协议。28 日，《联合公报》发表。《联合公报》说："中美两国的社会制度和对外政策有着本质的区别。但是双方同意：各国不论社会制度如何，都应根据尊重各国主权和领土完整、不侵犯别国、不干涉别国内政、平等互利、和平共处的原则来

1972 年尼克松访华，与中国领导人举行了会谈。

处理国与国之间的关系。国际争端应在此基础上予以解决，而不诉诸武力威胁。美国和中华人民共和国准备在他们的相互关系中实行这些原则。""中国方面重申自己的立场：台湾问题是阻碍中美两国关系正常化的关键问题；中华人民共和国政府是中国的唯一合法政府；台湾是中国的一个省；解放台湾是中国的内政，别国无权干涉；全部美国武装力量和军事设施必须从台湾撤走。中国政府坚决反对任何旨在制造'一中一台'、'一个中国、两个政府'、'台湾独立'和鼓吹'台湾地位未定'的活动。"美国方面声明：美国认识到，在台湾海峡两边的所有中国人都认为只有一个中国，台湾是中国的一部分。

中国恢复在联合国的合法权利

公元 1971 年 11 月 11 日至 12 月 18 日，中华人民共和国代表团出席在纽约举行的第二十六届联合国大会。公元 1945 年，联合国成立。中国作为发起国之一，当时共产党派出董必武参加大会，并在《联合国宪章》上签了字。中华人民共和国成立后，宣布中央人民政府为中国唯一合法政府，并致电联合国要求恢复在联合国的

合法权利。但美国从中阻挠，使台湾国民党当局得以继续占有中国在联合国的席位。从公元 1961 年第十六届联合国大会开始，联合国内外开展了恢复中国在联合国合法权利的一系列斗争。公元 1971 年第二十六届联大又展开了"恢复中华人民共和国在联合国组织的合法权利"和"中国在联合国的代表权问题"两项议案的争论。10 月 25 日，联合国大会以 76 票赞成、35 票反对、17 票弃权的压倒多数，通过阿尔巴尼亚、阿尔及利亚等 23 国的联合提案，恢复中华人民共和国在联合国的一切合法权利，并立即把台湾蒋介石集团的代表从联合国及其所属一切机构中驱逐出去。11 月 11 日，中华人民共和国代表团到达纽约，并成为联合国安理会 5 个常任理事国之一。

美国从越南撤军

公元 1972 年 3 月，12 万越南人民军以势如破竹之势攻入越南南方，使得美军和南越军队措手不及。美军此时仅剩下 6000 名士兵驻在越南，美国越战"越南化"的政策至此可说是彻底失败。越南人民军攻陷广治省后，美军的 B—52 轰炸机以前所未有的强大火力轰炸越南北方地区，并在其港口布雷以切断越南人民军的运输补给线。然而到了 8 月，当美国最后一支地面战斗部队按照撤军时间表撤出越南时，越南人民军则继续挥军南下，4 月 3 日解放西贡，5 月 1 日解放整个越南南方。

石油输出国组织发挥影响力

公元 1973 年，石油输出国组织（OPEC）开始对全球经济带来一连串强烈冲击。在阿拉伯国家和以色列之间爆发十月战争前夕，OPEC 将石油价格提高一倍至每桶 3 美元。战争期间，OPEC 将石油价格再度提高 70%，同时阿拉伯减少 1/4 的石油产量，并对援助以色列的国家实行石油禁运。最后在公元 1974 年 1 月，OPEC 的石油价格再度提高一倍至每桶 11.56 美元。这些举动造成国际间日益恐慌。在美国，加油站前加油的车辆大排长龙；在欧洲，许多国家则禁止周末驾车；在大多数

国家里，降低车辆行驶速度和空调使用率，减少飞机航班及拆除广告招牌以节约石油发电量。OPEC 于公元 1974 年 3 月取消禁运措施后其深远影响并未稍歇，包括使发展中国家更加贫穷；西方世界的财政赤字及通货膨胀更为严重；还有历史上最大的一次财富重新分配——从石油消费国落入石油生产国手中。石油产量减少和禁运对全球石油供应产生了不小的影响。石油短缺的主因是囤积以及各国政府采取紧急分配措施所致。跨国石油公司利用石油危机谋取暴利，政客也呼吁各国改变其亲以色列政策。尽管石油危机为阿拉伯国家在国际间树立许多敌人（虽然华盛顿方面阻止以色列在战争中获得全面胜利的决定是出自石油禁运前的地缘政治考虑），但也使得 OPEC 在国际事务上拥有成立以来举足轻重的发言权。

伊朗的伊斯兰革命

"我还没弄清楚发生什么事，当我醒来时已失去了我的人民。"悲伤的国王穆罕默德·礼萨·巴列维在公元 1979 年被推翻后说。公元 1978 年，伊斯兰教什叶派信徒、左派分子和人权拥护者开始游行示威，要求驱逐巴列维。抗议人士是由自公元 1964 年起就被流放的伊朗最著名宗教领袖伊玛姆·鲁霍拉·穆萨维·霍梅尼从法国所策应。尽管在镇压行动中有上千人被杀，但起义行动仍持续到年底，迫使巴列维于公元 1979 年 1 月出走。两周之后，霍梅尼返国，宣告成立临时政府。在 4 月一次公民投票之后，他宣告伊朗为伊斯兰共和国。

巴基斯坦齐亚将军政变

公元 1977 年 7 月，齐亚·哈克发动军事政变，逮捕布托，解散各级议会，中止履行宪法。这场不流血的政变发生在半夜。在当时的形势下，政变显得颇为突兀在军队首领齐亚·哈克驱逐巴基斯坦总理佐·阿·布托的前几个月内，已有 300 多人因抗议布托统治而死。后来齐亚·哈克说，军队"填补"了国家领导人制造的"真空"。他许诺，一旦自由地选举出新政府，军队统治就立即结束。

中共十一届三中全会

中国共产党中央委员会在公元 20 世纪 70 年代末召开的一次至关重要的会议，公元 1978 年 12 月 18—22 日在北京举行。全会结束了公元 1976 年 10 月以来党的工作在徘徊中的局面，开始全面地、认真地纠正"文化大革命"中及以前的"左倾"错误。三中全会解决的主要问题是：第一，重新确立了党的马克思主义的思想路线。确定了解放思想、开动脑筋、实事求是、团结一致向前看的指导方针。第二，果断地停止使用"阶级斗争为纲"的口号，做出了把工作重点转移到社会主义现代化建设上来的战略决策。提出了逐步解决国民经济各部门比例严重失调的状况，制订了关于加快农业发展的决定。第三，重新确立了党的正确的组织路线。全会总结了党的历史经验教训、"文化大革命"的严重教训，决定在组织上要健全党的民主集中制，健全党规、党法、严肃党纪。提出要坚决地平反冤假错案。全会增选了政治局委员、常委，决定成立中央纪律检查委员会。这次全会是建国以来党的历史上具有深远意义的伟大转折，使我国社会主义现代化建设进入一个新时期。

中美正式建交

中国与美国公元 1979 年 1 月 1 日正式建交，按照双方协议，美国宣布同台湾断交。美国国务院正式通知台湾当局，美台《共同防御条约》将于公元 1980 年 1 月 1 日终止。公元 1979 年内，美国暂停与台湾签订新的销售武器的协议。当日，华国锋总理就中美建交举行记者招待会，美国总统卡特也发表了电视讲话。1 月 28 日—2 月 5 日，邓小平副总理和夫人应美国总统卡特的邀请，赴美国进行正式访问。这次访问是中华人民共和国成立后，中国领导人第一次对美国的访问。3 月 1 日，中美两国在对方首都正式建立大使馆。同月，中国首任驻美大使柴泽民和美国首任驻华大使伍德科克分别到任。从此，中美两国关系进入到一个新时期。

两伊战争

公元 1979 年初，伊朗什叶派宗教领袖霍梅尼领导"伊斯兰革命"在伊朗取得了胜利，推翻了君主制，建立了以什叶派高级教士集团为核心的、政教合一的伊斯兰共和国，伊拉克自然成了其"输出伊斯兰革命"的第一个国家。伊朗伊斯兰革命在伊拉克什叶派中引起强烈反响，公元 1979 年 7 月，萨达姆·侯赛因任伊拉克总统，伊拉克复兴党政府为遏制伊朗的"输出伊斯兰革命"，处死了以什叶派领袖巴克尔·萨德尔为首的数百名宗教界人士，逮捕了数千人。公元 1979 年 3 月 6 日，伊朗什叶派宗教领袖霍梅尼宣布"伊朗不当波斯湾宪兵"，放弃前国王在波斯湾建立海军基地的计划，并表示不再购买美国武器。这一声明受到波斯湾各国的欢迎。公元 1980 年 9 月 22 日，伊拉克率先向伊朗发动进攻，导致两伊战争全面爆发。历时 8 载的战争，两伊双方损失惨重，双方国力和军力上都势均力敌，解决问题的最后出路必然是政治谈判。公元 1988 年 9 月 20 日，在国际社会的多方努力下，两伊双方终于弭兵言和，历时 8 年的两伊战争终于落下了帷幕。

第五次中东战争

公元 1982 年 6 月 6 日，以色列出动大量坦克机械化部队，在海、空军的配合与支援下，大举入侵黎巴嫩，对驻黎巴嫩境内的巴勒斯坦解放组织（简称巴解）游击队发起猛烈进攻。接着又对驻黎巴嫩境内的叙利亚军队实施突然袭击，从而爆发了以色列入侵黎巴嫩的战争。这次战争，是自公元 1973 年"十月战争"以来以、阿（阿拉伯国家和巴解）之间最大的一次战争，也是以色列历年来对黎巴嫩发动的最大的一次侵略战争。公元 1964 年巴勒斯坦人民为恢复民族权利和重返家园，建立了自己的组织——巴勒斯坦解放组织，并从公元 1965 年起开始了反对以色列侵略者的武装斗争，打击亲以色列的基督教势力，控制了黎巴嫩的南部地区和贝鲁特西区，构筑了大量军事设施。对此，以色列早已决心用武力消灭巴解组织及其武装力量。

以色列拥有现役部队 17 万人，24 小时内可动员的预备役部队 50 万人。装备有坦克 3500 辆、装甲运兵车 4000 辆、飞机 600 架、舰艇 74 艘。埃、以达成和解后，以撤出西奈驻军，将以军主力从"西线"转移到"北线"，增加以北部地区和戈兰高地的驻军。战前，在以北部地区和戈兰高地驻有 6—8 个旅。临战前两周，又向该地区增调了部队。以军用于这次入侵作战的部队共计 15 个旅，10 万余人，坦克1500 辆，装甲运兵车 1500 辆，火炮 600 门，飞机 400 架，舰艇 20 余艘。

公元 1982 年 6 月 4 日，即以军大规模入侵黎巴嫩的前两天，以色列以其驻英大使遇刺为借口，悍然出动大批战斗机对哈斯巴亚和纳巴提亚地区、贝鲁特大量目标进行了 48 次袭击。

自公元 1982 年 6 月 6 日以军发动进攻起，到 9 月 30 日法、意、美等国武装部队重新进驻贝鲁特为止，持续 3 个月又 25 天。在这次战争中，以军伤亡 2000 余人，被俘 10 余人，损失坦克和装甲运兵车数十辆，飞机 20 架。巴解游击队伤亡 3000 余人，被俘 5000 余人，损失坦克 100 余辆，火炮 500 余门，13 个游击基地被毁，400座武器库被占，丧失了在黎巴嫩南部的全部基地，总部被迫撤出黎巴嫩。

马科斯专制统治

公元 1965 年 12 月，马科斯入主马拉卡南宫，建立统治菲律宾的马科斯-伊梅尔达王朝。马科斯竞选连任后，菲律宾的政治经济状况开始恶化。公元 1969 年，马科斯为竞选耗去 1.68 亿美元，直接造成了菲律宾的通货膨胀，从而也使菲律宾的社会秩序和政治稳定面临威胁。工人举行罢工，抗议由通货膨胀而引起的物价上涨和工人失业；农民涌入马尼拉示威，抗议地主的压迫和剥削；学生举行示威游行，抗议亲美政策，并要求进行社会政治制度改革。而菲律宾共产党的武装斗争和南部穆斯林的独立运动，更使马科斯政权受到威胁。

公元 1972 年 9 月 21 日，马科斯宣布实行军事管制，查封一切传播媒介，并对

反对马科斯专制的群众游行队伍

其政敌和反对派领袖实行大逮捕。在被逮捕和拘留的人中，最著名的是自由党领导人参议员贝尼尼奥·阿基诺。为了参加议会选举，马科斯宣布成立了以他为首的党——新社会运动党。由于各政党已被取缔多年，不可能立即组成新党与之竞争。结果不言而喻，新社会运动党获胜，马科斯在新成立的临时国民议会上宣誓就任总理，同时还根据宪法的过渡条款，继续兼任总统。

鉴于菲律宾经济的飞速发展以及政治对手贝尼尼奥·阿基诺于公元 1980 年 5 月去了美国，马科斯于公元 1981 年 1 月宣布取消军管，以消除人民对他专制统治的不满情绪。然而，军管的废除为群众性的民主运动创造了条件。就在菲律宾国内群众运动走向高涨之时，在美国养病的贝尼尼奥·阿基诺决定回国。公元 1983 年 8 月 21 日，贝尼尼奥·阿基诺在马尼拉国际机场中弹身亡。这一谋杀事件使人民蓄之已久的积怨和不满一下子迸发出来，成百万愤怒的人民参加了"革命英雄"阿基诺的葬礼。随之便是各反对党及民主主义组织公开发动和领导群众集会、示威和游行，"反独裁、反暴政""马科斯辞职"的呼声高涨，马科斯政权已岌岌可危。

为了打击反对派，马科斯宣布于公元1986年1月17日提前举行总统选举，企图趁反对派无充分准备之机战胜对方。这时，两名反对派领袖阿基诺夫人科拉松·阿基诺和"统一民主组织"领导人劳雷尔实现了政治上的合作，科拉松·阿基诺竞选总统，劳雷尔竞选副总统。公元1986年2月7日举行的总统大选，吸引了世界各国政界和关心菲律宾民主化进程的人们的视线。经过全国选举委员会缓慢的查票，到公元1986年2月25日才公布了投票结果：马科斯获10807197票，科·阿基诺获9291761票。这样，马科斯又一次"当选"为菲律宾总统，并于2月25日中午在马拉卡南宫宣誓就职。

然而，"选举结果"尚未公布，人们就感觉到这次选举的不真实性。于是，马尼拉发生了兵变，国防部长恩里莱和副总参谋长拉莫斯于公元1986年2月22日率兵反叛。经过4天的战斗，2月25日，就在马科斯宣誓就职的那一天，80%的武装部队控制在反叛力量的手里，"新总统"马科斯停止抵抗。当天，马尼拉又举行了第二个总统宣誓就职仪式，在菲律宾出现了两个"总统"，一个是由国民议会承认的马科斯，一个是由国民议会中反对派成员承认的科拉松·阿基诺。但这种局面只维持了几个小时，当晚，马科斯就动身离开了马拉卡南宫，至此，马科斯专制政权宣告垮台。2月26日，在马科斯逃离菲律宾19个小时后，科拉松·阿基诺宣布了新的内阁主要任命名单，菲律宾进入了"阿基诺时代"。

海湾战争

公元1991年1月17日—2月28日，以美国为首的多国联盟在联合国安理会授权下，为恢复科威特领土完整而对伊拉克进行的战争。

开战前夕，多国部队总兵力为69万人，作战飞机5000余架（其中美军2000余架），舰艇250余艘（其中美军140艘），部署在伊拉克—科威特周围地区，对伊军呈包围态势。伊军总兵力120万人，作战飞机770余架，坦克5800余辆，装甲车5100余辆，火炮3.8万余门，地对地导弹800余枚。在南部战区（伊科战区）部

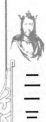

署有 43 个师（约 45 万余人），并在科沙边境地区构筑了包括两个防御地带的"萨达姆防线"；其共和国卫队 8 个师为战略预备队，部署在伊科边界以北地区。在北部战区部署有 2 个军，以备美军在土耳其方向开辟第二战场。在西部战区部署有 1—2 个步兵师。在中部地区部署有 1 个军。另有 1 个师和 4 个旅部署在巴格达周围。

海湾战争期间美军士兵在伊拉克境内进行的模拟攻击训练

公元 1991 年 1 月 17 日当地时间凌晨 2 时，在伊拉克拒不执行安理会第 678 号决议的情况下，多国部队航空兵空袭伊拉克，发起"沙漠风暴"行动。海湾战争由此爆发。战争分为两个阶段。

空中战役阶段（公元 1991. 1. 17—2. 23）：空中战役包括战略性空袭、夺取科威特战区制空权和为地面进攻做好战场准备。11 天后，多国部队已完全掌握制空权。发射 288 枚战斧巡航导弹和 35 枚空射巡航导弹，并使用一系列最新式飞机和各种精确制导武器。

地面战役阶段：多国部队于公元1991年2月24日当地时间4时发起地面进攻，在沙科、沙伊边界约500千米正面上由东向西展开5个进攻集团：阿拉伯国家东线联合部队，沿海岸向北进攻，占领科威特市；美第七军实施主要突击，从巴廷干河以西向北推进，直插伊拉克纵深，尔后挥师东进，与其左邻第十八空降军协同作战，将伊拉克共和国卫队（约8个师）围歼在巴士拉以南地区；伊军遭受38天空袭后，损失惨重，指挥中断，补给告罄，战场情况不明，对多国部队主攻方向判断失误，防御体系迅速瓦解。在此期间，伊军继续向沙特、以色列和巴林发射导弹，使美军伤亡百余人；在海湾布设水雷1167枚，炸伤美海军两艘军舰，借助水能扭转败局。公元1991年2月26日，萨达姆宣布接受停火，伊军迅即崩溃。28日晨8时，多国部队宣布停止进攻，历时100小时的地面战役至此结束。

"一国两制"构想的提出

公元1983年6月26日，邓小平首次公开具体地阐述"一国两制"的构想。他说，和平统一已成为国共两党的共同语言。我们希望国共两党共同完成民族统一，大家都对中华民族做出贡献。他说，制度可以不同，但在国际上代表中国的，只能是中华人民共和国。祖国统一后，台湾特别行政区可以有自己的独立性，可以实行同大陆不同的制度。司法独立，终审权可以不需到北京。台湾还可以有自己的军队，只是不能构成对大陆的威胁。大陆不派人驻台，不仅军队不去，行政人员也不去。台湾的党、政、军等系统，都由台湾自己来管。中央政府还要给台湾留出名额。

香港回归

中英两国政府香港政权交接仪式于公元1997年6月30日午夜至7月1日凌晨在香港隆重举行。江泽民主席庄严宣告：中国对香港恢复行使主权。当天凌晨，中

华人民共和国香港特别行政区政府成立暨特区政府宣誓就职仪式隆重举行。国务院副总理、全国人民代表大会香港特别行政区筹备委员会主任委员钱其琛主持仪式。1 时 30 分，中华人民共和国国歌在大厅里响起。随后，江泽民主席宣布：中华人民共和国香港特别行政区政府现在成立。1 时 35 分，全部由港人组成的香港特别行政区政府开始宣誓就职，国务院总理李鹏监督。当天上午，香港特别行政区成立庆典在香港会议展览中心举行。江泽民在庆典上发表讲话。下午，国务院在人民大会堂隆重举行庆祝香港回归招待会。当晚，中共中央、全国人大常委会、国务院、全国政协、中央军委举行首都各界隆重庆祝香港回归祖国大会，江泽民发表讲话。当天零点至 8 时 38 分，中国人民解放军驻香港部队顺利抵达营区，接管香港防务。零时零分，五星红旗升起在中华人民共和国外交部驻香港特别行政区特派员公署的办公大楼前。6 月 30 日至 7 月 1 日，京、津、沪、渝等大城市彻夜举行庆祝香港回归祖国活动。

澳门回归

继解决香港问题之后，中葡两国政府于公元 1987 年 3 月 26 日在北京草签关于澳门问题的联合声明。联合声明称，"中华人民共和国政府和葡萄牙共和国政府声明：澳门地区（包括澳门半岛、凼仔岛和路环岛，以下称澳门）是中国领土，中华人民共和国政府将于公元 1999 年 12 月 20 日对澳门恢复行使主权。"同时，还做出使澳门保持稳定和发展的各种安排。4 月 13 日，中葡关于澳门问题的联合声明在北京正式签署。澳门于公元 1999 年 12 月 20 日回归祖国。

苏联从阿富汗撤军

公元 1989 年 2 月 15 日，根据公元 1988 年 4 月签署的关于政治解决阿富汗问题的日内瓦协议，苏联军队于公元 1989 年 2 月 15 日按期分批撤出阿富汗，从而结束了苏联对阿富汗长达 9 年多的军事占领。公元 1979 年 12 月，苏联武装入侵阿富汗，激起阿富汗全国范围的抵抗。阿富汗人民承受了巨大的民族牺牲，近 100 万人死于战乱。500 多万人沦为难民。联合国曾先后通过 10 次决议谴责苏联对阿富汗的侵略和军事占领。苏联人也认识到，这是一场错误的战争，戈尔巴乔夫也曾经承认，阿富汗问题是一个"流血的伤口"。

以色列总理拉宾遇害

公元 1995 年 11 月 4 日，以色列总理拉宾遇刺身亡。他一改过去历届以色列政府所采取的与阿拉伯国家敌视的态度，主张阿以和谈。他提出"以土地换和平"的解决阿以冲突的方针，并积极与巴勒斯坦解放组织开展会谈。在他的努力下，公元 1993 年巴以签署奥斯陆宣言，宣布相互承认。公元 1995 年双方又签署了塔巴协议，宣布加沙—杰里科实行自治。但这两个协议的实施触犯了部分犹太人的利益，公元 1995 年 11 月 4 日，当拉宾参加完特拉维夫一个盛大的和平集会准备离开会场时，遭到犹太极端分子、27 岁的巴里兰大学法律系大学生阿米尔的枪击。拉宾身中三枪。

伊拉克战争

海湾战争后，联合国第 687 号决议规定，派遣武器核查小组进驻巴格达。美国企图利用核查小组牵制伊拉克，但核查小组一再受挫，美对伊的政策开始转变。9·11 恐怖事件爆发后，美国对世界恐怖主义保持高度警惕，并把伊拉克看作是继阿富汗塔利班和基地组织后全球反恐怖战争的打击对象。在联合国核查小组再次对伊进行调查而未发现其拥有核武器和化学武器的情况下，美军以清除伊大规模杀伤性武器为名，发动了旨在推翻萨达姆政权的战争。

公元 2003 年 2 月 20 日，美国在海湾地区集结海、陆、空军队近 20 万，英军也有 4 万余人调向这里。美英联军将部队部署在伊拉克周边的沙特、巴林、阿曼、埃及、土耳其等国，并控制住各战略通道。

一直与美国对抗的萨达姆也做好了战争准备，除部署在边疆地区的部队外，他还以巴格达为中心构建了严密的防御体系，准备多层阻击和抵抗敌人。

伊拉克军队

3月20日，美军制定的代号为"斩首行动"的计划开始实施，美F-117隐形轰炸机和导弹对巴格达进行轰炸，拉开了伊拉克战争序幕。在这次空袭中，美军使用"电子炸弹"攻击伊拉克，这种新式武器产生的高能电磁波可使伊军及萨达姆卫队拥有的各类电话、无线电通信和电子计算机等电子设备立刻失灵，并用精确的制导导弹准确地打击伊指挥和控制中心。

为避开美英联军的优势空军和导弹袭击，萨达姆分散兵力，将实力最强的9万共和国卫队、4个特别旅、2个特种部队部署在巴格达周围。并在巴格达周围筑建野战工事，开挖战壕、沟堑，在飞机跑道上放置水泥等障碍物，阻击美英空降部队着陆。

美英联军对伊拉克首都巴格达和其高层领导人的住所等要害部门进行连续三轮的狂轰滥炸。20日晚21时05分，美英地面部队在战斗机、直升机的掩护下，凭借配备尖端的夜视作战设备，兵分几路对巴格达进行合围，欲以迅雷不及掩耳之势深入巴格达，俘虏或击毙萨达姆。顽强的伊军凭借坚固的防御工事，给美、英造成了一定的损失，虽然发射的导弹部分被美国的"爱国者"导弹截击，仍有效地阻滞了敌人的攻势。

次日，联军以惊人的速度突进，准备以闪电式进攻在短时间内赢得战争，萨达姆的精心布防和顽强的共和国卫队粉碎了美英的"斩首行动"。

4月4日，战争形势发生急剧变化，美英联军经过一番调整，大批的后续援兵到位，又开始重新发动大规模进攻，对巴格达西南的萨达姆机场实施争夺。5日，巴格达周围的守兵与敌人进行激烈的短兵相接。6日，联军在巴格达上空进24小时不间断空中巡逻，对市内目标继续轰炸，加强对巴格达外围的控制，力图合围。8日，联军连连突破伊军防线，开始从北南两方向巴格达市区推进。次日，美军进入市中心。11日，美军宣布萨达姆政权垮台，大规模的伊军抵抗行动结束。14日，萨达姆的故乡提克里特市也被联军所控制。

美英联军控制的伊拉克，局势至今一直动荡不安，虽然美军使用了精确制导武器，但也造成大量平民伤亡，伊拉克"石油换食品"的计划也因战争而中断，伊拉克平民受到饥饿的严重威胁。

伊拉克战争彻底摧毁了萨达姆的专制统治，也给伊拉克人民带来了深重灾难和重大生命与财产损失。战争结束后，伊拉克局势一直动荡不安，国内混乱不堪，不利于伊拉克的社会经济发展。此外，伊拉克战争是人类历史上第一次全程媒体直播的战争，让全世界人民了解了现代化战争。

上海 APEC 会议

公元 2001 年 10 月 21 日，世界瞩目的 APEC 领导人非正式会议在上海落下帷幕。这是中国迄今举行的规模最大、规格最高的多边外交活动。会议就加快贸易和投资自由化与便利化、促进经济技术合作等问题进一步达成共识，进而成为 APEC 在新世纪的指导性纲领，其中一些主张正是中国长期致力推进的。会议还发表了各国领导人反恐联合声明，由于中国的倡议，会议还建立了 APEC 工作小组，启动了防范金融危机基金。舆论认为，APEC 向可操作性方向迈出了一大步，树立了自西雅图会议以来的又一座里程碑，APEC 将因此而充满活力。在本次会议上，中美两国领导人成功实现了新世纪的第一次面对面的对话。两个世界格局影响极大的大国加强沟通与协作，被认为对于未来全球稳定和发展"非常重要"。中国还与APEC其他成员进行了广泛磋商，争取了平等互利的结果，求同存异、多边主义的观点受到了尊重。

韩国发生金融危机

公元1997年11月19日，韩国总统金泳三接受了负责经济事务的政府副总理兼财政经济院长官姜庆植和总统府经济首席秘书金伍浩的辞呈，同时任命通商产业部长官林昌烈为新的副总理兼财政经济院长官，任命韩国关税厅长金永燮为总统府新任经济首席秘书。自10月份韩国金融市场出现动荡以来，韩元下跌，股市急挫，利率猛升。到11月19日，韩元与美元汇率再次下跌到1035：1，20日，又跌至1139韩元兑换1美元。22日，金泳三就当前的国家经济形势对国民发表特别谈话，解释了目前的困难以及向国际货币基金组织请求援助的原因，呼吁社会各界同舟共济，消除危机。冰冻三尺，非一日之寒。韩国金融危机爆发的根源是内部各种弊端长期积累的必然结果。过去30多年间，韩国经济取得了举世瞩目的成就，然而，各大企业、集团都是在政府的全力支持和保护下迅速发展起来的。在产品广销海内外的同时，企业本身却负担沉重，债台高筑。这就使企业和银行在严重的金融风波和激烈的国际竞争面前显得底气不足。

中国加入世界贸易组织（WTO）

世界贸易组织简称世贸组织，英文缩写是WTO。致力于监督世界贸易和使世界贸易自由化的国际组织。总部设在瑞士日内瓦。由部长会议、总理事会和总干事负责管理。每两年召开一次部长会议。总理事会执行部长会议政策决议和负责日常行政事务。总干事由部长会议任命。

WTO的前身是关贸总协定（GATT）。公元1947年10月，23个国家签署了"关

税与贸易总协定"。中国是关贸总协定的缔约国之一。公元 1950 年，台湾当局主动向联合国秘书长提交关于"退出"关贸总协定的请求。但是，这一"非法"的退出却生效了。公元 1995 年"关贸总协定"演变为"世界贸易组织"，但其宗旨和规则未变，即保证大规模地削减关税和贸易壁垒，实现互惠互利，遵循最惠国待遇、国民待遇、无歧视待遇、透明度等原则，促进国际间贸易发展。WTO 是独立于联合国之外的经济组织，是建立在市场经济原则之上的世界性公平组织。加入 WTO 意味着将得到更广阔的市场空间，将对国民经济发展和人民生活的改善产生较大的影响。中国几经周折，通过多年的努力，于公元 2001 年正式加入世界贸易组织。

中国外交

自 20 世纪 90 年代起，人类社会发生了二战以来最深刻的变革，两极世界瓦解，大国关系重新整合，新的世界格局正在形成。"9·11"事件发生后，恐怖主义阴影更是弥漫全球。在中美关系保持总体发展的同时，中俄、中欧、中日相继建立了伙伴关系。10 多年来，中国领导人在支筹大国关系的过程中，展现了高超的外交艺术。中国与绝大多数国家一起推动世界向多极化方向发展。

今天，中国对国际重大事务的态度比以往任何时候都更为重要。10 多年来，中国先后与印度尼西亚、新加坡、文莱、韩国建交或复交，与蒙古、越南实现关系正常化，解决了同绝大多数邻国的陆地边界问题，与越南签署了《北部湾划界协定》。中国积极参与东亚"10+3"合作，与东盟就 10 年内建立自由贸易区达成了共识。目前，我们与周边国家的关系处于历史上最好的时期之一。公元 2001 年 6月，上海合作组织的成立被一些媒体评价为中国经略周边关系的神来之笔。

20 世纪 80 年代至今的二十几年是新中国建国以来首脑外交最活跃的时期，也是中国参与国际组织最深入的时期。10 多年来，中国领导人在世界各地——纵横捭阖、广交朋友、中国在联合国等国际组织中，主持正义、反对强权，展现了一个负责任的泱泱大国的风范。

四、大洋洲和非洲

1945 年至今

殊民主义在战后无可挽回地终结了，非洲殖民地迎来了独立的春天。虽然产生了新的政治体制，但是这片古老的土地依旧延续着其独特神秘的习俗，种族斗争替代政治的演进。同为英联邦的澳洲，政治经济在稳步中变革。

非洲统一组织

非洲统一组织是由非洲独立国家组成的区域性组织。公元 1963 年 5 月 22—26 日，31 个非洲独立国家元首、政府首脑或他们的代表在埃塞俄比亚首都亚的斯亚贝巴举行会议，25 日通过了《非洲统一组织宪章》，决定成立非洲统一组织，总部设在亚的斯亚贝巴。会议还决定将每年的 5 月 25 日定为"非洲解放日"。非洲统一组织的宗旨是：促进非洲国家的统一与团结；协调和加强非洲国家在各个方面的合作；努力改善非洲各国人民的生活；保卫和巩固非洲各国的独立及主权、领土完整；从非洲根除一切形式的殖民主义；促进国际合作。国家和政府首脑会议是该组织的最高权力机构，每年举行一次。此外有部长理事会和秘书处等。公元 2001 年 3 月 2 日在利比亚举行的第五届非洲统一组织特别首脑会议闭幕式上，宣布成立非洲联盟。

阿尔及利亚独立战争开始

公元 1950 年，在阿尔及利亚有约 100 万人的欧洲移民。因此，法国政府封杀了阿尔及利亚人的独立运动。但是阿尔及利亚激进派组成民族解放战线（FLN），公元 1954 年引起起义并蓬勃发展为阿尔及利亚独立战争，对此法国投入 50 万军队镇压。一直到独立成功，有 100 万以上的阿尔及利亚人牺牲。公元 1961 年，法国的戴高乐政权同阿尔及利亚临时政府开始举行会谈，最后于公元 1962 年 3 月 18 日在法国议定将举行全民投票决定阿尔及利亚的前途。7 月 1 日，阿尔及利亚举行公民投票，绝大多数人主张独立，法国接受了这一结果，公元 1962 年阿尔及利亚独立。

突尼斯共和国

突尼斯境内 90% 为阿拉伯人，次为柏柏尔人和犹太人。阿拉伯语为国语，通用法语。居民大多信奉伊斯兰教。公元前 9 世纪初，腓尼基人建立以迦太基城为中心的奴隶制强国。公元前 146 年成为罗马帝国的一部分。5 世纪—6 世纪为汪达尔人和拜占庭人占领。公元 703 年开始被阿拉伯人统治。公元 1574 年成为土耳其奥斯曼帝国的一部分。公元 1881 年沦为法国保护领地。公元 1956 年独立，成立突尼斯共和国。

肯尼亚共和国

肯尼亚共和国多为黑色人种，有吉库尤、卢西亚、卢奥等 48 个部族。斯瓦希里语为国语，与英语同为官方语言。居民多信奉基督教，其余信奉原始宗教。肯尼亚是人类发源地之一，曾出土约 250 万年前的人类头盖骨化石。7 世纪东南沿海出现了一些商业城市。16 世纪葡萄牙殖民者开始侵入。公元 1890 年西方列强瓜分东非，肯尼亚被划归英国，成为英国殖民地。公元1963年独立。

加纳独立

公元1948年，因黄金海岸而闻名的加纳，因起义反对英国殖民地政府而动荡。结果，英国政府采取新政策，承认非洲人的有限制的自治。公元1951年选举中当总理的恩克鲁玛率领的人民党接受这个方案，以后，他为加纳的早期独立，继续和英国交涉。

公元1957年加纳在黑人非洲的殖民地当中，成为第一个独立国，恩克鲁玛就任总统。恩克鲁玛后来在公元1966年的军事政变中流亡国外。

苏丹共和国

苏丹境内，阿拉伯人占总人口的40%，黑人占30%，其余为土著人，民族成分复杂。阿拉伯语为官方语言，通用英语。居民大多信奉伊斯兰教或拜物教。13世纪阿拉伯人进入前为土著原始部落的居住区。阿拉伯人进入后，出现过独立的王国。19世纪70年代开始，英国向苏丹扩张，公元1899年成为英国和埃及共管国。公元1956年独立。

阿拉伯埃及共和国

埃及受异族统治多年后，公元1882年又被英军占领。公元1952年，以纳赛尔为首的年轻军官推翻法鲁克王朝，掌握政权。公元1953年成立埃及共和国。公元1958年同叙利亚成立阿拉伯联合共和国。公元1961年叙利亚退出"阿联"。公元1971年改为现名阿拉伯埃及共和国。

"露西" 骨骼的发现

公元 1974 年，美国的约翰森和泰伯在埃塞俄比亚的哈达发现了一具成年女性的骨架化石，并把这具骨架叫"露西"。据测定，"露西"的年代距今已有 300 多万年，是已发现的最早的人类祖先。"露西"身高只有 1. 1 米，体重不足 30 千克。对"露西"进行研究后，科学家将她定为南方古猿的一个新的分支。

安哥拉共和国

安哥拉共和国多为黑色人种，有奥本杜、金本杜、刚果等 30 多个部族。官方语言为葡萄牙语。多数居民信奉天主教和基督教，其余信奉原始宗教。中世纪分属刚果等四个王国。公元 1482 年葡萄牙人入侵。公元 1884—1885 年柏林会议划为葡萄牙殖民地。公元 1975 年独立。

喀麦隆共和国

喀麦隆共和国多为黑色人种，有巴米累克、富尔贝、芳、班图等 200 多个部族。官方语言为法语和英语。居民多信奉原始宗教、天主教、基督教和伊斯兰教。5 世纪始曾建立部族王国。公元 1884 年沦为德国的保护国。第一次世界大战后英法军队占领并"委任统治"。第二次世界大战后由英法"托管"。公元 1960 年独立。

尼日利亚联邦共和国

尼日利亚联邦共和国多为黑色人种，有豪萨—富拉尼、约鲁巴、伊博等 250 多个部族。是非洲人口最多的国家。官方语言为英语。居民多信奉伊斯兰教和基督教。是非洲古国。

14 世纪—16 世纪桑海帝国盛极一时。公元 1472 年以后，葡萄牙、英国相继入侵，公元 1914 年沦为英国殖民地。公元 1960 年独立。

阿尔及利亚民主人民共和国

阿尔及利亚以阿拉伯人为主，柏柏尔族其次，另有少量姆扎布族和图阿雷格族。阿拉伯语为国语，通用法语。伊斯兰教为国教。公元前 3 世纪建立过柏柏尔人的王国，后罗马人、拜占庭人、阿拉伯人、西班牙人、土耳其人先后侵入，公元 1905 年沦为法国殖民地，公元 1962 年独立。

种族隔离政策的结束

公元 1990 年 2 月，南非国民党政府解除了对非洲人国民大会（简称"非国大"）、泛非主义大会和南非共产党的禁令，黑人解放运动的著名领袖纳尔逊·曼德拉获释。3 月 2 日，曼德拉当选为非洲人国民大会副主席。公元 1991 年 7 月，非国大成功地召开了全国代表大会，曼德拉当选为新的中央执委会主席。公元 1991 年 6 月，南非议会通过投票废除了种族隔离制度的三大支柱——《土著土地法》《集团居住法》和《人口登记法》。这样，从 2 月至 6 月，总共有 80 多项种族主义立法被废除，近 140 项法令中的种族主义内容被删除。至此，从法律上讲，种族隔离制宣告终结。

坦桑尼亚联合共和国

坦桑尼亚多为黑色人种，有班库马、马康迪、查加等 130 多个部族。斯瓦希里语为国语，通用英语。居民多信原始宗教，次为天主教、基督教和伊斯兰教。为人类发源地之一。7 世纪—8 世纪阿拉伯人迁入。公元 1886 年坦噶尼喀划入德国势力范围，公元 1917 年又被英国占领。公元 1962 年独立。

中非共和国

中非共和国多黑色人种，有巴雅、班达、桑戈等 30 多个部族。官方语言为法语。居民多信奉原始宗教。9 世纪—16 世纪曾建立部落王国。公元 1891 年沦为法国殖民地。公元 1958 年成立"自治共和国"。公元 1960 年独立。

埃塞俄比亚联邦民主共和国

埃塞俄比亚有 50 多个部族。通用英语。居民多信奉东正教和伊斯兰教。是具有 3000 年历史的古国。公元前 8 世纪建立努比亚王国，后建立埃塞俄比亚帝国，此后又有若干王朝更迭。公元 1936 年意大利征服全境。公元 1941 年恢复王朝。后又有几次政权更迭。公元 1995 年宣告成立埃塞俄比亚联邦民主共和国。

卢蒙巴被杀害

公元 1960 年 6 月 23 日，扎伊尔政治家卢蒙巴当选为总理，组织首届政府。9 月 24 日，国民军参谋长发动军事政变，联合国军以保护卢蒙巴为名将其软禁。11 月 27 日，他潜离利奥波德维尔，前往东方省，途中被绑架。公元 1961 年 1 月 17 日，卢蒙巴被押往加丹加，遭冲伯集团杀害。

纳赛尔

纳赛尔，公元 1918 年 1 月 15 日生于亚历山大巴卡斯区，卒于公元 1970 年 9 月 28 日。中学毕业后进埃及皇家军事学院，毕业后获少尉军衔。在苏丹埃军服务时结识 3 位年轻军官，即毛希丁（后继纳赛尔任总统）等。他们建立秘密革命团体自由军官组织，目的是赶走英国人，废黜君主制。公元 1952 年 7 月 23 日，他与 89 名自由军官发动一场不流血的政变，推翻帝制，成立埃及共和国。他在公元 1954 年所写的《革命哲学》一书中曾表示希望自己有朝一日成为全体阿拉伯人、非洲人以至伊斯兰教徒的领袖。在职期间，苏联援建的阿斯旺高水坝于公元 1968 年开始发电；现代化生活开始进入农村，工业化速度加快；进行了土地改革，反对贪污腐化收到部分成效，使妇女享有更多权利，培育埃及新人以替代西方人员。在外交方面他和铁托、尼赫鲁一起提倡不结盟。他拒绝承认以色列。公元 1956 年、1967 年两次爆发阿以战争，埃及失败。

南非主教图图获诺贝尔和平奖

公元 1984 年 12 月 10 日，诺贝尔奖得主和来客们不得不在寒冷中站了 20 分钟，一直等到奥斯陆警察告诉他们轰炸奥拉宫只不过是一场骗局。当仪式重新开始时，主教德斯蒙德·图图被授予和平奖。图图在南非进行了一场非暴力运动，反对种族隔离政策。

处于动荡中的南非

公元 1985 年 8 月 27 日，南非政局由于受到新的种族暴力和黑人领袖空前的批评而动荡不安，它终止了股票和金融市场的交易。南非的货币"兰德"跌至 35 美分，这比自上月政府强行宣布紧急状态以来的最低比价又跌落 25%。中止交易是在一次预计的游行前夕宣布的。这次游行计划向开普敦监狱进军，那里正关押着黑人领袖纳尔逊·曼德拉。骚乱蔓延到了德班，至少有 50 人死亡。保安部队包围了罢课的 500 名学生。博塔总统不顾日益增长的黑人抵抗和来自国外的要求缓解的呼声，拒绝向南非占多数的黑人让步。迪斯蒙德·图图大主教对博塔的讲话感到气愤。他说总统正在试图动用军事武力"威逼黑人屈服"，南非正处在一场灾难的边缘，和平的机会实际上等于零。

南非的新生

公元 1994 年 4 月，南非黑人在他们国家饱经磨难的历史上，喜出望外地第一次被允许参加全国大选。这使得纳尔逊·曼德拉在总统选举中大获全胜。这场选举

反种族主义斗士、南非首任黑人总统纳尔逊·曼德拉像。

象征了民主的诞生，尤其是在这块不公正、残暴和受到种族迫害长期统治的土地上。此外，它也象征了一个英雄为对抗种族隔离所做的长期奋斗。曼德拉终身致力于促进种族平等的运动，曾被囚禁在国家监狱 28 年，当时业已 75 岁高龄却仍具政治家风度且深受尊崇，正有待实现其梦想："一个所有族裔南非人皆平等共处，共同为国家带来安全、和平与民主的新南非"。

安南获得诺贝尔和平奖

设在挪威的诺贝尔和平奖委员会公元 2001 年 10 月 12 日宣布，将公元 2001 年

的诺贝尔和平奖授予联合国秘书长安南，这是联合国作为世界上最具广泛代表性的国际组织首次获得诺贝尔和平奖。

安南公元1938年4月8日出生在西非国家加纳的一个商人家庭，是双胞胎兄弟之一。因为家境富裕，安南后来接受了良好的教育。早年就读于家乡库马西市理工大学，曾到瑞士留学，先后获美国明尼苏达州麦卡莱斯特学院经济学学士学位和麻省理工学院管理学硕士学位。

安南通晓英语、法语和几种非洲语言，在联合国系统工作已近40年，20世纪60年代起，他先后在联合国非洲的经济委员会、联合国总部以及联合国的日内瓦办事处、难民署和世界卫生组织等部门工作，公元1974年中东"十月战争"后，他出任联合国助理秘书长。公元1993年3月他任联合国负责维持和平事务的副秘书长。公元1997年1月，安南担任联合国最高行政长官，任期5年。

萨达特

萨达特，埃及总统（公元1970—1981年在位），生于公元1918年12月25日，卒于公元1981年10月6日，公元1938年在开罗军事学院毕业。公元1950年加入纳赛尔的自由军官组织。公元1956年支持纳赛尔当选总统。公元1970年10月15日当选为总统，发动第四次中东战争；同以色列和谈。公元1973年，萨达特命令埃及军队渡过苏伊士运河，对以色列占领的西奈半岛发起进攻，第四次中东战争爆发。埃及在这次战争中取得了胜利，但西奈半岛仍未收复。公元1977年以色列总理贝京到埃及，同萨达特举行第二次会晤。公元1978年9月，在美国总统卡特的斡旋下，萨达特同贝京在美国签订戴维营协议。公元1979年3月，埃以签订和约，公元1980年同以色列正式建交，并收回西奈半岛2/3的领土。公元1978年获诺贝尔和平奖。公元1981年10月6日阅兵时被刺，著有《革命历史》《尼罗河上的起义》《萨达特回忆录——莫斯科和开罗之间的坚冰正在消融》《对个性的探索》《阿拉伯统一的故事》等。

澳大利亚

第二次世界大战以来的澳大利亚史是一部传奇。移民涌入的影响是很深远的。公元 1945 年，澳大利亚还一直是个信奉英国国教且本土是盎格鲁—撒克逊人的国家，98%的国民都有英国背景，这种国家突然之间就要面对大批的意大利人、希腊人、德国人、荷兰人和南斯拉夫人的移民群。他们几乎不会说英语。来后建立起自己的社区、商店和报纸。他们加入澳大利亚劳动大军中，并进入学校，于是很快打破了澳大利亚生活方式的自满、枯燥、呆板模式。他们是 20 世纪 50 年代和 60 年代推动澳大利亚大批行业迅猛发展的劳动大军，在钢铁厂、矿山、工厂、筑路及主要的国家项目上，如雪山工程项目，都注入了生力军。跨入现代世界，澳大利亚的主流文化仍变化迟缓。各种教堂，尤其是罗马天主教堂，支配着人们的首先规范。工党公元 1955 年出现分裂，结果在此之后的 17 年间一直都是在野党。澳大利亚从 20 世纪 60 年代期间，工厂的数量翻了一番。公元 1951 年的澳新防务条约把澳大利亚和新西兰划在美国全球的安全范围内。公元 1962 年，澳大利亚卷入越南战争，公元 2003 年，在美国对伊拉克战争中，澳大利亚政府派兵 3000 余人进入伊拉克。

澳大利亚　悉尼

库克群岛

库克群岛位于萨摩亚群岛之东。面积 240 平方千米。人口 2 万，主要是库克毛利人，属波利尼西亚人种。通用毛利语和英语。居民信奉基督教和天主教。公元 1773 年英国库克船长到达这里，该岛由此而得名。公元 1888 年成为英国"保护地"。公元 1901 年成为新西兰属地。公元 1965 年实行内部自治，防务和外交由新西兰负责。公元 1998 年独立。首府阿瓦鲁阿。

所罗门群岛

所罗门群岛上，美拉尼西亚人占总人口的 92%。官方语言为英语，通用皮金语。居民多信奉基督教和天主教。公元 3000 年前岛上已有居民。公元 1568 年由西班牙人发现。后荷兰、德国、英国等殖民者相继而至。公元 1893 年成立"英属所罗门群岛保护地"。二战中一度被日军占领。公元 1978 年独立，为英联邦成员国。

新西兰独立

新西兰境内，74% 为英国移民后裔，15% 为毛利人。官方语言为英语。居民多信奉基督教和天主教。早在 14 世纪时，毛利人就在此居住。公元 1642 年荷兰航海者到达。公元 1769—1777 年英国库克船长先后 5 次到此。此后英国向这里大批移民。公元 1840 年英国与毛利人签约，规定新西兰为英国殖民地。公元 1907 成为英国的自治领。公元 1947 年独立，为英联邦成员。

巴布亚新几内亚独立

巴布亚新几内亚境内，美拉尼西亚人占总人口的 98%。官方语言为英语。居民多信奉基督教。公元 1511 年葡萄牙人发现新几内亚岛。18 世纪下半叶，荷兰、英国、德国殖民者先后到此。公元1906年英属新几内亚交澳大利亚管理。一战期间，德属部分为澳军占领。公元1949年澳占领的两部分合并，称"巴布亚新几内亚领地"。公元1975年独立。巴布亚新几内亚是一个具有370多万人口和操700多种不同语言的国度。公元1975年，从澳大利亚独立出来以来，呈现出飞速发展的态势，但同时也残留着浓厚色彩的传统生活样式。国土多森林和山地，大部分土地为社会公共所有。有着丰富的铜、金、银、石油、木材等天然资源，尤其是矿物资源丰富。布干维尔岛出产的铜和金是这个国家最大的输出产品。

五、加拿大、美国和拉丁美洲

1945 年至今

作为大战暴发户，美国是战争的唯一获利者，战后继续保持稳定快速的发展。而加拿大作为英联邦的主要成员，战后的经济政治持续发展，逐渐成为世界上最富有的国家之一。拉丁美洲则在同美国的博弈中稳定前行。

加拿大（1945—1970 年）

自 1945 年开始，加拿大已经成为西方政治世界不可缺少的一个组成部分。由于两种文化并存，国内也会不断地出现问题。

由于加拿大在二战期间加入同盟国一方作战，这个英联邦的主权独立的成员国开始在政治和经济上与美国接近，尽管它在战争中为英国提供了贷款和粮食。

加拿大与美国一起签订了一些经济和防御条约，例如《共同使用核能协议》。

1993 年，在《禁止核试验条约》签订后，美国在加拿大国土上建立原子能武器贮藏基地。对原料的开采越来越多，其中 75% 是由美国公司开采的。

由于战争期间迅速增长的工业流动，加拿大急需改进社会基础设施建设。

1965 年跨加拿大高速公路建成，把加拿大所有省份连接起来。

通过工业建设，城市在 20 世纪 50 年代经济快速的繁荣，但在 20 世纪 60 年代

魁北克市的旧城镇

发展再次缓慢下来。

政治上，保守党政府和自由党政府轮流执政。在一段长时期的自由党政府当权后，进步保守党成员约翰·迪芬贝克在 1957 年当选为总理，自由党成为反对派，直至 1963 年莱斯特·皮尔逊接管政权。1968—1984 年的大部分时期，法裔加拿大人皮埃尔·特鲁多领导着内阁，并倡导促进两种语言文化的协调发展。1969 年，英语和法语同时成为官方语言。

蒙特利尔建筑群

然而在讲法语的魁北克省，由于分离主义势力的存在，仅仅可能达成一种不稳定的平衡。1967 年，戴高乐将军被迫中断他的访问，因为他在一次演讲中高呼

蒙特利尔市，魁北克。

"魁北克自由万岁！"。20 世纪 60 年代，讲法语的加拿大人，特别是在魁北克地区对社会和经济的不满情绪不断增加；在此背景下，展开了强有力的自治运动。激进极端主义组织对政治家发动袭击；1970 年，魁北克劳动部长皮埃尔·拉波特被谋杀，加拿大宣布全国进入戒备状态。

20 世纪 60 年代以来的加拿大

加拿大政府致力于国际政治和平稳定。国内魁北克省的分离倾向也一直存在。

从 20 世纪 60 年代起，加拿大在外交、政治、经济事务上开始改变以前对美国的强烈倾斜态度。

在其"第三种观点政治"的指导下，它开始寻求与欧洲和日本建立更为密切的关系，1970 年一度还与中国签订了经济协议。

在 20 世纪 70—80 年代，加拿大参加了欧洲安全与合作会议及其后续会议，以及七大工业国会议（G7）。

作为联合国的创始国之一，加拿大一贯支持联合国派遣军队维护地区和平，例如在 1960 年派往刚果和 1964 年派往塞浦路斯的维和部队。

外交上，加拿大也成功地解决了许多冲突问题。由于在苏伊士危机问题上的斡旋努力，外交部长皮尔逊获得了 1957 年的诺贝尔和平奖。

示威者支持加拿大统一，1995 年 10 月。

魁北克人民的分裂倾向仍然是国内问题的一个焦点。1976 年，在勒内·勒维克领导下的激进分离主义的魁北克党在魁北克赢得绝对多数的支持，但在 1980 年举行的公民投票中，脱离加拿大独立的方案未获通过。1987 年，《米奇湖协议》赋予魁北克特殊权力，但这个协议由于遭到其他省份的抗议而被废弃。1992 年，《魁北克法语宪章》终于为政府的国家机构制定了一份语言使用方面具有约束力的协议，也为加拿大各省赢得了更多的自治权力。在 1995 年的公民投票中，分离势力再次失败；有 50.56% 的投票反对分裂，加拿大维护了国家统一直到现在。

1982 年，特鲁多总理提出《宪法法案》，要求脱离英国，获得完全的政治独立。作为回应，英国议会提出《加拿大法案》，几乎切断了两国间所有宪法与立法上的联系。

1984—1993 年，保守党总理布莱恩·马尔罗尼执政；加拿大土著民因纽特人和印第安人之间的紧张局势是突出问题。长时期的骚乱后，1988 年在一项政府代表签署的初步条约中他们被允诺给予麦肯齐山谷的部分土地。在总理让·克里蒂安的领导下，政府致力于达成和原住民的妥协，后者在一些场合要求拿回他们以前的所有土地。

在一次传统文化表演中身着传统服
装和头饰的加拿大印第安人，1990 年。

2003 年自由党人保罗·马丁当选总理；他被认为是一个有着果断手腕的坚定领导者，并期待他能够通过政治自由化来推进经济进步。

雄霸世界的美国

经过第二次世界大战，与英、法、德、意、日等资本主义强国两败俱伤的下场相反，后来居上的美国坐收渔人之利、迅速登上了资本主义世界的霸主地位。

1945 年时，美国独占资本主义世界工业生产总量的 2/3。外贸出口额的 1/3，黄金储备的 3/4，小麦产量的 1/3，棉花产量的 1/2，玉米产量的 70%，煤和石油产量的 62%，钢产量的 61%，发电量的 48%，汽车产量 84%，冰箱和洗衣机产量 85%，拥有 84% 的全球民用飞机。美国武装部队从 1939 年的 33 万人扩张到 1945 年 1212 万人。

当时，美国的空中力量遥遥领先，1.5 万架远程飞机几乎完全垄断了世界洲际空中运输，控制了资本主义世界的全部空中航线。美国海军力量跃居世界第一，380 万吨海军舰艇超过英国（150 万吨）一倍还要多，484 个美军海外基地几乎控制了全球所有的海域。在军事技术方面也处于绝对优势地位，美国独家握有原子弹生产技术，拥有一大批世界一流的科学家。

国力强大了，地位提高了，美国对世界的看法也随之改变了。从地区大国到全球大国，偏居西半球北部的美国骤然间变成了战后世界的中心。然而，登上世界中心地位的北美大陆却再也装不下美国称霸全球的心思，整个世界都落入了美国审度的视野，整个世界都成了美国纵横驰骋的必需舞台，将整个世界纳入由美国领导的资本主义体系成了美国的新梦想。

正是为了构建"符合美国最大利益"的战后世界秩序，1945 年 4 月 25 日，美国召集全世界 50 多个国家的 282 名代表聚会旧金山，召开了联合国国际组织会议。6 月 26 日，与会的 50 个国家的代表签署了《联合国宪章》(Charter of the United Nations)。10 月 24 日，美、苏、中、英、法等多数国家递交批准书后，《联合国宪章》正式生效，联合国 (United Nations) 由此建立。

图为《联合国宪章》的特写，以及埃及签字的情形（1945 年 6 月 26 日）。

加上事后签署《联合国宪章》的波兰，联合国共有 51 个创始国。其中，西欧和拉丁美洲国家 34 个，亚洲和非洲国家 11 个，基本上都是追随美国的，苏联方面的成员国只有 6 个。联合国安全理事会设置美、英、法、中、苏五大常任理事国，前 4 票均属美国阵营。1946 至 1953 年期间，联合国大会通过 800 多项决议，其中美国支持的议案只有 2 项被否决。美国通过一个多数票集团操纵着联合国，堂而皇之地确立了美国在资本主义世界的政治霸权。

在确立国际政治霸权的同时，美国也积极建构其在战后世界经济中的霸权地位。1944 年 7 月，美国召集英、法、苏、中等参加筹建联合国的 44 个国家的代表聚会新罕布什尔州的布雷顿森林，召开了重建世界货币金融秩序的"布雷顿森林会议"（Bretton Woods Conference）。7 月 22 日，会议通过了《国际货币基金协定》和《国际复兴开发银行协定》，总称为《布雷顿森林协定》（Bretton Woods Agreement）。

该协定确认了美国政府规定的 35 美元折合 1 盎司黄金的汇率，各国中央银行可据此汇价向美国兑换黄金，各会员国按本国货币含金量与美元建立不得随意更改的固定汇价。由于美元直接与黄金挂钩，其他会员国货币则与美元挂钩，从而赋予美元凌驾于其他货币之上的特权，成为等同于黄金的储备货币和主要国际支付手段。美国联邦储备委员会几乎成了资本主义世界的中央银行，以美元为中心、实行固定汇率制的资本主义世界货币体系由此确立。

1944 年 7 月 1 日，布雷顿森林会议在美国新罕布什尔州的布雷顿森林召开。

1945 年 12 月 27 日，《布雷顿森林协定》正式生效，国际货币基金组织（International Monetary Fund）和国际复兴开发银行（International Bank for Reconstruction and De-velopment，即世界银行）成立。两机构总部均设在华盛顿，关键职务由美国人担任，1/5以上的投票权掌握在美国手中，美国得以通过美元的发行、信用的扩张与收缩以及调控国际金融机构的业务活动来操纵整个资本主义世界的国际金融，把持世界经济的血脉与心脏，为战后美国谋求世界霸权、推行干涉主义外交提供了有力的金融工具。

冷战的铁幕

环顾战后世界，崛起于资本主义世界之外的苏联成了美国霸权道路上最主要的障碍。而苏联与美国在战后世界秩序的安排上也存在着严重的分歧。

苏联计划在东南欧建立一条"安全带"，毗邻苏联的小国如芬兰、波兰、罗马尼亚、保加利亚、匈牙利、捷克斯洛伐克和南斯拉夫等必须是亲苏的，由苏联控制它们的军事计划和外交政策。与此相反，美国和英国希望这些东南欧国家成为亲西方势力，在苏联边界上形成一条反共的"防疫地带"。

针对美国遏制苏联的种种行为，1946年2月9日，斯大林在莫斯科的一次选民大会上发表演说，指出只要资本主义制度存在，战争就不可避免，号召苏联人民做好战争准备。

2月22日，美国驻苏联代办乔治·凯南（George F. Kennan，1904—2005）向国务院发回了一份8000字的电报，对战后苏联及美国对苏政策提出了全面的分析与建议。随后，又署名X在1947年7月的美国《外交》季刊（Foreign Af-fairs）上发表《苏联行为的根源》（The Sources Of SovietConduct）一文，为美国政府制造了一整套遏制苏联的理论与政策。

1946年3月5日，在美国密苏里州富尔顿市（Fulton）的威斯敏斯特学院（Westminster College），英国前首相丘吉尔在杜鲁门总统陪同下发表了题为《和平砥柱》（Sinews ofPeace）的演说，宣称横跨欧洲的"铁幕"已经落下，第一次公开发出了"冷战"（Cold War）的信号。

1946年秋，希腊共产党领导民主军取得节节胜利，由英国扶持的右翼政府在希

杜鲁门总统和丘吉尔到达美国密苏里州富尔顿市，丘吉尔在威斯敏斯特学院发表了"铁幕"演说。世界上许多人（包括斯大林）都反对丘吉尔在演说中提出的建立统一阵线阻止"共产主义的攻击"的呼吁。尽管杜鲁门后来否认他在丘吉尔发表这个有争议的演讲之前知道其内容，但有一些证据表明。在他们一起登上前往密苏里州的列车时，杜鲁门得到了一份演讲的油印件。

腊岌岌可危。英国向希腊派出 4 万军队和倾注 7.6 亿美元军事物资之后，无力继续对抗希腊共产党的强劲攻势；1947 年 2 月 21 日，英国政府通知美国：英军即将撤出希腊，希望美国从 4 月 1 日起接管英国在东地中海承担的抵抗共产主义的义务。

英国的请求正中美国政府的下怀，接管大英帝国的霸权、称雄世界的红地毯铺到了美国人的脚下。1947 年 3 月 12 日，杜鲁门总统行文国会，宣称世界已经分成了"自由世界"和"极权政体"两个敌对的营垒，要求国会立即拨款 4 亿美元援助希腊和土耳其抵抗"共产主义的严重威胁"，进而在该地区建立美国势力的前哨阵地和"抵抗苏联侵略的屏障"。这篇文章后来被称为"杜鲁门主义"（Truman Doctrine）。

东地中海是连接大西洋和印度洋的战略要道，也是扼守欧、亚、非三大洲的海上交通咽喉。过去一直是大英帝国生死攸关的"海上生命线"，如今却拱手让与美国，标志着资本主义世界的霸权已经从大英帝国的手中彻底地移交给了美国。而杜鲁门主义的提出也宣告了美苏战时联盟的正式破裂，反苏反共的"冷战"被公开确立为美国的国策，并且从此支配了美国外交政策近 1/4 个世纪。

随后，美国大规模插手希腊内战，出钱出枪出军官，最终在 1949 年扑灭了希腊人民的革命。与此同时，美国还通过军事援助等手段逐步控制了土耳其，改组了土耳其军队，在土耳其领土上建立了美国的海、空军基地。

但是，与弹丸小国的希腊和土耳其相比，满目疮痍、濒于崩溃的西欧各国则为美国攫取全球霸权提供了更加宽广的战略空间。

美国的欧洲战略

1947 年 6 月 5 日，美国国务卿乔治·马歇尔（GeorgeCatlett Marshall，1880—1959）在哈佛大学的学生毕业典礼上发表演讲，正式提出了为夺取全球战略重点——欧洲——而援助欧洲复兴经济的所谓"马歇尔计划"（MarshallPlan）。

马歇尔计划是杜鲁门主义的自然延伸，既在政治上抑制西欧的共产主义运动、遏制苏联的影响，又能在经济上为美国的过剩资本和生产能力重建海外市场。

嗷嗷待哺的欧洲各国立即对马歇尔演说做出强烈反应。1947 年 7 月 12 日，英、法、奥、比、荷、卢、意、瑞士、瑞典、丹麦、挪威、冰岛、希腊、土耳其、葡萄牙和爱尔兰等 16 国召开了巴黎经济会议，并成立常设联合机构——欧洲经济合作委员会，后改为欧洲经济合作组织。9 月 22 日，上述国家正式联合要求美国在 4 年内提供 224 亿美元援助和贷款的报告。

12 月 9 日，杜鲁门总统提议国会在 1948—1952 年间拨款 170 亿美元支持欧洲复兴计划。1948 年 4 月 3 日，杜鲁门总统签署国会通过的《欧洲复兴法》（European Recovery Act），并设立经济合作署（Economic Cooperation Adminis-tration），负责执行马歇尔计划。

随后到 1952 年 6 月底，美国共拨出 131.5 亿美元，其中英国得到 32 亿美元，

乔治·马歇尔

法国得到 27 亿美元，意大利得到 15 亿美元，西德获得 13.9 亿美元，收获最少的冰岛得到 2900 万美元。

在马歇尔计划的援助下，欧洲度过了战后最困难的时期，经济开始逐步复苏。1948—1952 年间，西欧国民生产总值增长了 25%，工业生产上升了 35%，农业生产也提高了 10%。同时，马歇尔计划还推动了西欧国家的经济联合，为 1950 年代末期建立欧洲经济共同体（European EconomicCommunity）和实现西欧一体化奠定了基础。

同时，马歇尔计划也为美国在经济上控制西欧铺平了道路。通过与受援的西欧国家签订各类协定，逐步消除了西欧的关税壁垒，为美国商品和资本对西欧的输出打开了门户。事实上，战后西欧也成了美国最大的出口市场和海外投资最多的地区。

美国扶持西欧的行动不可避免地引发了与苏联的矛盾。1947 年底，美国不顾苏联等国的抗议，拉拢英、法、荷、比、卢在伦敦召开重建德国会议，商议成立独立的西德政府。1948 年 3 月 20 日，被排斥在外的苏联愤然退出盟国对德管制委员会。从 4 月 1 日起，苏联开始在柏林实行交通限制。6 月 18 日，美国操纵西德实行单独的货币改革，公开分裂德国。6 月 19 日，苏联宣布对西方国家进入柏林的水陆交通

和货运全面封锁，美、英、法与苏联之间的直接军事对峙在柏林地区形成，战后第一次冷战高潮出现。

马歇尔计划规模庞大，其中包括对欧洲的食品援助。图为英格兰的一个家庭得到的美国食品。

　　1948年9月，西德立宪会议在波恩召开。1949年9月20日，经美、英、法三个占领国批准，德国西部建立了德意志联邦共和国。10月7日，在苏占区成立了德意志民主共和国。德国从此分裂为两个独立的国家。

　　在分裂德国的同时，由美国一手策划的筹建"北约"的活动也在紧锣密鼓地进行着。1948年3月5日，英、法、荷、比、卢在比利时召开了布鲁塞尔会议（Brussels Confer-ence），于17日正式缔结了以军事同盟和集体防御为核心的《布鲁塞尔防御条约》（Brussels Defense Pact）。

　　7月6日，美国召集加拿大和布鲁塞尔条约国家在华盛顿开会，商讨缔结集体安全条约，并于9月9日通过了有关成立北大西洋公约组织（North Atlantic Treaty Organiza-tion，简称NATO）的所谓"华盛顿文件"。1949年4月4日，美、英、法、意、荷、比、卢、丹麦、冰岛、挪威、葡萄牙和加拿大等12国外长在华盛顿举行了"北约"签字仪式。

　　9月17日，成立了北约最高权力机构——北大西洋理事会和最高军事权力机构

北大西洋公约签字

——军事委员会，并组织了统一的军事指挥系统，分设欧洲盟军司令部、大西洋盟军司令部、海峡司令部和加拿大——美国地区计划小组，决定由美国人艾森豪威尔将军担任北约盟军最高司令官，由美国总统掌管北约核打击力量的使用权，从而加强了美国对西欧的政治和军事控制，在欧洲大陆上形成了对苏联和东欧的弧形包围圈，初步完成了以欧洲为重点的美国全球战略部署。

美洲和亚洲战略

与摆平欧洲的浩繁费力相比，美国对西半球的摆布显得轻而易举。1948 年 3 月 30 日至 5 月 2 日，美国召集 21 个美洲国家在哥伦比亚举行了波哥大会议（Bogota Conference），讨论将松散的泛美联盟改组为由美国控制的超国家军事机构——美洲国家组织（Organization of American States）。

会议通过了《美洲国家组织宪章》，规定美洲国家会议为最高权力机构，美洲国家理事会为常设执行机构，泛美联盟为处理日常事务的常设秘书处，理事会和秘书处均设在华盛顿，美国提供美洲国家组织 60% 的经费。该宪章于 1951 年 12 月 13 日生效，为美国控制和干涉西半球事务提供了堂而皇之的法律基础。

在亚洲，日本战败投降后，美国政府于1945年9月6日对盟军最高统帅麦克阿瑟将军下达了《日本投降后初期美国对日政策》的文件，明确指出美国要单独占领日本，并且将战败的日本改造为符合美国在亚洲和远东战略需要的附属国。

当年底，在华盛顿设立了盟国远东委员会，美国实际掌握了处理日本事务的决定权和执行权。在审判日本战犯、解散各种军国主义组织、改革日本经济、文化和教育的同时，由美国人代为起草的日本新宪法也在1946年11月3日公布、1947年5月3日正式生效。新宪法规定，日本实行君主立宪制，国会是国家最高权力机关，首相由国会提名，内阁对国会负责，日本不保持陆海空军和其他战争力量。

在日本富士山下，正在练习刺杀动作的美军。

在美国占领当局的主持下，日本社会经历了一系列巨大的民主改革，为战后日本经济的复兴和发展以及资产阶级民主制度的建立打下了基础。

为了扩张美国在亚太区域的势力，1951年8月30日，美国与菲律宾签订了《美菲共同防御条约》（Treaty ofMutual Defense between the United States and the Philip-pines），获得了近40个租借军事基地。9月1日，又与澳大利亚和新西兰签订了《澳新美安全条约》（Tripartite Secu-rity Treaty between the Governments of Australia,

NewZealand and the U. S. A.），在西南太平洋上攫取了一系列的军事通讯基地和"牢靠的战略后方"。

9月8日，又与日本签订了《美日安全条约》（Ameri-can-Japanese Security Treaty），规定美国享有在日本及其周围驻扎陆、海、空军的权利。次年2月28日，又签订了《日美行政协定》（Japan-U. S. Administrative Agreement），规定美国可以在日本各地无限制地设置军事基地，由日本分担驻军费用，驻日美军在基地内外享有治外法权。

1953年10月，美国与韩国缔结了《美韩共同防御条约》（Mutual Defense Treaty between the Republic of Koreaand the United States of America）。

1954年9月8日，美国又联络英、法、澳、新、菲、泰国和巴基斯坦缔结了《东南亚集体防务条约》（SoutheastAsian Collective Defense Treaty）。同年12月2日，又与蒋介石集团签订了《美台共同防御条约》（Mutual DefenseTreawt with Taiwan）。通过这些军事条约，美国形成了对中国的战略包围和对亚洲的军事威慑。

与在亚太周边地区的顺风顺水相反，美国在中国实行的扶蒋反共政策连连受挫，最终以1949年8月5日美国国务院发表的《美国与中国的关系》的白皮书为标志而宣告彻底破产。

朝鲜战争

早在第二次世界大战期间，美国就企图将朝鲜作为对日战争的胜利果实掠夺过来。在1945年的雅尔塔会议上，罗斯福与斯大林达成战后由美、苏、中、英四国托管朝鲜的谅解。1945年8月15日，杜鲁门总统致绝密电给斯大林，提议以北纬38度线为美苏在朝鲜半岛的受降分界线。8月16日，斯大林复信表示同意。随后，"三八线"（38thParallel）便成了美苏两个军事占领区的分界线，朝鲜由此被分割成南北两个部分。

1945年9月8日，美军登陆韩国，开始占领朝鲜南部地区。9月19日，美国在

原日本总督府成立了韩国军政府，由美国军官出任各级官员。10月21日，在美国生活多年的朝鲜末代皇孙——李承晚（Syngman Rbee，1875—1965）乘坐麦克阿瑟派来的专机从美国回到朝鲜，充当美军在韩国的代理人。1946年2月14日，美国在韩国成立了以李承晚为议长的"民主议院"，开始公开分裂朝鲜半岛。

1948年5月10日，美国军政府出动数万名军警，暴力压制朝鲜进步人士的强烈抗议，在韩国强行举行选举，成立由右派组成的国民议会，并于7月公布宪法，将李承晚扶上总统宝座。8月15日，在汉城宣布成立大韩民国（Republic of Korea）。12月12日，美国操纵第三届联合国大会通过决议，承认李承晚政权为全朝鲜"唯一合法政府"，为后来干涉朝鲜战争埋下伏笔。

与此同时，在朝鲜北方，由金日成（1912—1994）领导的朝鲜劳动党和人民军也在政权建设方面取得了进展。1948年8月25日，朝鲜北方在平壤举行了最高人民会议议员选举，9月8日通过了《朝鲜民主主义人民共和国宪法》，并选举产生了中央政府。9月9日，朝鲜民主主义人民共和国（People's Democratic Republic of Korea）宣告成立。

朝鲜革命和中国革命的胜利沉重地打击了美国称霸亚洲的野心，也引起了美国的仇视与不安。1948年8月24日，美国与韩国签订了《美韩暂行军事协定》，向韩国大举提供武器装备，并决定建立由美军顾问控制的韩国陆、海、空军队。1950年1月26日，美韩进一步签订了一个增加美国军事物资供应的防务协定。随着韩国军事力量的急剧扩张，李承晚政府开始叫嚣以实力"北进统一"朝鲜。

1950年6月25日凌晨4时，朝鲜人民军越过三八线，朝鲜内战爆发。当日，在苏联代表缺席的情况下，联合国安理会召开紧急会议，要求朝鲜北方撤退、双方立即停火。

6月26日傍晚，杜鲁门总统命令美国海、空军支援韩国军队，第七舰队（Seventh Fleet）进入台湾海峡"保卫台湾"，同时增加对菲律宾和印度支那的军事援助。当晚，美国操纵安理会通过了要求各成员国援助韩国的联合国决议，为美国武装干涉朝鲜内战制造了法律依据。6月29日，杜鲁门总统授权麦克阿瑟动用麾下的地面部队，并授权海军封锁朝鲜，美国陆海空三军由此全面介入朝鲜战争。

到 6 月 28 日时，朝鲜人民军已经攻占了汉城，并在随后两个月内占领了韩国 90% 的土地和 92% 的人口。美军第 24 步兵师被歼灭，师长威廉·迪安少将（Major General William F. Dean，1899—1981）被俘，美军和韩国军队退缩到朝鲜半岛东南部的釜山滩头（Pusan Beachhead）。

7 月 7 日，联合国安理会通过了由美国起草的决议，要求各成员国派兵组成以美军为首的"联合国军"，并在朝鲜成立统一的司令部，同时授权在朝鲜使用联合国的蓝色旗帜。次日，杜鲁门总统任命麦克阿瑟为"联合国军"总司令，将朝鲜内战扩大为一次大规模的国际战争。

9 月 15 日，麦克阿瑟调集远东美军发动反攻，以 4 万多地面部队、500 多架飞机和 300 多艘军舰，在朝鲜中部西海岸的仁川港（Inchon）展开两栖登陆突袭，横扫朝鲜半岛，截断朝鲜人民军的后方交通。

与此同时，据守在釜山滩头的美、李军队也大举突围反攻，使朝鲜人民军腹背受敌，损失惨重。9 月 30 日，美军攻占汉城。10 月 1 日，美军越过三八线，向北进犯。

10 月 7 日，美国操纵联合国通过英、澳等八国提案，授权麦克阿瑟武力"统一朝鲜"。10 月中旬，美国纠集英国、法国、澳大利亚、土耳其、荷兰、比利时、卢森堡、希腊、南非、泰国、新西兰、哥伦比亚、加拿大和埃塞俄比亚等共 15 个国家组成所谓"联合国军"。在参战军队中，美军占 48%，韩国军队占 43%，其他各国象征性地派遣了总计不到 9% 的军队。10 月 21 日，美军攻占平壤，并继续向鸭绿江和图们江进攻，战火烧到了中国边境。

美国对朝鲜的武装侵略直接威胁到了中国的安全。实际上，朝鲜内战爆发 2 个月之后，从 8 月 27 日起，美国空军便开始不断侵犯中国东北领空，肆意侦察，杀伤平民；在公海上，美国海军动辄炮击和盘查中国商船。中国政府对美国的侵略行径发出了多次警告，表示中国不会袖手旁观。但是，美国对中国的警告置若罔闻。

11 月 24 日，麦克阿瑟悍然发动了"结束朝鲜战争的总攻势"（end-the-war of-

fensive）。11 月 26 日，已在此前应邀秘密渡过鸭绿江的中国人民志愿军发起了公开的反击战役。至 1951 年 5 月 21 日，志愿军共歼敌 19 万多人，将美军从中国边境赶回了三八线一带，从根本上扭转了朝鲜战争的形势，战局在三八线附近僵持下来。

对于美军的失利，麦克阿瑟归罪于杜鲁门总统命令将战争限制在朝鲜境内，极力主张把侵朝战争扩大到中国大陆，甚至不惜发动一场使用原子弹的世界大战。而杜鲁门不想与中国全面作战、消耗人力物力，也不想因为远东的战火引发苏联对西欧的侵袭，以致打乱美国的全球战略。

美军士兵在志愿军的打击下举手投降

1951 年 4 月 5 日，麦克阿瑟致信美国众议院，攻击杜鲁门总统的有限战争政策，再次要求在远东进行一场打败共产主义的全面战争。4 月 11 日，杜鲁门总统在记者招待会上宣布解除麦克阿瑟的各项指挥权，命令美国驻朝鲜第八军司令马修·李奇微（Matthew Bunker Ridgway，1895—1993）将军接任麦克阿瑟的职务。

5 月，美国参谋长联席会议主席布莱德雷驳斥麦克阿瑟说，"红色中国不是一个寻求统治世界的强国"，如果把战火扩大到中国，就会把美国"卷入一场在错误的地点、错误的时间、与错误的敌人进行的错误的战争"。麦克阿瑟的被罢免打击了美国共和党右派的势力，为和平解决朝鲜冲突扫除了一大障碍。

1951 年 6 月 23 日，苏联驻联合国代表提出了和平解决朝鲜问题的建议，朝、中政府表示同意。6 月 30 日，美国接受了苏联的和平倡议，商定于 7 月 10 日在三

麦克阿瑟在爱德华·艾尔蒙德少将的陪同下，与驻汉城美国大使穆西奥讨论军情。

八线附近的开城（Kaesong）举行停战谈判。此后，双方打打停停，经历了2年多的曲折谈判，最后于1953年7月27日在板门店（Panmunjom）签订了关于朝鲜军事停战的协定，结束了朝鲜战争。

麦卡锡主义

伴随着美军在朝鲜的失败、社会主义在东欧和中国的胜利，1950—1954年间美国国内刮起了一股极端疯狂的反共反民主的政治风潮，因为是由国会参议员、共和党人约瑟夫·麦卡锡（Joseph McCarthy，1908—1957）煽动而起，历史上称之为麦卡锡主义（McCarthyism）。

1946年，37岁的麦卡锡当选为威斯康星州参议员，进入美国参议院。在议会发言中，麦卡锡为纳粹战犯辩护，谎话连篇。在美国参议院中，他几乎没有一个朋友，还被华盛顿新闻界的民意测验评选为美国最糟糕的参议员。但是，麦卡锡对自己日渐没落的政治命运并不甘心，一直在寻找着可以进行政治投机的议题。

1950年2月9日，麦卡锡在西弗吉尼亚州惠灵市的"妇女共和党人俱乐部"（Women's Republican Club of Wheeling, West Virginia）发表演说《政府中的共产党人》（Cornmunists in Government Service），声称他掌握了 205 名渗入国务院的共产党人名单；从此展开了对进步人士的诽谤和迫害活动，企图借此崛起为政治明星。

尔后，麦卡锡又在盐湖城和里诺发表相同的演说，宣称他发现了美国政府机构中有 57 名"持有党证的"共产党人。麦卡锡的名字因而上了美国各家报纸的头条，风云一时。

1950 年 2 月 20 日，麦卡锡又在参议院发表演说，宣称他已穿过"杜鲁门的保密铁幕"，得到 81 名政府里共产党人的档案资料。实际上，他说不出任何具体的人名，也提不出什么具体的证据。

美国新闻界一面认为他是一个"绝望的饶舌者"，他对共产党人的追捕是"忠诚审查事务中的一出可悲的滑稽剧"；另一方面却又乐此不疲地刊载他所说的话，他那些耸人听闻的断言经常得到最大字号标题的待遇。

1950 年下半年里，麦卡锡周游全美 15 个州，发表了 30 次反共演说，攻击罗斯福政府和杜鲁门政府是"贩卖的 20 年"，执行了有利于共产主义的外交政策。

其实，麦卡锡主义的兴起与猖獗，正是借道杜鲁门政府和艾森豪威尔政府的冷

战政策、反共狂热和所谓的"忠诚调查"与"安全计划",为美国社会带来了严重的恶果,致使恐慌的气氛支配了华盛顿和整个美国。最先使用"麦卡锡主义"这一个新词的美国漫画家霍布·布洛克回忆说:"空气中充满了恐惧,只需一个小火花就能点燃它。而这个火花就是麦卡锡。"

麦卡锡的倒行逆施将美国带进了所谓的"麦卡锡时代",人们相互猜忌,闻"共产主义"而色变,政府和军队里的民主进步人士纷纷受到迫害和清洗,甚至连家属和亲人也受到株连,政治上一派压抑,人心惶惶。

到艾森豪威尔执政初期,麦卡锡主义达到顶峰。1953 年间,麦卡锡发起了 445 件初步质询和 157 次调查。"美国之音"主管官员以及约 30 位雇员被迫辞职,一位雇员自杀身亡。同时,麦卡锡还将攻击的矛头扩大到了美国宗教界,搅得朝野上下不得安宁。

1954 年 4 月,麦卡锡的两位助手对西欧各国进行了 18 天的旋风式调查,宣称美国设在西欧的海外图书馆有 3 万多种共产党人著作,引发国务院和美国许多地方开始大量焚烧书籍事件。

随着麦卡锡及其追随者对政府、军队和外交事务不断升级的粗暴干涉,共和党政府对其淫威渐渐难以容忍。1954 年 2 月,麦卡锡扩大对美国陆军的调查,在听证会上公然辱骂拉尔夫·兹维克(Ralph w. Zwicker)准将,并制造陆军部长向其屈服的假象,引发美国军队的愤怒和波动。

4 月 22 日至 6 月 17 日,在"陆军–麦卡锡听证会"上,面对 2000 万电视观众,麦卡锡信口雌黄、肆意诬陷的政治行径遭到了陆军特别顾问约瑟夫·韦尔奇(Joseph Welch)的公开揭露和痛斥,麦卡锡从此一蹶不振,麦卡锡主义也走向了衰落。12 月 2 日,美国参议院通过了谴责麦卡锡的决议,对其政治言行做出了结论性的批驳。

1957 年 5 月 2 日,48 岁的麦卡锡由于剧烈的酒精中毒去世。

主席，我有一份名单……

新边疆

1960 年 11 月初，43 岁的马萨诸塞州参议员、民主党人约翰·F·肯尼迪（John Fitzgerald Kennedy，1917—1963）当选为美国第 35 任总统，成为美国历史上最年轻的当选总统和第一位信仰天主教的美国总统。

当年 7 月 15 日，在洛杉矶纪念剧场（Memorial Colise-um，Los Angeles）民主党全国代表大会上，肯尼迪在其接受总统提名的演说中提出了"新边疆"（New Frontier）的纲领性口号，主张将"新政"以来的社会改革推向新的高潮。

肯尼迪号召美国人民面对"未知的科学与空间领域、未解决的和平与战争问题、未征服的无知与偏见、尚无答案的贫困与生产过剩问题"等所谓"新边疆"的挑战，付出更多的努力。"不要问你的国家能为你做些什么，问问你自己能为你的国家做些什么"。

1961 年 1 月 20 日，肯尼迪就任美国总统后，组建了一个以大公司利益为核心、

约翰·F·肯尼迪（1917—1963）。美国第35任总统（1961—1963），肯尼迪生于马萨诸塞州。作为美国历史上最年轻的总统，肯尼迪自幼受到良好的教育，读了哈佛大学和斯坦福大学，1940年毕业。第二次世界大战中肯尼迪加入美国海军，在对日作战中负伤。战后，肯尼迪29岁即当选为议员，后三次连任—1960年肯尼迪参加总统竞选。他提出"新边疆"的竞选口号，倡导在科学技术、经济发展、战争与和平等各个领域开拓新天地。1961年，肯尼迪在选民投票过程中以极小的差距赢得总统的位置，击败了共和党人尼克松，成为美国历史上最年轻的总统，也是第一个罗马天主教总统。肯尼迪在就职演说中说："不要问你的国家能为你做什么？而要问你能为你的国家做什么。"1963年，肯尼迪遇刺身亡。

兼顾其他利益集团的内阁和一个由多年幕僚及学术界人士构成的白宫班子，新闻界评价肯尼迪政府"像是一个年轻30岁的艾森豪威尔政府"。

但是，与其年轻活跃的行政班底相反，1960年选出的美国第87届国会据说是自第83届国会以来最保守的一届，以致肯尼迪的"新边疆"创新在国内立法上举步维艰。国会在医疗照顾、援助公立学校、设立城市事务部、青年自然保护队、保护野生环境、农场法和加速公共工程等立法方面挫败了肯尼迪。不过，肯尼迪仍然推动国会通过了有关增加失业赔偿、提高最低工资、改善城市环境、减税和民权等重要法案，对美国的新政式国家垄断资本主义道路做出了重要的政策创新和补充。

肯尼迪执政初期，美国经济仍然处于战后第四次经济危机之中。在应对经济衰退方面，肯尼迪的"新边疆经济学"依然走在凯恩斯主义的老路上，通过大量减税和赤字财政刺激经济，以工资-物价指标抑制通货膨胀，再度加强了国家对经济生活的干预。

1961年2月2日，肯尼迪总统向国会提交了经济复兴与增长计划，建议增加失业津贴、扩大救济金的发放范围、增加社会保险金和鼓励提前退休、提高最低工资标准并扩大实施范围、对谷农提供紧急救济、资助全面的房屋建筑和贫民窟清除计划。经国会修正，到当年6月底，肯尼迪的上述提案基本上都获得了通过。在肯尼迪政府的扩张性财政政策和货币政策的刺激下，美国经济缓慢回升，工业生产增长，失业率下降，到1962年7月底，经济衰退的威胁逐渐解除。

在1960年代的美国，黑人民权运动如火如荼，肯尼迪总统给予了积极的支持，向国会提出了战后以来范围最广泛、内容最自由主义的民权立法建议案，虽然直到他遇刺前仍未获得通过，但是却为1964年的《民权法》奠定了基础。

1961年4月12日，苏联宇航员加加林（Yuri Aleksee-vich Gagarin，1934—1968）少校率先实现了人类历史上首次太空飞行，给美国造成了在太空领域竞争中落后于人的政治压力。4月17日，肯尼迪政府在武装干涉古巴革命的"猪湾入侵"（Bay of Pigs Invasion）中遭到惨败。为转移国内外舆论的压力，肯尼迪政府匆忙推出赶超苏联的太空计划，于5月5日发射水星3号卫星，将美国宇航员艾伦·谢泼德（Alan B. Shepard，1923—1998）中校送入太空。5月25日，肯尼迪总统又宣布了后来闻名于世的"阿波罗登月计划"（Apollo Moon-landing Project），国会随即做出了拨款200亿美元的决定。

同年10月27日，土星1号火箭试射成功，美国火箭技术开始超过苏联。1962年2月20日，水星6号将小约翰·格林（John H. Glenn, Jr, 1921—2016）中校送

人类在月球上留下的第一个脚印的特写

入太空，绕地球飞行 3 周后顺利返回地球。1963 年 5 月 15 日，美国宇航员戈登·库帕（Leroy GordonCooper, Jr. 1927—2004）成功地绕地球飞行了 22 周。1965—1966 年间，美国双子星座计划又成功地进行了 22 次太空载人飞行。通过上述飞行试验，美国逐步解决了宇航员在太空中长期飞行、进出太空舱和两个航天器在太空中会合与对接等尖端技术问题，为阿波罗登月计划奠定了坚实的基础。

1965 年 4 月，运载阿波罗飞船的土星 5 号火箭研制成功。1967 年起，土星 5 号火箭先后将阿波罗 4 号、8 号、9 号和 10 号飞船送入太空。1969 年 7 月 16 日，土星 5 号将阿波罗 11 号飞船送入太空，人类开始了首次征服月球的太空飞行。7 月 20 日下午 4 时 49 分，离开飞船的"鹰号"登陆舱在月球表面成功着陆。晚上 10 时 56 分，美国宇航员尼尔·阿姆斯特朗（Neil A. Armstrong, 1930—2012）迈出登陆舱，在月球上踏出人类的第一个脚印，并且意味深长地说道："个人的这一小步，却是整个人类的巨大飞跃（That's one small step for man; onegiant leap for mankind）"。

阿波罗计划的成功实施极大地推动了美国对科学技术的投资和管理，进一步促

1969 年 7 月 20 日，美国宇航员尼尔·阿姆斯特朗和巴兹·奥尔德林（Buzz Aldrin）在月球表面着陆。他们成为最早登上月球的人。奥尔德林摆好姿势在美国国旗旁拍下了这张照片。左边是登月舱。可以清晰地看到月球表面面粉似的土壤上现在已有数不清的脚印。

进了美国国家垄断资本主义的发展。1960 年代，先后有近万家美国企业、120 多所高等院校和 42 万多人参与了耗资 400 亿美元的空间计划。由空间技术带动产生的电子计算机、遥感技术、卫星通信和生命科学等许多方面的高新技术有力地促进了美国的经济发展。1960—1965 年间美国劳动生产率增速高达 21.2%，对随后出现的美国经济高度繁荣发挥了非常重要的作用。同时，由于宇航业集中在南部和西南部地区，直接刺激了当地经济，促进了美国阳光带和南部权势集团的兴起。

伟大社会

1963 年 11 月 22 日，肯尼迪总统在得克萨斯州达拉斯市遇刺身亡，举国震惊。当日下午 2 时 30 分，副总统林登·B·约翰逊（Lyndon Baines Johnson，1908—1973）在空军 1 号座机上宣誓继任美国总统。约翰逊总统留用了肯尼迪政府的主要成员，继续推进肯尼迪政府的各项内外政策，展开了大规模的自由主义社会经济改革。

11 月 25 日，在白宫经济会议上，约翰逊总统决定大幅度削减财政预算，将联邦年度预算赤字减少了一半。他还下令关闭白宫多余的电灯、削减政府用车，带领政府厉行节俭，结果赢得了参议院财政委员会的支持和美国企业界的赞赏。1964 年 2 月 26 日，国会批准了肯尼迪留下的《减税法案》（Tax Reduction Act）；通过经济繁荣时减税使赤字财政长期化，进一步发展了凯恩斯主义的赤字财政政策和新政式干预经济的做法。

在《减税法案》的刺激下，私人投资和居民购买力持续高涨，使美国经济继续高速增长，而民主党政府也赢得了更加广泛的民众支持，为 1964 年大选的胜利打下了基础。

1964 年 1 月 8 日，约翰逊总统又向国会提交了"向贫困宣战"（War on Poverty）、以实现充分就业为目标的《经济机会法案》。8 月 30 日，国会批准了《经济机会法》（Economic Opportunity Act），对贫困家庭的儿童和青少年提供教育资助，对辍学失业的青年提供职业培训和基本技能训练，资助和组织穷人最大限度地参与当地社区的各项活动，并设立了被约翰逊称为"向贫困宣战的全国司令部"的经济机会局（Office of Economic Opportunity）。

为了将日愈高涨的民权运动纳入政府控制的轨道，约翰逊在肯尼迪未竟的民权立法上付出了巨大的努力。1964 年 6 月 11 日，比肯尼迪原法案更加进步的《民权法案》（Civil Rights Acts）在参议院获得通过。7 月 2 日，约翰逊总统签署了该民权法：禁止在公共场合实行种族隔离，设立公平就业委员会，禁止在就业上种族歧视，禁止在联邦选举中运用不公平的选民登记程序和文化测试，在法律上结束了美国南部的种族隔离制度。

1964年美国工业生产指数较1961年增长了20%，经济繁荣，物价稳定，约翰逊总统在改善民权和反贫困上的政绩赢得普遍的赞誉，民主党在当年的总统大选和国会选举中同时取得了压倒性的胜利。

1965年1月，约翰逊总统在当年的《国情咨文》（State of the ünion）中正式提出了建设"伟大社会"（Great Society）的施政纲领。随后，他又向国会提出了有关教育、医疗、环境保护、住房、反贫困和民权等方面的83个特别立法建议，将1960年代的自由主义改革举措推向高潮。

1964年7月2日，林登·约翰逊总统签署《民权法案》。

根据约翰逊总统的反贫困计划，联邦政府大规模介入劳动力再生产领域，用于扩大就业和职业培训方面的联邦开支从1964年的4.5亿美元逐年增长到1970年的26亿美元。社区行动计划也得到了扩大，1965—1971年间联邦政府在贫困地区聘请了1200名律师，为100万穷人提供了法律援助。1965年，国会又通过了改善贫困地区状况的立法，拨出40多亿美元援助贫困地区的开发与发展，有力地加强了联邦政府对地方经济的协调和促进作用。

在继续推进民权立法方面，约翰逊总统采取了迅速有力的行动，说服参议院再次挫败南部的阻挠通过了《1965年选举权法》，使得南部参加登记和选举的黑人超过内战结束以来的任何时期。1968年10月，约翰逊总统又推动国会批准了《1968年民权法》，又称《开放住房法》；禁止在出售和出租公私住房时进行种族歧视，该法是内战后第一个触及美国北部种族歧视的法案。约翰逊时期通过的3个民权法案缓和了美国的种族矛盾，为1970年代北部资本的大举南下和南部阳光地带的兴起扫清了障碍。

而1965年通过的《中、小学教育法》则是美国历史上第一个向中、小学提供普遍的联邦援助的立法，对贫困生和残疾学童帮助极大。同样，《1965年高等教育法》也是美国历史上第一个向贫困大学生提供联邦奖学金和低息贷款的立法，100万美国贫困大学生因此得以继续和完成学业。约翰逊总统带领联邦政府对美国的现代化劳动力再生产事业承担起了更多的责任；其任内通过的教育法案达60多项，改善了穷人和黑人的教育状况，总体上促进了美国的教育事业、提高了美国的人力资源水平。

此外，约翰逊总统还推动国会批准了《医疗照顾法》《医疗援助法》等40多个医疗法案，数量之多冠绝一时，使绝大多数美国贫困家庭和贫困老人得到了必要的联邦医疗援助。鉴于其非凡的成绩，约翰逊总统得意地自诩为"教育总统"和"医疗总统"。

1965年，国会还通过了《住宅和城市发展法》 （Hous-ing and Urban Development Act），设立了住宅和城市发展部，并任命了美国历史上第一位黑人阁员——罗伯特·韦佛（Robert Weaver）为该部部长。1966年，国会又通过了《示范城市和都市再发展法》《都市交通法》，并设立了交通部。1968年通过了《住宅建设和城市发展法》。

上述城市立法对改变城市贫民窟、满足城市中低收入家庭的住房需要和刺激城市住宅建设发挥了重要的作用。在环境保护方面，约翰逊任内通过了控制水污染、

1963 年 12 月 3 日，民权运动领袖马丁一路德·金与林登·约翰逊总统在白宫椭圆形办公室会面。

制订空气质量标准、垃圾处理和美化环境等方面的一系列立法。

1966 年中期选举之后，美国保守势力重新抬头，"伟大社会"的立法活动开始由盛而衰，1967 年以后逐渐结束，新政式自由主义改革运动告一段落。

越南战争

第二次世界大战之后，美国的东南亚政策主要是秉承艾森豪威尔的所谓"多米诺骨牌理论"（Domino TheoryPrinciple），扮演资本主义世界反共中坚的角色，极力阻挡共产主义势力在东南亚的扩张，致使美国逐步卷入了越南内战的泥潭。

越南曾经是法国的殖民地，第二次世界大战期间又遭到日本的侵占。1945 年 8 月 15 日，日本宣布无条件投降后，胡志明（1890—1969）领导的印度支那共产党发动"越南八月革命"，9 月 2 日在河内宣告越南独立、越南民主共和国成立。但是，越南南方仍然控制在法国殖民者及其扶持的越南末代皇帝保大手中。1945—1954 年间，胡志明领导越南人民军进行了 9 年的抗法救国战争，在战场上逐步取得

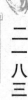

巨大的战略优势，法军节节败退，处于被动挨打的境地。

1954 年 5 月 8 日至 7 月 21 日，中国、苏联、美国、英国、法国以及越南民主共和国、南越、柬埔寨和老挝国在瑞士召开日内瓦会议，讨论恢复印度支那和平问题。会议达成一项政治解决方案：以北纬 17 度线为界，越南划分为南北两个"集结地区"；越南人民军集结于该线以北，法国军队集结于该线以南。但这只是一条临时军事分界线，并非国际边界。

为了阻止共产主义势力统一整个越南，美国决心接替法国，在越南南方建立一个分立的反共国家。1954 年 9 月 6 日至 8 日，美国、英国、法国、澳大利亚、新西兰、菲律宾、泰国、巴基斯坦在马尼拉开会，签署了《东南亚集体防务条约》及议定书，将南越、老挝和柬埔寨指定为条约保护国，为美国军事干涉越南制造了法律托词。1955 年 10 月 26 日，美国支持"越南国"总理吴庭艳（1901—1963）废黜元首保大，成立了"越南共和国"，吴庭艳自任总统、总理和国防部长。

执掌越南北方的印度支那共产党于 1951 年 2 月改称越南劳动党。1960 年 12 月 20 日，按照劳动党的决议，南方革命者在越南东南部的森林中成立了"越南南方民族解放阵线"（简称"民解"）。对于外界，"民解"是一个与北越毫不相干的独立组织；但实际上却是由劳动党南方局领导的，物质上也通过"胡志明小道"源源不断地得到北越的供应。"民解"的军事力量包括民兵、地方游击队和野战军，统称为"越南南方解放武装力量"。

"民解"成立后，在越南南方动员农民、开展土地改革和全民游击战争，建立革命根据地，解放区迅猛发展，逐步控制了南方广大的农村地区，迫使南越的吴庭艳政权龟缩在中心城镇，摇摇欲坠。形势所迫，肯尼迪政府忧心忡忡，唯恐丢失越南将引起像"丢失中国"一样严重的政治后果，决定向南越增加军事援助和顾问，展开所谓的"有限卷入"。

美国驻西贡军事援助和顾问小组随即升级为军事援助司令部，军事援助在一年内翻了一番，军事顾问从 1960 年底的 773 人增加到 1961 年底的 3205 人、1962 年底的 9000 人和 1963 年底的 1.65 万人。美军顾问和美国空军也开始越来越多地直接卷入作战行动，从而将越南的战争逐渐变成了美国的战争。

1963 年 11 月肯尼迪遇刺身亡后，约翰逊继任美国总统，首次听取世界形势介绍所得到的印象是，天下大致无事，唯独南越"真正令人担忧"。约翰逊笃信多米诺骨牌理论，他表达自己的对越政策说："我关于历史所知的一切都告诉：如果我退出越南，让胡志明穿过西贡大街，那么我就是做了张伯伦在第二次世界大战中所做的事情……一旦我们表现出软弱，莫斯科和北京就将火速前来利用我们的软弱。"而约翰逊绝不想丢失南越，不想成为丢失东南亚的美国总统。然而，南越的军事形势却仍在不断地恶化。为了"拯救"南越，美国开始酝酿轰炸越南北方。

1964 年 7 月 30 日夜间，南越政府军炮击北越控制的纽岛和湄岛。8 月 2 日下午，美国驱逐舰"马多克斯号"与北越的鱼雷艇交火。8 月 4 日夜，"马多克斯号"在东京湾水域再次与北越舰艇交火，发生了所谓"东京湾事件"（Tonkin Gulf Incident）。8 月 7 日，约翰逊总统敦促国会通过了授权总统使用武力、扩大侵越战争的所谓"东京湾决议"（Tonkin Gulf Resolution），越南内战公开升级为美国直接进行的战争。

1965 年 2 月起，美军开始对北越进行大规模的持续的空中轰炸。3 月，美军地面部队开始正式卷入越战。4 月，增派 4 万美军赴越。5 月，国会拨款 4 亿美元支持越战。然而，越南的军事形势并没有因为美军的大规模卷入而有所好转。7 月，约翰逊总统决定使用 B-52 轰炸机对南越"民解"进行饱和轰炸，同时立即增派 5 万美军赴越，年底前再增加 5 万美军。到 1967 年底，侵越美军已接近 50 万人，大规模的空袭摧毁了北越的工业体系、运输网和南越近一半的森林资源，但是美军全面胜利的希望却渺无踪影。

1967 年的美国政府深陷于越战泥沼，进退两难，众叛亲离。国内的反战声浪日高一日。1968 年 1 月底，南越"民解"发起强大的春节攻势，使侵越美军和南越政府遭到沉重打击。3 月初，美国政府通知南越阮文绍政权：美国的援助将局限于南越独立作战的能力；这标志着 1965 年以来的"战争美国化"开始转向"战争越南化"。

在越南南方茂密的丛林中，士兵们抬着负伤的同伴在沼泽地中跋涉。

1968 年 3 月中旬，美国国会要求政府重新审查越南政策。美国舆论界普遍认为，越战是一场打不赢的战争。3 月 31 日，约翰逊总统在多方面压力下做出决定，宣布限制对北越的轰炸，谋求和谈。

5 月 13 日，美国与北越在巴黎开始和谈。但是，美国拒绝无条件停止轰炸，致使和谈陷入僵局。11 月中旬，美国、南越、北越和越南南方民族解放阵线四方重开巴黎和谈，但是，在约翰逊总统任内一直未能取得实质性进展。

1968 年，理查德·尼克松当选为美国总统。在随后的 1971 年和 1972 年间，尼克松总统继续玩弄软硬兼施、出尔反尔、阳奉阴违的两手政策：为了应付国内的反战压力表面上不断撤军，实际上却不断地以空袭等手段升级战争。然而，尼克松"以打求和"的战略终归是一厢情愿，未能产生预想的效果，他本人也被指责为"疯子"，国内民意测验显示其公众支持率跌至 39%。

1973 年 1 月 8 日，尼克松政府不得不回到谈判桌上来。1 月 27 日，美国与越南各方达成《关于在越南结束战争、恢复和平的协定》（简称《巴黎协定》），规定

1967 年 10 月的"向五角大楼进军"有 5 万多名示威者参加，标志着美国国内大规模反战示威的开始。标语牌上写的是"撤出越南"。

在《巴黎协定》签署后，美军被俘的飞行员在采机离开河内时，振臂欢呼。

美军在停火后 60 天内全部撤出越南，北越释放美国战俘，越南问题留给越南各方自行协商解决。《巴黎协定》的签署标志着长达 12 年的越南战争初步结束。

动荡又滞胀的美国

1968 年总统大选之前，约翰逊政府已深陷越南战争的泥潭而难以自拔，士气低落，民心厌战。国内经济增长放缓，通货膨胀日趋严重，城市动乱此起彼伏，群众抗议浪潮已成雷霆万钧之势。约翰逊总统四面楚歌，成了"白宫的囚徒"，不敢轻易出巡，因为在遭遇示威游行时特工人员难以保证他的安全。

当年 4 月 4 日，民权运动领袖马丁·路德·金（MartinLuther King Jr.，1929—1968）博士遇刺身亡，全美 100 多个大城市发生了黑人暴动。6 月 5 日，民主党参议员罗伯特·肯尼迪（Robert F. Kennedy，1925—1968）被暗杀。8 月，民主党代表大会在芝加哥召开，警察对反战示威群众大打出手，爆发震惊全国的暴力事件。

11 月 5 日，理查德·尼克松（Richard M. Nixon，1913—1974）以 1916 年以来历次大选中最少的选举人票当选为美国第 37 任总统，而国会依然控制在民主党手中。

自 1930 年代罗斯福新政以来，美国政府大规模地干预经济生活，使美国经济长期保持增长趋势。但是，政府干预经济的不断加强，特别是 1960 年代的常规性赤字财政政策和膨胀性货币政策，却在 1960 年代中期以后造成了经济停滞与通货膨胀同时迸发的经济困境。加之应付第二次世界大战、美苏冷战的需要和推行"福利国家"政策的影响，长期以来联邦政府和总统个人的权力急剧扩大，引起三权分立制衡机制的失调。宪法危机一触即发。

首先来看当年美国经济停滞的形成。第二次世界大战之后，美国政府划出了巨额的援外开支，与此同时，美国跨国公司的全球扩张也进入了新的高潮，美国资本大量外流，而高工资和高福利又进一步推升了美国企业的生产成本，使得美国企业的工业设备投资明显放慢。

相反，西欧和日本的经济却在 1950—1960 年代获得迅速的恢复和高速的发展。比较之下，美国企业在国内外市场的竞争力日渐衰弱。1965 年起，美国对日本的贸易首次出现逆差。1966 年，美国对西德的贸易也出现了逆差。1968 年美国对加拿大的贸易同样出现逆差。到 1971 年时，美国的对外贸易终于出现了整体逆差，来自国际市场的经济推力停顿下来。

1965 年以后的美国劳动生产率也出现了下降趋势。基本上完成了纵向兼并的美国大公司通过垄断价格而保持着高额的利润，不再急于更新生产设备和提高劳动生产率。以至于 1966—1970 年间美国固定资本更新的年平均增长率下降到 5.9%，不仅低于 1961—1966 年间的 12.17%，而且低于 1947—1966 年间的年平均增长率 6.94%。1966—1970 年间的美国人均小时产值指数也仅提高了 7.7%，成为第二次世界大战以后美国劳动生产率增长最慢的 5 年。另外，1966—1977 年间美国的科研经费和发展经费也出现了逐渐下降。这些因素都产生了釜底抽薪的效果，削弱了美国经济的增长动力。

最后，1971 年开始，石油输出国组织提高了石油价格。1973 年中东战争爆发后，石油输出国组织又对美国等支持以色列的西方国家禁运石油，触发了能源危机和世界性的石油价格暴涨。石油价格的飙升急剧拉高了美国企业的生产成本，令美国公司的利润率猛烈下跌。利润的下跌使得企业不愿意扩大生产和增加投资，致使美国的投资率在同期远低于日本、西德和英国。这样，美国经济在 1960 年代末期便进入了一个长期停滞的阶段。

下面再来看美国当年通货膨胀的情况。战后以来，为了应付庞大的财政赤字，美国政府不断增加公债的发行数量。1960—1965 年间政府公债的年增长率为 11%，1965—1970 年间升至 18%，1970—1975 年间更猛增到 42%。政府向银行出售公债，或抵押公债向银行借款，而银行则将购买公债款或政府借款作为存款列入政府往来账户，供财政部随时支取。银行因为增加了这笔虚假存款得以扩大其对外放款，放出的款项又回过头来派生出新的存款，新存款又生出新的放款，如此连锁反应便导致了最重要的现代货币供应手段——活期存款的急剧扩大，以致通货膨胀不断恶化。

同时，配合联邦政府的赤字开支，美国联邦储备银行也采取了廉价货币政策，不断增发货币和实行信用扩张，进一步加大了美国的货币供应量。1967—1968 年间美国货币发行增长率高达 7.6%。而且，美国联邦储备银行还多次降低贴现率和商业银行活期存款准备金比率，为银行信贷的大规模扩张创造条件，并通过公开市场活动购进政府证券，使商业银行增加现金存量、扩大放款能力。

此外，在消费信贷刺激下不断恶性发展的美国私人债务也构成了推波助澜的因素。1946 年时，美国以分期付款为主的消费信贷为 84 亿美元，而 1969 年时已增至 1225 亿美元。美国公司的净债务也在 1960—1969 年间猛增了 142%，从 3028 亿美元增至 7342 亿美元。

上述种种因素交相作用，终于使通货膨胀在 1960 年代后期成为困扰美国经济的恶魔，美国经济学家称其为"奔驰性通货膨胀"。

美国的政治地平线在 1960 年代末期也出现了重大的变动。一位年轻的国会议员助手凯文·菲利普斯（Kevin P. Phillips）在其 1969 年出版的著作《崛起的共和党多数》（The Emerging Republican Majority）中指出：美国人从东北部和中西部向"阳光地带"的大迁移以及新兴的中产阶级从城市向郊区的大迁移，将使自大萧条以来形成的民主党多数转变为新的共和党多数。

越战泥坑和国内动乱也使美国民众加剧了对民主党政府的不信任情绪。包括部分蓝领工人、南部白人、中下层中产阶级、中西部和西部的共和党选民等所谓"沉默的多数"（Silent Majority）正在悄然成为左右美国政局的主体力量。

尼克松经济学

针对迫在眉睫的经济滞胀困境，尼克松的经济顾问委员会主席保罗·麦克拉肯（Paul McCracken）认为："伟大社会"的巨额开支是造成通货膨胀的原因，经济顾问阿瑟·伯恩斯（Arthur Burns，1904—1987）教授也建议尼克松大规模地削减开支。芝加哥学派的货币主义权威米尔顿·弗里德曼（Milton Friedman，1912—2006）则确信：只要停止货币供应量的增长并提高利率，半年之内便可以制止通货膨胀。

1963 年 8 月 28 日，马丁·路德·金正在林肯纪念堂的台阶上发表他的著名演讲"我有一个梦想"。这个演讲激起了全国的民权运动并推动了《1964 年民权法》《1965 年选举权法》和《1968 年开放住房法》的通过。

于是，1969 年 4 月 14 日，尼克松总统提出了"姑且一试"计划，采用传统经济学与货币主义相结合的财政与货币紧缩政策。为此，尼克松削减了联邦预算，停止实行投资税优惠，财政部和美国联邦储备银行密切配合，紧缩货币，提高利率。

不料，"姑且一试"不但没有制住通货膨胀，反而引发了战后美国的第 5 次经济危机。1969 年 11 月至 1970 年 11 月之间，美国国民生产总值下降 1.1%，失业率上升到 6%，失业人数高达 503 万，消费物价不仅不降反而升高了 6.6%。雪上加霜，经济衰退与通货膨胀双管齐下，使美国经济陷入了滞胀的困境。

1970 年夏天，佩恩中央铁路公司（PennCentral TransportationCo.）破产，造成美国历史上最大的公司倒闭事件。几个月后，洛克希德飞机公司（Lock-heed Martin Corpora-tion）也因无力偿债而险遭破产。经济形势的恶化使企业界对尼克松政府日愈不满。1970 年中期选举时，共和党在国会和州长选举中连连失利。

在经济与政治的双重压力之下，尼克松放弃"姑且一试"，掉头回归凯恩斯主义的赤字财政政策。1971 年 1 月 4 日，尼克松在电视演说中宣布，他要用赤字财政

理查德·米尔豪斯·尼克松（1913—1994）。美国第 37 任总统（1969—1974）。尼克松生于加利福尼亚州。1968 年参加总统竞选获胜。1972 年谋求连任成功。执政后，尼克松对内的目标是抑制通货膨胀，重振美国经济。对外，提出尼克松主义，与中国直接接触，于 1972 年实现访华，开打了两国关系的大门。1973 年，结束了越南战争。同年，苏联领导人回访美国，双方宣告冷战结束。1974 年 8 月，尼克松因"水门事件"辞职，成为美国有史以来第一个自动辞职的总统。尼克松下台后，回到故里开始写回忆录。81 岁时，尼克松因中风去世。

来实现充分就业。随后，尼克松政府开始大行赤字预算，1972 年大选年来临时联邦开支增长了 10.7%。同时，1972 年的货币供应量也增长了 9%。

然而，赤字开支和增发货币在刺激经济出现好转的同时，也在 1971 年 5 月和 7 月接连引爆了两次"美元危机"，迫使美国政府于 1971 年 12 月和 1973 年 2 月两次宣布美元贬值，导致战后形成的以美元为中心的西方货币体系的解体。而 1971 年 8 月 15 日，尼克松政府采取的冻结工资、物价、房租和红利 90 天的新经济政策则严重损害了美国有组织工人的利益。

1972 年，美国经济在尼克松的猛药之下出现暂时好转，使他感到赤字开支和管制工资与物价已无必要，转而又回到了传统的共和党经济老路上来。1973 年初，尼克松压缩了联邦赤字开支，撤销了"伟大社会"的 112 项计划，放松了对工资和物价的管制。

结果，通货膨胀在第三季度重新上升到 7.5%，加之 1973 年 10 月间的中东战争引发石油价格暴涨，到 1974 年 4 月，美国的通货膨胀突破两位数升至 12.2%，6 月间美国的工业生产也开始下降，战后美国最严重的第 6 次经济危机到来，尼克松执政 5 年来的经济政策以失败而告终。

尼克松主义

1968 年时，美国干涉越南的部队多达 54 万人，驻扎在欧亚大陆及其邻近岛屿的美军达 100 多万，活动在远离本土的军舰上的美军有 30 万人，维持着海外军事基地 2000 多个，为 40 多个国家和地区承担正式的保护义务。与此同时，在经济和军事上，美国与其对手和盟友的力量对比却在相对下降。

战后美国历届政府所推行的全球扩张战略终于走到了力不从心的地步，美国充当世界警察到处侵略干涉的对外政策逐渐丧失国内的支持。面对新的国内国际环境，尼克松对战后美国的对外政策做出了重大的战略调整。

1969 年 7 月 25 日，尼克松在关岛对记者发表非正式谈话，提出了后来被称为"尼克松主义"（Nixon Doctrine）的"关岛主义"（Cuan Doctrine），表明了美国将实行战略收缩的意图。随后，在其 1969 年 11 月 3 日的演说和 1970 年的对外政策报告中，尼克松进一步提出了以"伙伴关系、实力和谈判"为三大支柱的新和平战略，有限地收缩美国力量，寻求有利于美国的国际均势，在政治、经济和军事等各方面全面调整与盟友、苏联和中国的关系。

沿着这条思路，尼克松修改了美国的安全战略理论。在战略核力量方面，以"充足的军事力量"代替明显的核优势；在常规力量方面，以"一个半战争"战略代替"二个半战争"战略；在"自由世界防务"上与当事国和盟国分摊负担、分担责任。1968 年时美军现役人员共 354.7 万，到尼克松下台前已减少到 216.1 万人。军费开支有了大幅度减少，海外驻军也恢复了"欧洲第一"的方针。

在 1971 年的一系列对外政策报告中，尼克松对世界形势和美国外交提出了新的设想。7 月 6 日，他在堪萨斯城声称 10—15 年之后美国、苏联、西欧、日本和中国将成为世界五大经济权力中心。根据新的外交均势理论，尼克松政府改变了长久以来孤立中国的政策。

1971 年 4 月 6 日，美国乒乓球队应邀访华，"小球转动大球"，中美关系开始解冻。同年 7 月 9 日，尼克松总统国家安全事务助理亨利·基辛格（Henry Alfred Kissinger，1923—）博士秘密访华，会晤中国总理周恩来，7 月 15 日中美两国同时发表公告，宣布尼克松总统将于来年访问中国。

1971 年 10 月 25 日，联合国代表大会以压倒多数通过决议，恢复中华人民共和国在联合国的一切合法权利，同时驱逐了国民党政府的台湾代表。1972 年 2 月 21—28 日，尼克松访问中国，中美两国联合发表《上海公报》，标志着中断 20 多年的中美交往初步恢复，中美关系的历史揭开了新的一页。

中美关系的改善也刺激了美苏关系的"缓和"。1971 年 4 月，苏共中央总书记勃列日涅夫（Leonid Brezhnev，1906—1982）在苏共第 24 次代表大会上正式提出了以"缓和"为核心的六点和平纲领。当年 9 月 3 日，美、英、法与苏联签订《柏林协定》（Berlin Agreement），基本解决了东西方在德国问题上的争端。

1972 年 5 月 22—30 日，尼克松访问莫斯科，会晤苏联首脑，美苏签署了《联合公报》等 9 个文件，两国战略武器谈判取得一定的进展，随后双方在太空计划、环境保护、医疗卫生、科学技术和贸易往来等领域都扩大了合作。1973 年勃列日涅夫访美，1974 年尼克松再次访苏，但是，两国的"缓和"外交未能取得重大进展。

在改善与中国和苏联关系的同时，尼克松一直为在越南实现所谓"体面的和平"而挣扎。为了把美军"体面地"撤出越南，尼克松采取了"越南化计划"和以武力为后盾的巴黎和谈。1969 年 6 月，尼克松在中途岛宣布首次从越南撤出 2.5

1972年2月21日，毛泽东会见来华访问的美国总统尼克松，中美两国开始走向关系正常化。

万美军。同时全面加速越南化计划，推动越南阮文绍政权大力扩军，并以大量的新式武器、舰艇和飞机武装南越军队，使其可以在美军撤出后单独作战，维持南越政治现状。

到1970年4月，美国已从越南撤出了11.5万人，而南越军队却仍无力填补美军留下的真空，同时巴黎和谈也还毫无进展。尼克松于是决定采取新的战争行动，企图继续以武力压服北越。4月30日，尼克松宣布了美军入侵柬埔寨的行动，结果在美国激起强烈的抗议浪潮，迫使他于6月底撤出入侵柬埔寨的美军。

1971年和1972年间，尼克松继续玩弄软硬兼施、以打促和的策略。但是，越南的战局毫无改善，而美国国内的公众支持率却一路下跌。1973年1月8日，尼克松政府被迫回到谈判桌上来。1月15日，美军同意在停火后60天内全部撤出越南，北越则释放美国战俘，越南政权问题留给越南各方自行协商解决。1月27日，美越各方正式签署《巴黎协定》，历时12年的越南战争宣告结束。

水门事件

1972年6月17日凌晨，5个夜盗者潜入民主党总部——位于首都华盛顿的水门公寓（Watergate Apartment-Hotel），安装完窃听器准备离开时，被警察逮捕。当天下午，5人当中的詹姆斯·麦科德（James W. McCord Jr.）在审判席上说出了自己的职业——前中央情报局安全顾问。

第二天上午，联合媒体率先报道：总统竞选连任委员会的电话名录上有詹姆斯·麦科德的名字，6月20日的《华盛顿邮报》的头版大标题为《白宫顾问涉嫌窃听》。两周后，5个窃贼与其他2个人一起受到起诉，一个是白宫顾问、前中央情报局特工霍华德·亨特（E. Howard Hunt Jr.），另一位就是总统竞选连任委员会的律师戈登·利迪（G. Gordon Lid-dy）。

1973年3月，水门事件被告之一詹姆斯·麦科德供认：争取总统连任委员会和白宫都卷入了水门事件。在随后的司法调查过程中，尼克松进行了一系列的掩盖真相和阻碍调查的活动。但是，在舆论界、司法界和众议院的联合围剿下，还是走到了山穷水尽的地步。1974年8月8日，尼克松挥泪告别白宫，成为美国历史上第一个辞职的总统。

实际上，水门事件涉及的非法活动，在美国的两党政治中并不少见。从1930年代开始就有对公民电话的窃听。麦卡锡主义横行的时代，美国政府胡作非为更是骇人听闻。相比之下，水门事件本身不足为奇。这样一个小插曲之所以掀起了巨大的政治波澜，一方面反映了战后美国总统权力的恶性膨胀已经走到了末日，三权分立的美国政治机制根据抑制总统权力的现实需要做出了必要的内部调整；另一方面，尼克松执政以来触犯了美国东部权势集团的利益，又一再压制和交恶新闻界，为其倒台埋下了致命的伏笔。

总体而言，尼克松是一位坚定强硬、敢作敢为、灵活而又现实的政治家。1969年，他在美国内外交困、处于重大历史转折关头之际上台执政，面对国内的政治动荡、社会危机、经济滞胀等一系列的困难，尼克松以强势总统的姿态左冲右突、左摇右摆、不断尝试各种理论的和现实主义的解决办法却始终未能走出困局。

但是，在应对同样是困难重重的国际问题上，尼克松不同寻常的大胆风格和现实主义作风却赢得了结束越南战争、重建中美关系、缓和美苏对抗等改写世界格局的重大成就。

1974 年，他在以压倒优势再次当选，登临所谓"帝王总统"的权力巅峰之后，却因为与立法部门、新闻界和东部权势集团的紧张关系而在"水门事件"的小插曲中翻船落马，黯然下台。

尼克松于 1994 年逝世。过去的岁月不算久远，但是作为一个历史人物，我们仍需将他放回那些属于他的历史环境之中，才有可能做出些许相对而言比较公允和客观的评析。

福特-卡特时期

尼克松总统被迫辞职后，副总统杰拉尔德·福特（Ger-ald Rudolph Ford，1913—2006）于 1974 年 8 月 9 日午夜 12 时 3 分，在白宫东厅宣誓接任美国总统。

福特原名小莱斯利·林奇·金（Leslie Lynch King, Jr.），出生两周后因父母分居而随母亲迁居大急流城（GrandRapids）的外婆家。2 年后，随母亲改嫁油漆商福特而改称现名。学生时代的福特，是密歇根大学和耶鲁大学的优秀生和橄榄球明星。第二次世界大战时曾任海军少校，1948 年成为共和党国会议员，1965 年当选众议院少数党领袖。

1973 年 12 月，福特接替因漏税丑闻而辞职的斯皮罗·阿格纽（Spiro Theodore Agnew，1918—1996）出任美国副总统，9 个月之后又接替因水门事件而下台的尼克松成为美国第 37 任总统。

福特的妻子这样描述他："他以偶然的机会当了副总统，又以偶然的机会当上了总统，两次都是接替了丢人现眼的首脑辞去的职务。"

1974 年 8 月 9 日，副总统杰拉尔德·福特宣誓接任总统。

福特从前就支持尼克松的内外政策，他上台后的政策也被认为是"没有尼克松的尼克松政策"。但是，为了平复水门事件对美国政治机制所造成的创伤，福特也做出了自己的一系列努力。

入主白宫后，福特下令拆除了总统办公室的电子监听装置，大赦越战逃兵和拒服兵役者。任命唐纳德·拉姆斯菲尔德（Donald Rumsfeld，1932—2021）替换尼克松政府的白宫办公厅主任，挑选东部权势集团代表人物百万富翁纳尔逊·洛克非勒（Nelson A. Rockefeller，1908—1979）出任副总统，试图扩大其执政的政治基础。

不过，福特随后对尼克松总统的"绝对赦免"（Un-conditional Pardon）却震惊和动摇了美国公众的信任，也开启了他与国会的一连串分歧与冲突。在内外交困的历史处境下，福特政府既没有走出经济滞胀，外交上又因为对第三世界挑战的长期忽视而陷入了更加困难的局面。

1976 年，鲜为人知的前佐治亚州州长吉米·卡特（Jim-my Carter，1924—）在总统大选中脱颖而出，击败共和党在任总统福特，以令人耳目一新的平民主义姿态入主白宫。

卡特上台后，一改新政以来民主党人的自由主义改革纲领，在国内政策上转向保守主义，不惜以经济衰退和高失业率为代价反对通货膨胀，削减社会保障开支，

吉米·卡特（1924—）。美国第 39 任总统（1977—1981）。卡特生于佐亚州。1977 年，他经过艰苦的竞选战以微弱优势击败福特总统，出任美国第 39 任总统。在国内，卡特欲意实行行政和经济改革，但遭到国会的强烈反对。在国际上，强调人权。他当政时期，把巴拿马运河的管理权交还给了巴拿马，实现了同中国的关系正常化，中美两国正式建立了外交关系。推动中东实现了和谈。在 20 世纪 80 年代的海地危机中，尽管美国战机已经起飞，卡特仍不顾生命危险留在海地首都谈判至最后一刻，最终说服军政府交权避免流血战争。这一事件令卡特在国际上赢得了巨大的声望。

取消和减少对企业的管制，在劳资纠纷中采取反劳工立场。结果经济形势更加恶化，在 1979 年能源危机的打击下经济滞胀进一步深化，将卡特政府推进了政治绝境。

在外交上，卡特总统起初强调理想主义的"人权外交"（Human Rights Diploma-cy），而后转向强调实力外交的"卡特主义"（CarterDoctrine），声称以武力等一切手段回击国际恐怖主义和苏联的全球扩张主义，实际上却在与苏联的战略对抗中屡受挫折，但是顺利实现了中美关系的正常化。

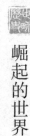

"卡特主义"修正了美国政府自 1970 年代以来的战略收缩态势，结束了尼克松主义对苏联的缓和政策，转而倚重军事实力来争夺和维护美国的全球地位。

里根-布什时期

1970 年代末期，新政式国家垄断资本主义导致的经济滞胀已经积重难返，加之两次能源危机的打击，美国整体国力严重下降，人民生活水平下滑，国内怨声载道，国际地位衰落，不仅无力阻止苏联扩张，连古巴、越南和伊朗等国家也对付不了。

内外交困的局势推动美国社会思潮和政治气氛急剧右转。1980 年总统大选之际，号称"右派北极星"的加利福尼亚州州长罗纳德·里根（Ronald Wilson Reagan，1911—2003）以压倒性胜利冲垮了美国自由主义半个世纪的政治优势，击败在任总统卡特，当选为美国第 40 任总统。

1981 年就任美国总统时，里根已是 70 岁高龄。在此之前，他曾是广播电台的体育节目播音员，也曾是好莱坞的电影演员。涉足政坛之后，里根找到了自己最热衷的事业——政治，他说："当体育节目播音员时，我觉得很荣幸，以为那就是我对生活的全部追求。后来有机会到好莱坞从事演出，我觉得更加荣幸。现在想起来，我目前所从事的工作使以往的所作所为像洗碗水一样索然无味了。"

里根总统上台后，从极端保守的意识形态出发制订和实施其国内外政策。对内推行"里根经济学"（Reaganomics），大规模减税、削减社会福利开支、放松政府对经济的管制，同时大幅度增加军费开支。经历战后以来时间最长、程度最重的一次经济衰退之后，自 1982 年底经济开始复苏，初步冲破滞胀的罗网，实现了连续 6 年的低通胀下的经济增长，提升了美国的经济和军事实力。在对外政策方面，里根总统采取强硬的鹰派立场，在冷战中对苏联转守为攻，狂热地争夺世界领导权和国际霸权。

里根总统任内，美国财政赤字累计高达 16673 亿美元，是 204 年中历届美国政

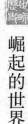

罗纳德·威尔逊·里根（1911—2003）。美国第40任总统（1980—1988）。里根生于伊利诺伊州。父亲是个皮鞋推销员。1937年进入好莱坞华纳兄弟电影公司当电影和电视演员。第二次世界大战期间应征入伍，在空军服役。退伍后重返好莱坞，在接下来的20年里，他共参加了53部电影的演出。后任电影演员公会主席、电影委员会主席。1980年在竞选中击败卡特而获胜。1984年谋求连任成功。里根执政期间，提出一项旨在压缩政府开支、减少国营事业、降低通货膨胀率的政治改革计划，收效甚微。对外，对苏联等社会主义国家取强硬立场，并提出了"星球大战"计划。

府累计财政赤字的1.8倍。而1980年他上台前美国国债为1.7万亿美元，1988年他离任时美国国债已高达2.6万亿美元。美国也从1982年的世界最大债权国变成了1986年时的世界最大债务国。1988年末，美国外债总额为5760亿美元，支付利息约为400亿美元。外贸赤字从1981年的25亿美元左右，增至1986年的1700亿美元。

在里根执政的8年中，乔治·布什（George Her－bert Walker Bush，1924—2018）一直是一位对总统极端忠诚的副总统。由于里根时期美国经济持续发展，通

乔治·布什（1924—2018）。美国第 41 任总统（1989—1992）。
乔治·布什生于马萨诸塞州，年轻时受到良好教育。耶鲁大学毕业前
参加空军，二战中表现英勇。1979 年被共和党提名副总统候选人并在
竞选中获胜，1984 年连任。1988 年竞选总统成功。布什执政后，内
政平平，但外交十分活跃。他提出"超越遏制"战略。在布什任期
内，东欧剧变，苏联解体，世界格局发生了根本变化。布什提出"新
大西洋主义"，调整与盟国关系。1991 年，发起"沙漠风暴"的军事
进攻得胜。布什以此为契机，提出了建立"世界新秩序"的主张。
1992 年，布什谋求连任失败。

货膨胀受到抑制，失业率创造 14 年来的最低点。因此，在 1988 年的总统选举中，
美国多数选民继续支持现政府的各项政策，将 54%的选票投给了共和党总统候选人
乔治·布什。

　　1989 年上台的乔治·布什总统，完全延续了里根时期的内外政策。外交上适逢
苏联解体，坐享美苏冷战的结束之利，稳定了中美关系，取得了 1991 年"海湾战
争"（Gulf War）的胜利。但是，在内政上却无所作为，开始领受里根政府留下的

高赤字、高国债、高贸易逆差、高利率和贫富悬殊等严重的政策后果，目睹连续 12 年的美国保守主义高潮由盛而衰。

克林顿时期

1992 年大选来临之前，美国失业人数达到 1982 年经济衰退以来的最高水平，国民生产总值增长率跌至 1930 年代大萧条以来的最低水平，工人薪水停滞，中产

比尔·克林顿（1946—）。美国第 42 任总统（1993—2001）。1992 年 11 月 3 日，克林顿当选美国总统，1996 年 11 月再次当选。执政期间，经济持续增长，财政赤字下降，通货膨胀率和失业率均保持在较低水平，国际竞争力得到恢复。对外实行以促进经济繁荣、维护国家安全、促进民主为三大支柱的外交政策。认为欧洲的稳定"对美国的安全至关重要"，欧洲经济为美国提供大量就业和投资机会，主张加强北约，支持北约东扩。认为亚洲对美国的经济和安全都十分重要。克林顿兴趣广泛，尤其爱好音乐，擅长演奏萨克斯管，曾担任阿肯色州管乐队首席萨克斯管演奏员。

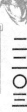

阶级收入下降，贫困人口创 1964 年以来新高，30 多个州财政严重困难。因此，赢得海湾战争的布什总统的选民支持率在大选前夕却降到了半个世纪以来历届总统的最低点——只有 29%。

1992 年 10 月 11 日，《华盛顿邮报》的社论指出："这个国家正漫无目的地漂流，疲惫不堪；它需要重新输入能量，需要指明崭新的方向。比尔·克林顿是唯一有机会做到这一点的候选人。"

11 月大选的结果是，久经沙场的最后一位"二战老兵总统"——乔治·布什败给了二战后"婴儿潮"时期出生的"逃避兵役者"——比尔·克林顿（Bill J. Clinton，1946—）；共和党人长达 12 年的保守统治让位于聚焦经济复苏的民主党政府。

克林顿政府在继承民主党的"新政"主要传统的同时，也采用了某些共和党的做法，自称是走在"中间道路"上的新自由主义者和新民主党人。在其 8 年任期中，克林顿总统集中精力振兴经济，推动科技进步，优化产业结构，创造了美国经济史上历时最长久的低通胀、低失业和高速增长的繁荣时期。

美国经济实力显著增强，在电脑、国际互联网和通讯等高技术领域中出现的高度繁荣现象甚至被一些经济学家认为是"新经济"时代来临的标志。在 1997—1998 财政年度，克林顿政府制服了联邦财政赤字的痼疾、美国财政 30 年来首次实现盈余，美国失业率降至 30 年来的最低水平，社会保障的覆盖范围达到最广泛，没有医疗保险的美国人从 1999 年开始 12 年来首次大幅度下降，财政出现盈余也使得政府加大了对教育和环境保护方面的投入。

在种族和睦方面，克林顿政府也做出了努力。克林顿总统因而获得了 90% 黑人的支持。2000 年 9 月 16 日，在与黑人国会议员共进晚餐时，克林顿总统发表演讲说："我从心底里感谢你们。托尼·莫里森曾说我是这个国家第一位黑人心中的总统。这个荣誉对我来说胜过诺贝尔奖。"

在外交上，克林顿政府以冷战后唯一超级大国的国际地位傲视全球，继承了布什政府的世界战略思想，继续构建美国主导下的"世界新秩序"，把地区冲突、大規模杀伤性武器扩散、极端民族主义、种族冲突、国际恐怖活动、毒品走私、环境保护、非法移民等问题视为对美国战略安全的主要威胁，在对外政策上表现出了更多的实用主义、投机主义和单边主义特征。

在国际经济方面，克林顿政府继续强调公平贸易主义，既注重建立双边谈判与磋商机制，也借助世界贸易组织、亚太经合组织、巴黎俱乐部等多边机构来扩大美国的国际贸易、投资和经济利益。北美自由贸易协定和关贸总协定的批准，是克林顿政府经济外交上的最大胜利。

对于自己的施政才干，克林顿不无得意，他曾经表示，如果没有任期限制，他仍然可以连任总统。在他卸任前夕，2000 年 12 月的盖洛普民间调查显示，民众对克林顿的支持率高达 66%；这是自 1952 年盖洛普民意调查创办以来最高的一次民众支持率，超过里根总统和艾森豪威尔总统的纪录。尽管如此，克林顿任期内也并非一路欢歌。众所周知的"莱温斯基丑闻案"，使他成了美国历史上第一位因为"作伪证"而受到弹劾起诉的在任总统。

乔治·沃克·布什政府

2000 年 12 月 13 日，共和党总统候选人得克萨斯州州长乔治·沃克·布什（George W. Bush, 1946—）在选民票数落后的情况下以极微弱的选举人票多数险胜民主党候选人在任副总统艾尔伯特·戈尔（Albert Gore Jr., 1948—），入主白宫，成为美国第 43 任总统。

这位新世纪的美国第一位总统重新起用了里根时期和他父亲老布什的重要阁僚，如副总统理查德·切尼（RichardCheney, 1941—）和国防部长唐纳德·拉姆斯菲尔德（DonaldRumsfeld, 1932—2021），以极端强硬的姿态将美国政治引向右转。然而，布什政府的强硬路线并没有给美国带来更多的安全。

2001 年 9 月 11 日，美国历史迎来了最恐怖、黑暗和沉痛的一天。美国东部时间早上 8 点 45 分，一架从波士顿飞往洛杉矶的美利坚航空公司的波音 767 客机

乔治·沃克·布什（1946—）。美国第 43 任总统（2001—）。布什于 2001 年首次就任总统，2004 年竞选获胜连任。在担任总统之前，他是得克萨斯州第 46 任州长，共任职 6 年。在担任州长期间，以获得两党支持以及温和的保守主义而闻名。他是得克萨斯州历史上第一位获得连任的州长（首次当选于 1994 年 11 月 8 日，再次当选于 1998 年 11 月 3 日）。

（American Air-lines Flight 11）被恐怖分子劫持，脱离航线，直接撞入纽约的世界贸易中心（WorldTrade Center）北塔楼。8 点 55 分，另一架从波士顿飞往洛杉矶的美国联合航空公司波音 757 客机（United AirlinesFlight 175）也遭到了劫持，撞入世界贸易中心南塔楼，随后引起大爆炸。

9 点 43 分，第三架民航飞机——美利坚航空公司从华盛顿飞往洛杉矶的波音 757 客机（American Airlines Flight77）——被恐怖分子劫持，改变航线，撞毁在华盛顿的美国国防部所在地——五角大楼（thePentagon）。现场刹那间腾起 50 多米高的大火球，五角大楼的西北角侧翼楼结构倒塌。9 点 45 分，在恐怖威胁之下，美国白宫宣布疏散工作人员。9 点 50 分，美国民航总局下令全美机场停止飞机起降，全

国所有机场宣布关闭。这在美国历史上还是第一次。

9点55分，纽约世界贸易中心南塔楼倒塌，烟灰滚滚，遮天蔽日，瓦砾堆积如山。10点10分，华盛顿的五角大楼部分倒塌。10点25分，汽车炸弹在华盛顿的美国国务院建筑外爆炸。10点27分，纽约世界贸易中心北塔楼倒塌。110层的摩天大楼轰然倒下、夷为平地，昔日的纽约地标、美国最耀眼的标志性建筑之一在震惊世界的"9.11事件"（Septem-ber 11 Attack）中化为一片凄惨不堪的"零地带"（Zero Ground）。

2001年9月11日美国东部时间8点45分至8点55分，先后有两架遭到恐怖分子劫持的民航飞机撞入纽约世贸中心的北塔楼和南塔楼。

10点30分，第四架民航飞机——从新泽西州纽瓦克起飞前往旧金山的美国联合航空公司的波音757客机（United Airlines Flight93）——遭到劫持，勇敢的乘客与恐怖分子发生空中搏斗，客机坠毁在匹兹堡（Pittsburgh）东南80英里的萨默塞特县（Somerset County）机场附近。

根据美国官方公布的最新数字，纽约世贸中心、华盛顿五角大楼和宾夕法尼亚州三地在"9·11"恐怖袭击中共有 3113 人死亡或失踪（不包括 19 名劫持飞机的恐怖分子）。纽约世贸中心共有 2889 人死亡或失踪，包括两架被劫持飞机上的 147 名乘客和机组人员；其中已有 658 人的家属领取了验尸官签发的死亡证书，1946 人的家属在未找到亲人遗体的情况下申领了死亡证书。另有 285 人被列为失踪。五角大楼有 184 人死亡或失踪，包括被劫持飞机上的 59 名乘客和机组人员。在宾夕法尼亚州失事的被劫持飞机上有 40 人死亡。

报告估计，纽约世贸中心的灾难使美国国内生产总值减少 6390 亿美元。其中，2001 年第四季度因此遭受的损失为 408 亿美元，2002 年损失 3160 亿美元，2003 年损失 2800 亿美元。

美国遭到恐怖袭击之后，布什总统迅速宣布美国处于战争状态，将美国的全球战略调整为重点打击国际恐怖主义。而奥萨姆·本·拉登（Osama Bin Laden，1957—2011）及其领导的国际恐怖主义势力"基地组织"（Al Qaeda Network）在"9.11"恐怖袭击之后，也透过卡塔尔半岛电视台公然宣称对 9·11 事件负责。

2001 年 10 月 7 日，被指责为庇护恐怖分子的阿富汗塔利班（Taliban）政权成为美国"反恐"战争的第一个目标。为了追缴本·拉登等国际恐怖分子、清除"基地组织"对美国的威胁，美国联合英国，对阿富汗发动了代号为"持久自由"（Operation Enduring Freedom）的军事打击。

因为双方实力悬殊，阿富汗战争呈现出一边倒的战事。10 月 7 日阿富汗当地时间下午 5 时，美英联军开始猛烈轰炸喀布尔（Kabul）、坎大哈（Kandahar）、贾拉拉巴德（Jalalabad）等阿富汗主要城市。面对美国的巡航导弹和高空轰炸机，塔利班毫无还手之力，其防空能力根本不足以自卫，各军事基地和兵营很快便遭到了毁灭性的破坏。

在美国的大规模空袭之下，7 万多人的塔利班军队伤亡惨重、士气低落，部队彼此失去联络；而塔利班的主要内战对手"北方联盟"（Northern Alliance）则乘机大举反攻，11月初兵临喀布尔城下。

11月9日，美军对塔利班据守的马扎里沙里夫（Mazar-i-Sharif）实施地毯式轰炸，北方联盟随即展开地面攻势，4个小时之内占领了整个城市。次日，北方联盟横扫阿富汗北部5省，塔利班阵线全面崩溃。11月12日，塔利班残部退守首都喀布尔。11月13日，北方联盟攻入喀布尔，仅遭遇到零星的抵抗，便轻易夺取了首都。

11月25日，美英联军和北方联盟开始清剿塔利班在阿富汗境内的最后据点——昆都士（Konduz）和坎大哈。12月7日，两地相继易手，塔利班主要领导人逃亡境外，塔利班政权就此覆灭。阿富汗战争前后2个月的时间里，共约7000名塔利班军人和"基地"组织成员被俘虏；截至2005年1月2日，美军在阿富汗共死亡155人。

2001年12月22日，美国扶植以哈米德·卡尔扎伊（Hamid Karzai，1957—）为首的阿富汗北方联盟接管政权、组建临时政府、重建了阿富汗的政治秩序。阿富汗持续27年之久的内战结束了。但是，本·拉登等国际恐怖分子依然藏匿在阿富汗，"基地组织"也仍然在世界各地继续进行恐怖活动。

经过一年多的精心准备之后，2003年3月20日，布什政府又声称为了维护美国的安全必须解除伊拉克的"大规模杀伤性武器"（Weapons of Mass Destruction），不顾国际社会的反对，撇开联合国，联络英国、澳大利亚和波兰等国发动了伊拉克战争。

美国拉来进攻伊拉克的联合部队（Coalition Troops）包括25万美军、4.5万英军、2000人的澳大利亚军队和200人的波兰军队。此外还有大约5万人的伊拉克反叛军。丹麦、西班牙和日本等多个国家为联军提供海上及后勤支援。

3月20日伊拉克当地时间清晨5时30分，伊拉克战争正式打响，美军的巡航导弹和高性能炸弹犹如暴风雨一样倾泻到伊拉克的主要军事目标上。为了速战速决，美军实施了所谓的"斩首行动"（Shock and Awe）。美军主攻部队——第3步兵师、第101空中突击师和第82空降师的若干部队——从科威特西北方向的沙漠出发，越过不必攻占的各个城镇，直插伊拉克腹地，向首都巴格达（Baghdad）挺进。与此同时，美国海军陆战队第1远征部队和英国远征军在伊拉克东南部方向，发动了钳形攻势以打开伊拉克的海运通道。随后，美军又在伊拉克北部山区投入了173空降旅和特种部队，并与当地的库尔德民兵（Kurdish militia）结成同盟。

2004年6月28日，在巴格选举行的一个简单仪式上，在美国驻伊拉克行政长官保罗·布雷默（右）向伊拉克最高法院首脑马姆德移交确认伊拉克主权的法律文件之后，两人热烈握手。伊拉克总理阿拉雏（中）微笑着看着这一暮。以美国为首的联军正式结束时伊拉克的14个月军管，伊拉克获得主权。

　　战事进展出人意料的迅速，在美军强大的空袭之下，伊拉克政权和军队很快便陷入了瘫痪状态。伊拉克的主要油田设施基本上未经破坏便落入了联军的手中。开战2周之后，英军率先控制了伊拉克第二大城市、南部的石油重镇——巴士拉（Basra）。开战3周之后，4月2日美军兵临巴格达城下，4月9日顺利进入市区，并没有遇到顽强的抵抗。伊拉克总统萨达姆·侯赛因（Saddam Hussein，1937—2006）等政府高官突然消失，去向不明，号称52万人的伊拉克共和国卫队（Iraqi Republican Guard）仿佛在人间蒸发了，大批伊拉克常规军队向美军投降。伊拉克的萨达姆政权就此倒台了。

4月13日，美国海军陆战队几乎未遇抵抗便占领了伊拉克的最后一块阵地——萨达姆的家乡提克里特（Tikrit）。4月15日，联军当局宣布伊拉克主要战事结束。

5月1日，布什总统飞抵"林肯号"航空母舰上发表演说，宣布伊拉克战争结束，联军对伊拉克实施军事占领，美英等国将主导伊拉克战后重建工作。5月12日，美国驻伊拉克军事管理委员会成立。5月13日，伊拉克临时管理委员会成立。随后几个月里，隐匿在各地的伊拉克前政要相继在联军的清剿中被俘，12月13日，萨达姆总统也被活捉了。2004年3月8日，美国主持起草的《伊拉克临时宪法》获得通过。6月29日，美国占领当局将伊拉克的行政权移交给了伊拉克临时管理委员会。

伊拉克战争虽然结束了，萨达姆政权倒台了，伊拉克临管会也建立了，伊拉克第一次大选也在2005年1月30日如期举行了。然而，伊拉克境内的安全形势却并没有逐步缓解。相反，伊拉克各地的反美游击战此起彼伏，汽车炸弹案、绑架"斩首"、袭击美军等恐怖事件接连不断。到2005年1月30日，美军在伊拉克的死亡人数已经超过1420人，受伤官兵达1万多人；而美国在入侵伊拉克前组织的45国"自愿联盟"如今也已减至28国。

美英等国占领伊拉克之后，联合国的武器专家和美英军队彻底搜查了伊拉克境内的一切可疑目标，最后做出结论：伊拉克境内并没有美国所宣称的"大规模杀伤性武器"。2004年4月28日，伊拉克阿布·格莱布（Abu Ghraib）监狱爆出美军虐俘丑闻（Iraq Prisoner Abuse），令举世哗然。布什政府依凭超级大国的实力独断专行的外交政策，激起了许多国家的反感和抵制。美国与阿拉伯国家、伊斯兰世界的矛盾变得更为尖锐和激烈。

在经济方面，布什政府采取了减税刺激投资、美元贬值促进出口等财政政策和贸易保护主义政策。美国经济在2001年11月开始缓慢复苏，2003年第三季度国民经济增长率取得了摸高8.2%的特别景气。2004年美国经济表现良好，创造了4.4%国民经济增长业绩。截至2004年11月，根据美国财政部公布的资料，美国当年外资净流入为810亿美元，远高于市场预期，显示了国际投资者对美国债券和美国股市的信心，也有效地缓解了布什政府高达 4120 亿美元的财政赤字对美元币值所构成的压力。

在社会政策方面，布什政府在"反恐"的旗帜下一定程度上损害了公民的某些自由权利，特别是少数族裔受到了更多的限制，引起社会的广泛不满。但是，在美国安全形势依然严峻、经济增长差强人意、社会思潮总体趋于保守的大背景下，2004 年的总统大选中，布什总统以较大的优势击败了民主党总统候选人克里，连任总统。

2005 年 1 月 20 日，布什总统在华盛顿举行盛大的就职仪式，宣誓就任美国第 55 届总统，开始他的第二个任期。布什总统在 17 分钟的简短就职演说中连提 27 遍"自由"，宣称"保卫美国安全的唯一途径就是促进海外的民主，也只有这样才能消除对美国本土形成威胁的根源"。他还把全球的事务定义为"自由和独裁的斗争，美国不会在斗争中袖手旁观"。表明布什政府将继续坚持其强硬的外交路线；同时，他也反复强调说，全球民主的推进要依靠"国际社会共同努力"来实现，显示出布什政府有意缓和其单边主义路线所引起的广泛不满，争取未来的 4 年中修复和改善与欧盟等传统盟国的关系，把更多的联盟拉进由美国主导的国际事务中来。

在国内政策方面，布什总统在演说中强调，保持美国经济增长、进行税制改革、社会保障制度改革和削减预算赤字将是政府的主要目标。为了实现这些目标，他呼吁国会两党加强合作把美国建设成为更强大、更繁荣的国家。

拉丁美洲的问题与发展

根源于经济不平衡的经济停滞和社会冲突仍然是对拉丁美洲政治稳定和各个国家政府的严重挑战。

拉丁美洲不得不与一系列社会和政治问题做斗争。

为了促进地区经济合作，1945 年后形成了各种不同的政治联盟，如 1960 年的拉丁美洲自由贸易协会和 1980 年的拉丁美洲一体化协会。

1969 年，在哥伦比亚的领导下，拉美的一些小国家组成了安第斯集团。

乔治·W·布什欢迎拉丁美洲自由贸易协

会的成员国代表，2005 年。

美国的经济势力影响了泛美洲联盟的成立。1948 年美洲国家组织（OAS）宪章签署，旨在增进南美洲与美国的关系。

冷战期间，特别是古巴革命后，美国利用美洲国家组织作为其提供援助和对抗共产主义的工具。

美国政府支持独裁的右翼政府，并在 1962 年迫使美洲国家组织开除了古巴。在卡特总统任职期间，美国支持拉丁美洲国家的民主化。

国内方面，少数的富人与多数的穷人之间的差距并没有因为军人政府或平民政府的统治而改变多少。

大部分国家的关键问题都是土地改革，因为在这些国家，土地通常是掌握在少数实权人物手中。当地人民几乎总是贫穷的，他们处于社会的边缘。

在整个南美洲大陆，城市人口由于农村移民的涌入而急剧膨胀，但那些住在大城市边缘贫民区的贫民只有很少的生活供给。

一些最富裕的国家，尤其是智利，拥有繁荣发展的出口部门与建设完备的社会基础设施；然而，财富分配依旧是不公平的。

天主教会在拉丁美洲扮演了一个重要的角色。在支持独裁政权后，南美洲的教

美洲国家组织秘书长塞萨尔·加维里

亚在年会上做演讲，2001 年 6 月 3 日。

会开始受到"解放神学"影响，这种"解放神学"为穷人以及受压迫者的事业而奋斗；因此是一个危险的姿态，如圣萨尔瓦多的大主教奥斯卡·罗麦罗就在 1980年被谋杀。

大主教奥斯卡·罗麦罗（正中），1979 年 12 月。

中部和南部美洲：暴力和回应

从 20 世纪 80 年代开始，游击队与政府军之间的战斗阻碍了许多南部与中部美洲国家民主制度的建立。

1936—1947 年，安纳斯塔西奥·索摩查在美国支持下对尼加拉瓜进行着独裁统治；在他被谋杀后，他的儿子路易斯·安纳斯塔西奥接管了政权。

1979 年桑地诺民族解放阵线掌握政权之后，其统治遭到了由美国提供经济支持的反政府右翼组织破坏。在 1990 年的选举中，桑地诺主义者败给了自由立宪党，后者自此开始执政。

安纳斯塔西奥·索摩查总统与士

兵在一起，1979 年。

1945 年后，危地马拉开始了土地和社会福利体系改革。1945 年，土地改革威胁到美属联合水果公司的利益；政府被美国支持的军事政变推翻。人民起义反对军事政权，国家陷入内战，最终在 1996 年以缔结和平协议而结束。

1948 年武装力量控制了萨尔瓦多。政权几度易手，直至 1961—1962 年国家调和党与军队势力结成联盟。20 世纪 80 年代，频繁的游击队起义遭到政府组织的右翼"敢死队"的极端暴力反击。1991 年达成了和平协议，民主选举开始进行。

贫穷与无望：孩子们在哥伦比亚的西

班牙语区让当的街道上踢足球。

哥伦比亚依旧是一个动荡的国家。1948 年受人欢迎的左翼政党——自由党成员 J. E. 盖塔恩被谋杀；内战在自由党人和保守党人之间爆发并持续了十年。1958

年，国家阵线联合政府成立并执掌政权直至 1974 年。从 20 世纪 60 年代中期开始，左翼和右翼游击队组织联合起来反抗政府。大规模兴起的毒品贸易为最大的反抗组织——哥伦比亚革命武装组织（FARC）建立的私人军队和小国家提供了资金。2002 年开始执政的阿尔瓦多·乌里韦总统在美国的支持下，试图削弱那些反抗集团。

由于其巨大的石油储备，委内瑞拉是一个潜在的富裕国家，但是国家收入分配严重不均。

1998 年左翼平民党员雨果·查维斯竞选成功，动摇了这个稳定但是腐败的政党制度。雨果·查维斯推行了一些重新分配的措施，并且对美国持批评态度。

秘鲁"光辉道路"游击队，1991 年 4 月。

2002 年，中产阶级反对者在试图驱逐他的行动中失败；自此，他开始着力加强统治。

1968 年秘鲁平民政府被推翻；在接下去的六年里，胡安·瓦拉索·阿尔瓦多将军以平民党人"秘鲁革命"的方式实行土地改革及产业部门国有化运动。

1975 年弗朗西斯科·伯尔穆德兹发动政变后，开始了一场全面的私有化运动。1981 年，"光辉道路"游击队发动了一场暴力运动。1990 年开始的阿尔韦托·藤森的独裁统治取缔了起义运动。

自从他在 2000 年下台后，秘鲁局势一直不稳定；现在的总统亚力杭德罗·托莱多·曼里克仅有不到 20%的民众支持率。

阿根廷、巴西与智利

二战后统治阿根廷的是胡安·贝隆，这位受人爱戴的独裁统治者对阿根廷的政治发展产生了长久的影响。智利第一位由自由选举产生的总统萨尔瓦多·阿连德在1973年的军事政变中被驱逐下台。

在1946年2月的总统选举之后，胡安·贝隆成为阿根廷总统。在军队的支持下，他建立了独裁政权；由于经济的繁荣，他得以推行有利于工人阶级的社会改革。对其政府的所有反抗都被镇压。政权中最受爱戴的成员是他的妻子，伊娃·贝隆，即埃维塔，她支持穷人的利益。1952年去世后，她成为阿根廷人民心中的偶像。由于胡安·贝隆开始疏远雇主和教会，军队于1955年罢免并流放了他，1973年选举后他重新返回就任总统，但一年后就去世了。

"劈人的天使"——受人爱戴的阿根廷第一夫

人伊娃·贝隆在她丈夫身旁，1952年。

自1976年开始，乔治·拉菲尔·魏地拉将军领导的强制性独裁政府统治着阿根廷。1983年阿根廷在反对英国的福克兰战争中战败，军事统治于1983年瓦解。在1989年的选举中卡洛斯·梅内姆当选为总统，他在进行经济自由化的同时巩固民主制度。他的继任者，从费尔兰多·德·拉·鲁阿（1999—2001年）到内斯托·卡洛斯·基什内尔（2003年至今）都不得不面对2001年经济崩溃带来的后果；阿根廷政府背负着沉重的公众债务。

阿根廷的一个监狱营内裸体的犯人被绑到外面的柱子上，1986 年。

　　1950 年在巴西，总统盖图利奥·多内拉斯·瓦加斯领导下的独裁政府发起了一场工业化运动；他的继任者开始向外国投资者开放巴西市场。1964 年的动乱后，一次军事政变罢黜了乔奥·古拉特总统并在随后的 20 年中支持一系列右翼总统。天主教会，特别是多姆·赫尔德·凯麦拉大主教，公然反对人权滥用。厄内斯托·盖塞尔将军在 1974 年推行民主改革；1982 年在他的继任者当政时期，第一届自由选举进行。自此，民主制度得以成功巩固，但是经济的不平等和巨额的公众债务使得国家易于受到危机的侵害。

智利独裁者奥古斯托·皮诺

切特，1997 年。

　　智利拥有强大的民主传统，1970 年独立的左翼社会主义者萨尔瓦多·阿连德在自由选举中当选为政府首脑。他实行革命的社会计划，即"智利特色的社会主义道路"，旨在把工业收归国有，并对大规模的乡村地产进行分割。此举遭到议会中保守派的反对。1973年9月11日，军队在美国支持的政变中推翻并杀害了总统阿连德。

随后，政变首领奥古斯托·皮诺切特将军掌权，对智利实行独裁统治直至1990年。期间数千名反对者被谋杀。在1988年的公民投票中，皮诺切特失利并被排挤出政权。在1990年的选举中帕特里西奥·埃尔文当选为总统，宣布重新回到民主政体。皮诺切特继续担任陆海空三军司令直至1998年，但在2000年智利最高法院剥夺了他的检举豁免权。

墨西哥和古巴的特殊情况

二战后，墨西哥和古巴都展开了与美国针锋相对的独立运动，政治领导人都出自左翼革命阵营。1962年。古巴成为冷战期间两大超级大国之间最后的决战场。

1910—1917年的墨西哥革命达成了一项社会自由宪法，确立了国家开采矿产资源的权力以及教会与国家的分离。

1946—2000年，革命制度党在一种腐败的半民主制度下开始统治国家。它推行工业化和经济国有化并进行社会改革，在20世纪60年代获得了很高的经济增长率。然而，经济的腐败和管理不善导致了1982年政府财政的破产，最后在美国的援助下才得以挽回。

从1998年开始，在卡洛斯·萨利纳斯·德·戈塔里总统统治下，国家、革命制度党与经济间的紧密联系逐渐分散。反对党赢得了民众支持；在2000年的选举中，右派自由主义国家行动党的候选人文森特·福克斯当选总统，打破了革命制度党54年的统治历史。

在1952年的军事政变中，独裁者弗尔甘西奥·巴蒂斯塔上台统治古巴，其在政治上和经济上都依赖美国。1953年，共产主义者菲德尔·卡斯特罗和切·格瓦拉

墨西哥革命的领袖欧费米奥·萨巴达，1914 年 12 月。

发起反对巴蒂斯塔的游击战争，并于 1959 年 1 月 1 日迫使他逃离哈瓦那。卡斯特罗宣布成立社会主义国家。

菲德尔·卡斯特罗和他的游击队在反对巴蒂斯塔政权的斗争中

　　古巴对美国商业资产的没收和与苏联的紧密关系导致了古巴与美国间的紧张局势，以致古巴被逐出美洲国家组织。1961 年美国支持的侵占古巴领土的企图以惨痛的失败而告终。1962 年苏联在古巴建立导弹基地，将世界推入核战争的边缘。

　　尽管对国内政治反对派进行严厉镇压，但卡斯特罗的政府在很长时期内都被看做是对抗美国势力的国际象征；同时他的社会政策，例如免费的医疗体制，有助于维持他的统治。

　　在经历了 1991 年苏联解体后，古巴共产党开始以旅游业的国家收入取代原先的苏联援助；该国旅游业在近几年获得了繁荣发展，但古巴人民依旧非常贫穷。1959 年革命后不久，美国对古巴强制实行贸易禁运。

专题　全球化

随着 1990 年初东西方冲突的结束，人们用"全球化"这个词来指称许多不同的进程，几乎涉及生活的各个方面。对于这个有争议的词语，尽管并不存在一个确切的定义能够适用于所有解释，但它逐渐意味着全球进程与标准的同质化。快速发展的信息技术使全球通讯成为现实，在经济、政治和文化的策略决定中，距离和国界越来越失去本来意义。跨国公司间互相建立网络，地区事件对世界其他遥远地区的政治经济影响也更为强烈。在这个方面，知识的获取和媒介技能变得更为重要。特别在工业国家，"工业社会"正被一个"知识社会"所取代。

埃及农民坐在载有花菜的驴车上，2001 年。

随着 20 世纪 90 年代意识形态领域竞争的结束和随后越来越多的市场开放，世界经济的国际化正呈现出一幅完全不同于以往的面貌。全球的金融、产品和服务市场越来越交织在一起。全球化进程中最为突出的就是国际金融市场的经济全球化；大量资本在几秒钟内从一个国家转移到另一个国家，从一个大洲转移到另一个大洲。

跨国的大企业调整它们在全球的贸易活动并拣选最为有利的产品生产和流通基

地。供需关系在全球内调整，价格关系也由市场调节。

在这个过程中，整个世界实际上成为一个市场。各国发现自身处于激烈的地区劳动力和流动资金的竞争中。许多国家试图通过降低税收和增加基础经济设施建设，例如通过解除对劳动市场的管制和实行更多的贸易自由化来吸引投资者和人力资本进入本国。

中国工人为国际公司生产裤子

同时，这个世界经济新秩序也向政府提出了一个政治上存有争议的难题：在多大范围内，政府应该采用社会政治措施，来加强或均衡贫富之间受贸易繁荣和投资者影响而产生的悬殊差异。

自1959年以来，全球国内生产总值增长了五倍。20世纪90年代中期到晚期间，世界贸易持续高速增长，对外投资激增。尽管大部分的直接投资是投入到工业国，但是越来越多的资金也开始流入到发展中国家。由于劳动力相对低廉，这些国家也渐渐融入了跨国公司的全球生产体系。特别是在新兴的工业化国家，如中国和印度，市场开放带来了经济高速增长，也对那些更为贫穷国家的劳动力市场带来了积极影响。

另一方面，这种改进仅仅是相对而言的。例如撒哈拉以南的非洲，还是被隔断在全球化经济带来的利益之外，那里的人民也很少有机会接触到全球化带来的积极影响，如信息技术和通信网络。在那里，贫困明显可见，经济产量下降。巨大的外债压垮了非洲国家的经济。

食品和原料等原始产品常常构成发展中国家的财富来源；然而在世界市场上，相对于高科技产品，它们所起的作用越来越小。在非洲，同样也在许多拉丁美洲国家，原料加工的技术落后，所以这些地区日益依赖从发达的工业国家进口产品。考虑到这些地区不稳定的局势、强大的部族性和宗派势力，这些发展中国家是否能将他们自己有力地融入世界经济中非常值得怀疑。

在新兴市场，跨国公司通过"新形式的帝国主义的殖民战略"获取巨额财富的利润，这被形象地称为"可口可乐帝国主义"。但如今随着全球化的发展，世界各地的差异性变得越来越模糊、复杂。

突尼斯首都突尼斯市的阿拉伯文可口

可乐广告，2004年。

全球化不仅反映在商业市场上，也反映在诸如文化和生活方式等生活的其他方面。现代化的大众传媒和人口流动性的增加使文化艺术更易于交流。非洲烹饪与印度电影在欧洲如同西方快餐在亚洲或好莱坞电影在阿拉伯一样平常。乐观主义者将这种全球社会的混合视作一个将"外国事物"融入自身文化价值体系的机会，并以这种方式去增加相互的宽容。对普遍价值体系，如人权等的认同逐渐增加。这种观点以能自由地获取信息和知识为先决条件。

相反，批评家强调富裕的工业国在传媒中占有经济优势地位，他们为了自身的经济利益，通过传媒将西方的富裕模式强加于弱小国家身上。这种文化霸权主义体

位于纽约的联合国安理会投票决定是否增加前南斯拉夫的维和部队，1992 年 11 月。

现在诸如"可口可乐帝国主义"或世界的"麦当劳化"等短语上。

在世界许多地方，普遍的商业化和通过外来影响对国家或地区文化的重塑刺激人们寻求回归，寻求他们本身的传统和价值。在这样的环境下，会出现激进的反西方或反美运动，包括恐怖活动。这样对国家、地区，以及新民族主义思想的强调可以被看作是对全球化的一种回应。

全球化的挑战是多种多样的，包括对贫富差距日益扩大的关注，以及环境保护。各国政府直接干预全球经济的能力是有限的。因此，如果人类想要有效地解决全球问题，那么政治全球化是非常必要的。

为了获得一种"世界政府"的组织形式去引导全球经济，加强联合国的运作体系以及进一步集中和联结国际关系是不可避免的。一个实际的例子就是欧盟发展成一个超国家组织；欧盟成员国将它们一部分主权交予欧盟组织，但同时仍对各自国家和地区的身份特性进行保护。即使像"大赦国际"（人权监察的国际性非政府组织，简称"AI"）这样的非政府国际组织也通过世界网络进行工作，由此开展民主合作以及寻求在国家外交之外对世界发生影响的机会。

伊朗示威者焚烧美国国旗，1997 年。

　　这种非政府组织还包括法国 ATTAC 协会（法国一个反对国际投机资本交易税的国际公民协会组织）和绿色和平组织。前者对全球化持批评态度，倡导对金融市场的社会控制；后者在国际范围内开展活动，反对全球化经济对环境的消极影响。

第十章　逆转的欧洲

——二战后西方世界的重建与改革

一、战后世界格局

1945 年至今

点燃世界战火的德意日三个法西斯国家，最终在反法西斯国家的联合作战下，在全世界正义人民的抗争中分崩离析。战争以血的事实教育了世界人民：和平才是发展之道。同时战争也深刻地影响着战后世界格局，昔日的盟友在战后剑拔弩张，最终以美国为首的资本主义阵营和以苏联为首的社会主义阵营在世界范围内对峙，两极格局形成，全世界被冷战的阴霾笼罩，这种形势深刻地影响着战后世界的发展。

冷战

1945 年以后，欧洲大陆以至整个世界都深受美苏两个超级大国的影响，纷纷加入两大敌对阵营中。

数以千万的流亡者、难民、战犯、集中营囚犯构成了战后社会的一大难题，即相互间的融合协调问题。

早在 1944 年，丘吉尔、罗斯福、斯大林就在欧洲发表了战后世界联合声明。二战一结束，胜利者便忙着在控制区建立起各自的政治体制。德国被划分为四个占领区，这就为 1949 年联邦德国、民主德国的分立埋下了伏笔。

印有集中营中失踪德国士兵照片的海报，弗里德兰，1955 年。

社会主义和资本主义两种意识形态和社会制度相互竞争。1946 年，英国首相丘吉尔启用"铁幕"一词描述这种相互对峙的局面。欧洲也按各列强的经济利益状况进行了划分。西方世界的重建在马歇尔计划的实施下紧锣密鼓地展开；而另一方，苏联也筹办了经济互助委员会，用以组织战后的恢复工作。

两大集团的对峙在全世界产生了重大影响。中国共产党的胜利，使中国这个最大的人口大国成为社会主义阵营的一员。1950 年朝鲜战争，是东西方的第一次"代理战争"，随后又接二连三地爆发了越南战争、阿富汗战争。1962 年古巴导弹危机几乎引发了核战争。

70 年代，世界局势有所缓和，一系列协商会谈意味着双方在军备竞赛方面有所抑制。1974 年，欧洲召开了安全合作大会，试图通过经济、人权问题的提出，引导世界走向和平、稳定、发展。

联合国

二战后，成立了旨在捍卫世界和平的联合国，然而，直至今日，它依然深受强权政治的影响。

联合国直接产生于对抗德国法西斯的军事联盟。"联合国"这一名称由美国总统罗斯福提出。起初，只有 1945 年 3 月 1 日前向德意志第三帝国宣战的国家才有

越战悲惨场景：一个北方平

民向部队示意他的孩子死了。

资格进入联合国，后来，凡在反法西斯战争最后阶段对德宣战的国家（包括南美和中东的一些国家），都有权加入联合国。民主德国和联邦德国直到1973年才被获许成为成员国之一。

庆祝联合国成立50周年，纽约，1995年。

自1945年10月24日建立之日起，联合国便立志维护世界和平、促进国际交流。其主要机构有：联合国大会、安全理事会、秘书处、国际法院、联合国经济及

社会理事会、联合国托管理事会。联合国总部设在美国纽约，在瑞士日内瓦设有欧洲办事处。

其旗帜的底色是浅蓝色，正中的图案是一个白色的联合国徽记。

然而，东西方不可调和的矛盾却阻碍了和平体系的建成。安理会的决议常被超级大国的否决所阻挠，和解政策最终成为大国之间的和约，比如《核武器不扩散条约》。

联合国的性质在二战后的反殖民化进程中发生了改变。成员国数量增加为原来的三倍，议程也有所拓宽，涵盖吸纳新成员及全球秩序问题。许多前殖民国家的加入，减弱了工业发达国家对联合国的控制，因此，超级大国试图争取不结盟国家的支持。相应的，联合国指导方针也调整到新的政治需求上。70年代以后，除联合国儿童基金会、联合国教育科学及文化组织、世界卫生组织等努力发挥各自作用外，联合国还努力消除南北差距以及限制自然资源的过度开采。

世界卫生组织对抗腺热的血液测试，

安哥拉，1959年。

60年代以来，保障和平的方式也发生了改变。起初，形式仅局限于外交手段，现在则可以依靠联合国维和部队（蓝色头盔是他们的象征）来解决。尽管联合国取得一定成功，但军队输出国之间利益的冲突却一再妨碍它履行世界警察的职能，即便在冷战后，这样的情形依然没有改变。联合国是否有能力满足21世纪的新需求，这是国际社会争论的又一大主题。

联合国维和部队驻扎前南斯拉夫，1995 年。

反殖民运动和阵营解体

反殖民运动兴起于 20 世纪 50 年代，一些国家既不倒向东方阵营也不倒向西方阵营。1985 年，苏联政策改革导致东方阵营内部持续动荡。苏联解体后，冷战走到了终点。

1947 年，经过长期的政治斗争，印度斯坦分裂成了印度、巴基斯坦两个国家。随着印度摆脱英国的殖民地身份，全球反殖民运动开始了。

1949 年，东南亚国家如印度尼西亚纷纷宣告独立。随后的五六十年代，几乎所有非洲殖民地都相继获得了自主权。主权国从 1900 年的 50 个增加到 1990 年的 180 个。

反殖民运动或采用暴力形式（如阿尔及利亚），或通过和平手段解决（如印度）。部分殖民地独立后，政府被军事独裁者控制，并由此导致了政治上的腐败，这种现象在非洲独立国家中尤为典型。

为防止成为大国傀儡，1955 年，第三世界国家组成了不结盟运动。

1985 年，米哈伊尔·戈尔巴乔夫当选苏共总书记，也就是从那时起，社会主义阵营内部出现了激烈的分化。由于勃列日涅夫时期，不断扩充的军备力量、低效的国家机构、生硬的教条主义，已将苏联带入了严重的经济、社会危机中。戈

尼日利亚独立五周年庆典，1965 年。

尔巴乔夫当政后，实行了激进的经济、政治改革，宣布放弃勃列日涅夫的教条，要对经济基础和上层建筑进行全面改造，以使"社会有质的更新"。同时，他的"新思维"也推动了东欧各党的改组、分化和蜕变。

戈尔巴乔夫在列宁雕像前发

表国会演说，1989 年。

捷克，这个昔日围绕苏联转的卫星国家，因为苏联在 1968 年布拉格之春运动中强行派遣坦克镇压，发起了起义。1989 年，示威游行、罢工、人口外流，将苏联

在布拉格的苏联坦克，1968 年。

政权推向了衰弱的边缘。随着苏联阵营的解体，冷战在经历 40 年没有流血的历史后，走向了终点。

国际新秩序

1991 年，苏联解体结束了美苏两极的战略均势。然而，大规模杀伤性武器的增长以及日益强悍的国际恐怖主义，给世界又带来了新一轮挑战。

1989 年 11 月 9 日柏林墙被推倒，启动了德国的统一进程。1990 年，民主德国并入德国联邦共和国，一年后成为北约成员。

《华沙公约》失去原有意义，在美国向苏联、后来的俄罗斯做出安全保证后，东欧成员国相继加入西方联盟。新旧世纪交接之际，部分东欧、中欧国家，比如波兰、波罗的海国家，加入欧盟，而俄罗斯、白俄罗斯、乌克兰等国则建立了独立国家联合体（独联体），并宣布"苏联作为国际法主题和地缘政治现实将停止存在"。

苏联解体后，两大军事强国对立的局面不复存在，但也给世界带来新一轮的危机。之苏联内的少数富人摇身一变，成为国际上新的超级富翁，但与此同时，在没有基本社会福利后，穷人、老人、弱者则处于更加糟糕的环境。中央调控力量衰落后，大规模杀伤性武器、核武器落在少数不稳定的国家手中，更增加了爆发核战争的可能性。此外，常规武器（来复枪、地雷等）的买卖不加任何控制，很多都在黑市进行交易，并多被用于残酷的国内战争，如 90 年代前南斯拉夫内战，以及 1995

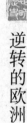

柏林市民拆毁柏林墙，1989 年。

年索马里战争。

欧盟大会，布鲁塞尔，2005 年。

　　通过在全球范围内组织爆炸等恐怖袭击事件，非国家利益团体将恐怖主义作为一种政治手段，这构成当前国际社会又一新的威胁。现代国际恐怖主义兴起于 60 年代，盛行于 70 年代，猖獗于 80 年代。有人将这股恐怖主义狂潮称为"20 世纪的

刚果爱国主义者联盟的少年士兵

政治瘟疫"。自 2001 年 9 月 11 日纽约、华盛顿恐怖袭击事件发生以后，美国及其盟国强烈呼吁对恐怖组织实施政治、经济、军事打击。现在，对恐怖主义军事打击的社会政治后果依然不可预测。

欧洲的分隔和重建

美苏两大强国不同的经济政策造成欧洲两大阵营对峙的局面，不过，相应地也促进了各自集团内部的融合。

1947 年 6 月 5 日，美国国务卿乔治·马歇尔提出了一项旨在复兴欧洲的马歇尔计划。

当时欧洲经济濒临崩溃，粮食等物资极度匮乏，如果没有大量的外援，欧洲将面临严重的政治经济危机。

这项计划对所有的欧洲国家都开放，但遭到了苏联的拒绝，甚至被阻挡在苏联势力范围（东欧）之外。

马歇尔计划对西欧经济的援助主要由欧洲经济合作组织来实现。

马歇尔计划资助法国：美国的拖拉机落户法国的勒阿弗尔地区，

1948 年。

该组织成立于 1948 年，设有部长理事会，下设执行委员会。1961 年，组织更名为经济合作与发展组织。

舒曼计划宣传册上写道："它背后到底潜藏着什么？"，

舒曼（左）和康纳德·阿登纳，1951 年。

在东欧，经济互助委员会发挥着应有的作用，监督计划经济的发展。

早在二战结束时，西欧便计划要实现欧洲联合的目标。最初阶段，联合仅限于经济、军事层面。法国外交部长罗贝尔·舒曼曾鼓励实现西欧煤钢资源的共同管理，此举一来可以享受经济发展带来的利益，二来可以防止欧洲再次爆发战争。

1951 年，法国、德国、比利时、荷兰、卢森堡、意大利加入货币联盟。1957 年，签订《罗马条约》，要求建立欧洲经济共同体、创造共同的市场和统一的政策，甚至还要求建立欧洲核能共同体，关注和平的核能源研究及发展态势。

北大西洋公约组织大会，巴黎，1959 年。

军事方面，西欧的联系也越发紧密。1948 年，法、英、比、荷、卢五国签订《布鲁塞尔条约》。此后，1949 年，西欧十国、美国、加拿大共同签署《北大西洋公约》，宣布成立北大西洋公约组织。

为了对抗北大西洋公约组织，1955 年，包括民主德国在内的欧洲社会主义阵营国家签署了《华沙公约》，形成了与北约对立的社会主义同盟。它对保护社会主义的自身安全、免受帝国主义的侵略、保卫世界和平、促进民族解放运动发挥了重要作用。

从欧洲共同体走向欧洲联盟

1965 年，欧洲共同体成立，经过不断的建设发展，最终发展成欧洲联盟。在成长过程中，它始终担负着吸纳新成员、拓展版图的职责，与此同时，也不断接受来

自经济、政治领域的挑战。

最初，欧洲的政治联合进展缓慢。法国在跨国社会秩序中，拒绝政治参与，反而另取他法，加强与德国合作。

1963 年 1 月 22 日，法国总统戴高乐和德国总理康纳德·阿登纳签订《爱丽舍条约》，号召就两国外交政策、文化政策进行协商。欧洲经济联合的进程则比较顺利。

戴高乐和康纳德·阿登纳签订《爱丽舍条约》，巴黎，1963 年 1 月 22 日。

1965 年，通过《布鲁塞尔条约》，欧洲煤钢共同体、欧洲经济共同体、欧洲原子能共同体统一起来组建了欧共体。随着它的成立，国家政府的部分职能被取代，由一个全新的欧洲委员会负责捍卫欧洲利益。欧共体内部机构包括欧洲法院、欧洲理事会（直接由成员国的人民选举产生）等。

欧洲中央银行，法兰克福。

通往联合之路更具里程碑意义的事件是 1992 年 2 月 7 日《马斯特里赫特条约》的签订，由此奠定了一系列的基础：外交安全政策趋于联合；司法与民政更加紧密；经济与货币联盟推陈出新。1993 年 11 月 1 日，欧共体发展成为欧洲联盟。1999 年，欧元代替了分散的地区货币。从这点来看，欧洲中央银行确实对欧盟货币政策起了很大的作用。

反对《欧盟 2000 年议程》的农民在示威游行，德国什未林，1999 年。

其他一些欧洲国家也努力加入，壮大欧盟力量。欧共体创始国仅有法、意、联邦德国、荷、比、卢六国，而后不少国家相继加入。1989 年东方阵营解散前，只有西欧国家加入欧盟。之后，许多东欧、中欧国家也相继申请加入。仅 2004 年，就有十个申请国被批准加入欧盟。

目前，欧盟的法律深深影响着各国政府部门，并引发了民众对政府的一系列批评，如政策制订机构的不透明性、布鲁塞尔官方的大家长作风等。各国有各自打算，欧盟究竟在政治方面还是在经济方面引导性更强，还有待商榷。2001 年，《尼斯条约》（全称为《修改（欧洲同盟条约）、建立欧洲各共同体诸条约和某些附件的尼斯条约》）的签订为我们提供了更多思考的空间。

二、德国的转机与兴起

1945 年至今

纳粹德国的灰飞烟灭震醒了迷蒙中的德国人民，德国被一分为二。民主德国带着苏联模式的枷锁，改革发展之路波折起伏。联邦德国凭借美国巨额财政扶持以及自身的政策优势创造了世界经济发展奇迹，逐渐摆脱了战争的阴霾，重新崛起并跻身世界经济强国。随着世界格局的演变，最终民主德国并入联邦德国，终结了历史遗留的"两个德国"。如今的德国试图向政治强国迈进。

联邦德国的现代化进程

二战后，德国的土地上出现联邦德国（西德）和民主德国（东德）两个对立的国家。

联邦德国是德国历史上真正具有西方性质的资产阶级共和国，实行的基本上是西方式的政治经济体制，其核心内容就是西方式的民主化和前沿工业化，而相比较而言，政治民主化也许是当时联邦德国更为紧迫的任务。

联邦德国 1949 年 5 月通过的《德意志联邦共和国基本法》规定，联邦德国的政治体制是实行议会民主制和社会福利制的联邦制国家，奉行民主制、法治、联邦制和福利国家"四原则"。联邦总统是国家元首，由联邦议院选举产生。总统在"平衡"总理的独断擅权和对西方的过分依赖方面起着重要作用。联邦德国的立法机关采用两院制，由联邦参议院（上院）和联邦议院（下院）组成，议员每四年选举一次。联邦政府由总理和各部部长组成。联邦总理由联邦总统根据国会占多数席位政党的意愿提名，由联邦议院选举产生。各部部长则由总理指定，对总理负责，只有总理单独向联邦议院负责。联邦德国还专设联邦宪法法院，负责监督《基本法》的执行，对行政行为进行合宪性审查。

与政治现代化相辅相成的且较政治现代化远为耀眼的是联邦德国的经济现代化。战后三年里，联邦德国的经济形势已经宣判了中央统治经济体制的死刑。在美、英、法三国对德政策上取得协调一致后，全面整顿联邦德国经济体制的时机已经成熟。

联邦德国的经济体制改革是以"社会市场经济"为理论指导而展开的。这一理论以竞争为基本内容、主张自由贸易而又带有福利保障的社会化色彩，不仅为联邦德国企业主们所接受，同时深得民心。路德维希·艾哈德就任美英法联合占领区经济管理局局长后，依据"社会市场经济"采取了一系列行之有效的政策，联邦德国的经济得以初步恢复。1949 年的生产达到了 1936 年的 80.6%，1950 年又比 1949年提高了 60%。

路德维希·艾哈德

从 1952 年起，联邦德国的经济开始进入振兴和繁荣期。1952 年至 1959 年，联邦德国的国内生产总值年平均增长率为 9.1%，国民收入年均增长率达 9.2%，远高于同期的美、英、法，只稍低于日本。

截至 20 世纪 60 年代中期，联邦德国的主要工业产品产量指标也居西方国家前列。其中，钢产量从 1952 年的 1581 万吨增至 1965 年的 3682 万吨；煤产量在 1955 年超过英国，达 2.4 万吨，居西方发达国家第二位，仅次于美国；汽车产量在 1967 年也居西方国家前列，超过了英国和法国。更难能可贵的是，联邦德国在保持经济高速发展的同时，物价仍然比较稳定，通货膨胀率也维持在一个较低的水平，就业状况迅速好转，失业人数和失业率大幅下降。稳定的物价与高速增长的经济相互促进，使得联邦德国的经济发展达到了最佳状态。

20 世纪 50 年代到 60 年代上半期是联邦德国战后经济第一个复兴时期，经过十几年的发展，联邦德国迅速得以重新跻身世界经济强国的行列。

但是，联邦德国的经济发展在 1966 年至 1967 年遭遇了生产过剩危机的厄运。幸运的是，联邦德国在 1967 年 7 月就顺利渡过了此次危机的低谷，重新转入经济复苏。1966 年至 1973 年可谓是联邦德国经济的"中速发展式稳定发展时期"。这一时期联邦德国的国内生产总值年平均增长率为 3.36%。1971 年，联邦德国的外汇储备猛增至 186.57 亿美元，超过美国而跃居世界首位。

虽然联邦德国的经济复兴在 20 世纪 60 年代中期之后放慢了前进的脚步，但联邦德国已经不可遏制地成长为西方资本主义世界的经济大国。两德统一之前，其国民生产总值一直稳居资本主义世界第三位，仅次于美国和日本，达 24477 亿马克（1990 年）。

为了使联邦德国重获完全的主权并自立于西方世界之林，联邦德国走上了靠拢美国，与法国和解，与西方结成经济、军事同盟的道路。在阿登纳的领导下，联邦德国迅速恢复国家主权，并在欧洲乃至世界的舞台上重新占据了一席之地。

经过几代领导人的共同努力，联邦德国不仅仅在欧洲，而且在世界上逐渐增强了自身的影响，开始在世界舞台上扮演着越来越重要的角色。它牢固地占据着欧洲头号大国的地位，并成为通向国际经济政治黎明时代的引路人。

联邦总理阿登纳

联邦德国第一任总理康拉德·阿登纳在位的 14 年里，不断地证实了他那种稳健的权力意识。执掌权力对他来说是一种享受和满足，但是他没有沉湎于权力之中，权力只是实现他坚定信仰的方法与途径。当他预感到遭遇的抵抗非付出重大代价不可挫败的时候，权力也并不阻碍他去寻求妥协。但是他深信：他所放弃的，明天或后天便会重新得到。

阿登纳

1949 年 8 月 14 日，当时的联邦德国人民选出了第一届联邦议院。9 月 15 日，年届 73 岁的阿登纳当选为联邦总理。五天以后，他宣布，要利用"起码是相对的国家自由"来克服燃眉之急的物质匮乏，并要为人民赢回外交上的行动自由权。他决心推行欧洲一体化政策，使联邦德国成为自由欧洲国家共同体中坚定的一员。他努力与西方战胜国结成联盟，先决条件是他们能重新在联邦德国及其政府中树立威信，并在苏联发动政治、军事进攻时挺身相助。

阿登纳在为使德意志联邦共和国重新赢得信任方面取得了很大成就：一方面，他坦率地表明纳粹政府打着德国的名义奉行的是一套犯罪政策，但他本人并不对德国过去的错误承担责任。1933 年，身为科隆市长的他被解除了职务。1944 年，他甚至被捕入狱达数月之久。在纳粹统治期间，阿登纳不得已而无所作为，并常常处于盖世太保的监视之下。另一方面，他强调说，任何一个战胜国都无权对一个战败国的全体人民进行惩罚，更不能长期剥夺他们的自决权利。1955 年，《巴黎协定》生效，联邦德国重新确立了它的国家主权，这应归功于阿登纳为解除盟军的占领与控制，扩大联邦德国的权益和在西方联盟中取得平等权利而做出的锲而不舍的努力。

阿登纳的另一目标是创建欧洲委员会。创建初期的 1951 年，在倡议者夏尔·戴高乐、罗伯特·舒曼（法国国务活动家）、让·莫尔（法国政治经济学家和外交家）和康拉德·阿登纳的共同努力下，签署了欧洲煤钢联营协定，由此也使"世仇"的德、法两国握手言欢。阿登纳明确表示："在今日的欧洲，世仇已完全不合时宜，我决心使德法关系成为我们政策的核心。一位联邦总理必须同时是一个好的德国人和一个好的欧洲人。"

三年之后，联邦德国加入了西欧联盟，并在 1957 年成为欧洲经济共同体的一个成员。鉴于当时的形势，阿登纳认为建立一个联合的欧洲势在必行。欧洲统一既是其本身之目标，同时也关系到联邦德国的切身利益。"我们是一个弱小又易受攻击的国家。凭借自身的力量我们将一事无成。作为介于东、西方之间的真空地带，我们没有任何盟友，却在东边有一个危险的邻国，拯救德国即拯救欧洲。"

康拉德·阿登纳不仅想当一个"欧洲人"，还想成为一个"大西洋人"。他认为，如果没有美国的保护，欧洲是无力对抗苏联的不断日益增长的威胁的。他尤其认为美国不会怀疑联邦德国对联盟的忠诚。1954 年，联邦德国成为北大西洋公约组织的成员国，并保证联邦国防军随时投入作战状态。

由于当时不可能获得统一德国的政治自由——如果两德统一就必须保证保持中立，这样便很可能成为苏联进攻的牺牲品，所以阿登纳希望至少能阻止国际法认可的国家分裂。在 1955 年秋出访莫斯科之际，他又强调了这一政策。他和他的代表团成功地同苏联协商了有关释放 10 万德国战俘等事宜，并与苏联建立了外交关系。在与赫鲁晓夫旷日持久的谈判中，他尽力谋取一种令人满意的统一德国的办法。

阿登纳十分重视对受迫害犹太人的赔偿问题。他认为出于道义必须做出表示，并终于在内政方面争取到了巨额的赔偿资金。他在回顾 1952 年签订的赔款条约时说道："德国在其表示并证实了它的赔偿意愿之前，是不可能成为世界各国中受人尊重且享受平等权利的一员的。"

阿登纳第四次当选联邦总理时已是 85 岁的耄耋老人了。他的内政与外交政策不断遭到批评，特别是民主德国政府于 1961 年建造了柏林墙，更使他失去了本已享有的威望，人们谴责他对这种行为的容忍。

除此之外，公众亦对他的高龄表示怀疑，对于这种忧虑，"老头"表示不解。一次，他因患支气管炎不得不卧床休息，他所在的基督教民主联盟特派代表到他家中探视。代表向他暗示，他应该考虑接班人的事宜了。阿登纳避而不谈，结果谈话难以继续。探视代表回到家里后，妻子关切地询问起丈夫的健康状况，说阿登纳打电话来告诉她，她丈夫在探访时总是谈到死的问题，该请医生看看了。这是年迈的阿登纳对探访者的幽默报复，他还表示以后再也不上诸如此类的外交手腕的当了。

1963 年，阿登纳辞去联邦总理之职，但仍继续担任基督教民主联盟主席至 1966 年。1967 年 4 月 19 日，他在撰写回忆录时与世长辞，终年 91 岁。

民主德国的伟大复兴

经历了四十多年的风风雨雨，民主德国从 1949 年建立到 1990 年最终为联邦德国所统一。民主德国坚持中央集权制的计划经济体制，并取得这一体制下最大的成就，其经济发展水平与居民生活水平都是当时社会主义国家中最高的。但是在内外因素的作用下，民主德国像一颗流星一样，一刹那辉煌之后，便陨落于历史的长河中。

根据 1949 年的民主德国宪法规定，民主德国建立的政治体制是以德国统一社会党为领导的多党议会民主制。人民议院是国家的最高权力机关，按宪法规定行使立法权，监督一切国家机关的活动，由经普遍、平等和秘密选举产生的 400 名议员

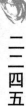

组成，任期4年。总统为国家元首，由人民议院和州联邦议院共同选举产生，总理为行政首脑，由人民议院中占多数席位的议会党团提名、选举产生后组织政府。人民议院还负责选举和罢免最高法院院长和总检察长。根据宪法规定，民主德国的一切国家权力来自人民，国家必须为人民的幸福、自由、和平及民主的发展服务。

1960年9月12日，民主德国第三届人民议院召开第14次会议，决定取消总统制，设立国务委员会，由人民议院选举产生，对人民议院负责，执行宪法和人民议院所赋予的任务，任期5年。国务委员会主席作为国家元首对外代表民主德国。部长会议是国家最高权力执行机构，部长会议主席为政府首脑，同时是民主德国行政机构的最高领导人，由国务委员会主席提名、人民议院选举产生。部长会议受德国统一社会党领导，执行国家在政治、经济、国防、外交等方面的方针政策。

虽然民主德国的政治体制在开始阶段并不是简单地照抄苏联的政权形式，还注意吸取了本国过去的历史经验，但随着德国统一社会党在苏联的扶植之下逐渐牢牢控制了领导地位，一种所谓的"民主化中的政治集中趋势"得以不断加强。这种斯大林式的统一社会党专权，加上克格勃式的秘密警察，特别是一种"跟着莫斯科指挥棒转的德意志民族政策"，逐渐导致了民众与统治集团之间的隔阂，并最终导致了民主德国在与联邦德国的竞争中败下阵来。

民主德国在经济领域实行全盘"苏联化"，参照苏联的模式建立了高度集中的经济管理和计划体制，即社会主义计划经济体制，国家在生产资料国有化的基础上依靠行政机关和下达行政命令的方式领导和管理所有企业，发布各种指示，规定各项细节。针对建国初期不利的经济处境，新成立的民主德国政府制定了一个两年经济恢复计划（1949—1950年）。到1950年底，民主德国的生产已经基本恢复到了1936年的水平。第一个五年计划（1951—1955年）之后，1955年，民主德国的工业生产比1950年增长了91%，平均增长率达13.7%；农业生产增长了44%。同时，社会主义成分在工业生产中的比例已经上升到87.6%，在农业生产中占27.4%，在国民收入中的比例由1950年的56.8%上升到69.9%。第一个五年计划之后，民主德国已经具备了较为稳固的社会主义经济基础，但仍保留着多种经济成分，民主德国的经济发展与联邦德国相比较而言要缓慢得多。

20世纪60年代初，经过第二个五年计划和七年计划，民主德国已基本上完成了从资本主义向社会主义阶段的过渡，确立了社会主义生产关系。国民经济已初具规模，国民经济总产值已达到建国初期的3倍，劳动生产率提高了2.5倍。

1964年1月，民主德国开始在全国推广"新经济体制"，通过改革经济组织和计划方法，废除一些行政命令式的管理方法，并利用经济杠杆调动民主德国人民的生产积极性。改革的成效是显著的。1966—1970年，民主德国的劳动生产率平均增长6%。1970年，民主德国国民收入突破1000亿马克大关，人均收入增长22%。民主德国也向世界宣布自己已经成为一个比较先进的社会主义国家。"新经济体制"是民主德国突破旧框架、探索符合本国国情的现代化经济道路的一次尝试，它着力改变国家计划统得过死和"绝对平均主义"现象，调动企业和地方的积极性，促进国民经济的发展。但"新经济体制"并不完善，加上苏联及民主德国部分老一辈领导人的反对。最后被迫中止。

埃利希·昂纳克

1971年6月，德国统一社会党第八次代表大会召开，成为民主德国发展史上最有成效的建设时期的开端。埃利希·昂纳克当选为中央委员会第一书记。大会确定了"建设发达的社会主义"的必须任务，提出要把"经济政策和社会政策相统一"，以"集体化""合理化"为建设中心。在此次会议精神的指导下，民主德国在 20 世纪 70 年代逐步发展成一个现代化程度较高的工业国家。10 年中，民主德国的国民经济投资额从 1971—1975 年的 1830 亿马克增至 1976—1980 年的 2500 亿马克，生产率增长 53.6%，国民收入增长 53%。1980 年，民主德国的工业产值为 2689.5 亿马克，比 1970 年的 1508 亿马克增加了近一倍。机械、能源、化学、冶金等部门发展的成绩非常突出，产值达到 300 亿马克，占工业生产值的 11.2%。截至 1980 年，民主德国的国民生产总值达 1204 亿美元，人均达 7180 美元，居同期世界第 28 位，在苏联东欧国家中居于首位。

进入 20 世纪 80 年代以后，民主德国继续贯彻经济改革，建设了大量的联合企业。这一时期，民主德国国民收入更有大幅度提升，1980—1985 年的增长率达到了 30.7%，国民收入平均增长速度为 4.4%，工业劳动生产率平均增长 7.6%。这期间民主德国的国民生产总值已居世界第 10 位，国民收入总额居世界第 12 位。1988 年，民主德国的人均国民生产总值达到了 11873 美元。1989 年，其生产性国民收入达到 2735 亿马克，比建国初期增长了 10 倍多，其中工业生产增长 18 倍，农业生产增长 1 倍，畜牧业生产增长 8 倍，劳动生产率提高了 10.5 倍，人均纯收入从 1970 年的 794 马克提高至 1988 年的 1620 马克，人民生活水平居世界第 24 位。

广大民主德国的劳动者以自己的勤奋创下了东欧集团中最高的工业产值以及最高的生活水准，民主德国在短短 41 年内也曾崛起于世界，跻身于世界十大发达工业国家的行列。

民主德国的外交内政一直受苏联的影响，与联邦德国相比，民主德国的外交更多的是被动式的反应，而长期对苏联的依赖也导致民主德国政府缺乏应对危机的能力。当苏联这棵大树轰然倒塌时，民主德国便如同一颗流星，悄然陨落了。

两德统一

1989 年 10 月 7 日，民主德国迎来了国庆 40 周年。然而，就在总统昂纳克在东柏林民主德国成立 40 周年庆祝大会上大谈民主德国取得的伟大成就的同时，民主德国的一些地方城市爆发了规模不等的群众示威游行，要求实行政治民主化，推行改革，改善供应和服务，放宽对出国旅行和新闻媒介的限制等。当天晚上，正当东柏林共和国宫举行民主德国成立40周年招待会的时候，东柏林一批青年人也在离会场不远的地方举行示威游行，一路上加入的群众达六七千人之多。当局出动警察镇压，警察与示威者发生了冲突，数以千计的游行者被捕，游行队伍亦被驱散。从10月8日起，东柏林、莱比锡、德累斯顿、波茨坦、马格德堡、耶拿等许多大城市再次相继爆发了群众性的抗议示威活动，其人数之多为民主德国历史上所罕见。

事态在不断地扩大、蔓延，口号也从要求"改革""旅行自由""新闻出版自由"迅速转变为要求反对派组织合法化、实行真正的多党制、举行"自由选举"等。这期间，民主德国政治反对派组织也应运而生，其中于9月19日宣告成立的第一个反对派组织"新论坛"，该组织成立后随即被取缔，但它仍在公开活动并迅速壮大起来。

10月18日，担任党的最高职务长达20年之久的昂纳克被迫辞职。新任党总书记埃贡·克伦茨上台后立即宣布实行"彻底改革"，严厉批评前领导的严重错误，宣布赦免所有非法外逃和非法游行的人。然而，抗议活动并未因此中止。次日，各地群众继续举行示威游行。人们呼喊"我们是人民"的口号，要求新闻出版自由、旅行自由，实行自由选举，结束一党独裁。10月29日，民主德国撤销对"新论坛"的起诉（指控"新论坛"为国家的敌人）。

11月4日，东柏林爆发50多万人大游行；11月6日，莱比锡也有50多万人大游行。在强大的压力下，民主德国不得不加大变革力度，11月7日，民主德国政府宣布集体辞职；11月8日，德国统一社会党召开十一届十中全会，政治局宣布集体辞职，同时选出以埃贡·克伦茨为首的新政治局。党总书记克伦茨在此次中央全会上再次向全党全国人民承诺，民主德国要在世界开放的形势下革新社会主义，进行彻底改革；11月9日，民主德国宣布：从即日起公民无须申报特殊理由即可获准办理出国旅游或移居国外的护照。这意味着推倒柏林墙，开放边界。

开放柏林墙只是克伦茨政权做出的一个无奈之举，但这个晚上却成了两德人民

"疯狂的时刻"，演出了一出轰动世界的悲喜剧。晚上 10 点钟，民主德国边防战士奉命打开东西柏林过境关的栏杆，数以万计的人组成巨大的人流，不受阻挡地涌向西柏林和联邦德国。联邦德国和西柏林居民纷纷驱车前往边境站，欢迎来自民主德国的同胞。柏林墙开放的第二天，人们自发地开始拆除柏林墙，一时间，柏林墙被敲凿得千疮百孔。在这以后的几天，西柏林人在过境道口铺上大红色的地毯，开来免费大轿车迎送东柏林人。仅 11 月 12 日这一天，去西柏林的民主德国公民就达到了 50 万人。12 月 12 日，象征着"大柏林"的勃兰登堡门也被打开了，东柏林的菩提树下街上，人们欢声雷动，挥舞着两个德国的国旗，像一家人一样欢庆盛大的节日。

随着柏林墙被推倒和边界彻底开放，民主德国政治多元化被提上议事日程。11 月 13 日，民主德国民主党派"德国民主农民党"主席京特·马洛伊达在民主德国人民议院九届十一次会议上当选为人民议院主席，这是民主德国历史上首次出现的一种现象。11 月 17 日，以积极主张改革的德国统一社会党新任政治局委员、原德累斯顿专区党委第一书记汉斯·莫德罗为首的联合政府宣告成立，此届政府由原来的 44 人减至 26 人，其中 15 人为德国统一社会党成员，11 人为其他 4 个民主党派的成员，而这种力量对比在民主德国历史上也属罕见。

这一天，莫德罗政府提出建立和发展两德间的"契约共同体"构想（11 月 28 日，联邦德国总理科尔提出统一德国的"十点计划"）。12 月 1 日，民主德国人民议院通过修改宪法第一条的提案，删去了关于民主德国受"工人阶级及其马克思列宁主义政党领导"的内容。12 月 6 日，克伦茨下台。12 月 7 日，民主德国 14 个党派、政治组织和社会团体的代表在柏林举行"圆桌会议"。这不仅是民主德国历史上第一次"由全国政治力量参加的"政治协商会议，而且表明德国统一社会党正式承认政治反对派组织的合法地位并准备实行多党制。

12 月 8 日至 17 日，德国统一社会党举行特别代表大会，选举产生了以 41 岁的律师格·居西为首的新的中央领导班子，并正式确定，将党的名称更改为"民主社会主义党"，实行多党制，建设民主社会主义。

1990 年 3 月 18 日，民主德国举行历史上的第一次议会自由选举，共有 24 个政党和政治组织参加了竞选，93.22% 的选民参加了投票。经选举，民主德国基民盟以 40.82% 的选票获胜，在人民议院 400 个议席中占 163 席，成为第一大党并获得组阁权，而民主社会主义党仅获得 16.40% 的选票，在人民议院 400 个议席中占 66 席，成为第三大党。4 月 12 日，以民主德国基民盟为主体的德国联盟与民主德国社民党等达成协议并组成新的大联合政府，民主社会主义党由此而失去执政地位并成为在野党。5 月 6 日，民主德国历史上的第一次地方议会自由选举正式举行。在这次地方议会选举中，民主社会主义党再次失利，总共仅获得 14.59% 的选票。由于以积极主张德国统一的民主德国基民盟为主体的德国联盟在民主德国执掌大权，德国统一进程加快，民主德国政治体制转型也随之加速。

两德统一

自 1990 年 4 月起，有关两德统一问题的艰难谈判在紧锣密鼓地进行。5 月 18 日，两德正式签署有关建立货币、经济和社会联盟的第一个"国家条约"。7 月 1 日，该条约生效，东德马克退出流通领域，西德马克进入民主德国并作为其唯一合法的支付货币。这意味着两德走向经济统一，民主德国开始接受联邦德国的经济模式——市场经济。

7 月 6 日，两德又开始就政治统一的第二个"国家条约"进行谈判。第二个

"国家条约"包括规定两德统一的原则、方式和时间，确定两德统一后的政治制度等。经过讨价还价，8 月 23 日，民主德国终于做出决定，即民主德国将恢复 1952 年行政区划改革前的 5 个州建制，并于 10 月 3 日按联邦德国宪法即基本法第 23 条集体"加入"联邦德国。很显然，民主德国"加入"联邦德国，就意味着德国统一后的政治制度是按照联邦德国的多党议会民主政治制度。

8 月 31 日，两德正式签署了实现两德统一的第二个"国家条约"。自此。民主德国便按照第二个"国家条约"和联邦德国基本法的规定着手彻底变革和转换其政治体制。10 月 2 日。民主德国政府及其机构正式停止运转。同日下午，民主德国人民议院举行最后一次会议，人民议院主席波尔女士宣布它"圆满地完成了以自由方式实现德国统一的任务"。晚上 11 点 50 分左右，民主德国的国旗从勃兰登堡大门和所有政府机关建筑物上降落，由联邦德国的国旗取而代之。

1990 年 10 月 3 日零时，德国统一大庆典在柏林正式举行。德国总统魏茨泽克、总理科尔以及其他德国政府官员，来自全德各界的 2000 名代表和驻德国的外交使节，出席了升旗仪式。从此，世界上只有一个德国。

资本主义的发展

12 世纪时，封建制度在德国已完全确立，经济发展比较迅速，工商业从农业中分离，城市也开始兴起。不过，德国的城市分布很不均衡，主要集中于北部、西部和南部地区，一般都处在国内的边远地带。城市的经济兴趣主要是对外贸易，与国内市场的关系却不很密切。

德国国内政治分裂的状态严重阻碍着工商业和城市的发展。由于诸侯领地上关卡林立，过往客商要缴纳繁重的过境税，使商人们几乎无利益可得。据说，单是一条莱茵河，封建主设立的关卡就有 62 处之多。而且，穷困潦倒的骑士们也常常拦路抢劫，使得德国境内几乎没有一条安全的商路。诸侯和骑士们甚至还常常直接抢劫城市。在没有强大国家政权保护的情况下，各城市不得不按地区结成联盟来保卫自己，先后出现的著名城市联盟有莱茵同盟、士瓦本同盟和汉萨同盟。

汉萨商人

莱茵同盟初建于1226年，参加者主要是德国西部莱茵河流域的一些工商业城市，以美因茨、沃姆斯和法兰克福最为重要。13世纪中叶，参加同盟的城市达到70个，遍及莱茵河上下游。同盟为保护城市工商业发展起了积极的作用。它在莱茵河上及所属地区的商路上设立了安全卫队，保卫商船和商队。由于它施加的压力，封建主取消了多种关税。士瓦本同盟是德国南部多瑙河上游地区城市结成的同盟，于1331年建立，参加者有奥格斯堡、纽伦堡、乌尔姆等大城市，也有力地保护了南方地区工商业和城市的正常发展。但是，封建诸侯不可能容许城市同盟长期存在。在这种情况下，莱茵同盟与士瓦本同盟在1381年合并以增强力量，但最后还是在1388年被皇帝、诸侯和骑士的军队联合击败。

在各个城市同盟中，汉萨同盟是最有实力的了。"汉萨"的原意是"集团"。当时，德国北部城市的商人在国外进行商业活动时，在住地城市都设有自己的"汉萨"。汉萨同盟就是德国北部工商业城市的结盟。

汉萨同盟各城市处在欧洲北部北海与波罗的海国际贸易区的核心位置。北海与波罗的海贸易区是中世纪欧洲的两大国际贸易区之一，是北部欧洲东西贸易的生命线。输往西欧的是北欧和东欧的粮食、木材、牲畜、毛皮、蜂蜜、鱼类、矿产等，往东运送的则是西欧各地所产的呢绒、红酒及各种手工业品。由于汉萨商人所处的优越地理位置，所以这一贸易事业从 12 世纪起一直掌握在他们手中。

贸易线路是货物从吕贝克等波罗的海港口上岸后，从陆路运到汉堡、不来梅等城市，通过北海运往西欧。后来又逐渐利用了丹麦的厄勒海峡水路。汉萨的商站沿商路遍布各个地方，其中以设在伦敦、布鲁日、卑尔根和诺夫哥罗德的商站最为有名。

13 世纪中叶，德国北部城市开始建立各种联盟，13 世纪 80 年代时正式形成汉萨同盟。参加城市最多时达到 160 多个；不仅有吕贝克、汉堡、不来梅等从事转运贸易的主要城市，也有与这一贸易有联系的莱茵河、威悉河流域的城市，还有远自东方的但泽、里加、柯尼斯堡等城市。同盟有公共的财政收支，建立了强大的海军舰队，具有外交、宣战等权利。最初以垄断贸易、反对海盗、保护商船为主要目的，后来发展到正式和封建国家相对抗。13 世纪时曾和挪威交战，14 世纪后期又向丹麦宣战，迫使丹麦国王签订和约，承认同盟在这一地区的贸易特权。汉萨同盟的鼎盛时期维持了一个多世纪，15 世纪开始走向衰落。

19 世纪德国的统一，扫除了资本主义发展的障碍，仅仅 20 年时间，它便一跃而为欧洲经济强国。

德国的工业发展是在 19 世纪 50 至 60 年代起步的，那时克虏伯、西门子等大公司相继出现。1870 年以后，德国赶上了第二次工业革命的浪潮，并在化学、电气等工业方面处于领先地位。19 世纪最后 30 年里，德国工业发展速度居于世界第二、欧洲第一。30 年中，工业生产总指数几乎增加了 3 倍，煤开采量增加 3 倍多，钢产量翻了 5 倍多。化学工业从 19 世纪 60 年代的几乎是空白，跃升到 1900 年的世界第一位。这时，世界所用染料的 80% 是由德国制造的。电气工业在 1891—1913 年的 22 年间增加了 28 倍。

1866 年，德国工程师西门子制成发电机，使世界能源利用开始了一个新的时代。西门子兄弟还发明了平炉炼钢法。以石油为原料的内燃机，也是德国人发明的。奥托发明了煤气内燃机，戴姆勒发明了汽油内燃机，狄塞尔发明了柴油内燃机。作为一个后起国家，德国一方面积极补上第一次工业革命的课，另一方面又直

接利用第二次工业革命的新技术，所以少走了英法等国已经走过的弯路，生产出现了跳跃性的进步，经济实现了"起飞"。

德国资本主义从一开始大规模发展，就走上了集中和垄断的道路。德国的垄断组织初期叫"卡特尔"，1905年时发展到385个，遍及冶金、采矿、电气、化学、纺织、食品等主要工业部门。20世纪初，更高级的垄断组织"辛迪加"出现。不过，德国资本主义的发展和垄断又具有浓厚的封建性。专制君主的统治、军国主义的传统，加上后起国家对殖民地的垂涎，使其特别具有侵略性和掠夺欲。

经济崛起奇迹

德国总理阿登纳曾说：德国人民"深深地低着头，但没有消沉"。二战后的德国满目疮痍，百废待兴，而就在这一片废墟之上，德国人开始了艰难的重建过程。短短数十年的时间，德国先后超越了老牌的欧洲经济大国英国和法国，成为世界第三大经济体。

尼克松

1947年，后来成为美国总统的尼克松访问欧洲，在联邦德国看到了国民生活的惨状和不屈的民族精神。众议员被一帮儿童围住，他们手里捧着父亲们用鲜血换来的勋章，意图换取食物，却没有乞讨。一位议员给一个10岁的小女孩一块巧克力，而这个饥饿的小女孩把巧克力塞进了比自己更小的妹妹口中。在苦难中，德国人民爆发出了惊人的生命力和创造力，在战后的废墟上，他们努力工作，致力于国家的重建。

随着经济形势的好转，德国人的创造力被激发出来，经过几代人的顽强努力，德国人创造了"经济奇迹"：国民生产总值平均每年增长13%。联邦德国从负债国变成了债权国，西德马克成为欧洲最坚挺和最稳定的货币之一。国民生产总值从1950年的981亿马克迅速增至1980年的1.08万亿马克。1970年，国民生产总值占资本主义世界的7.5%，仅次于美国和日本，居世界第三位。联邦德国经济政策所追求的持续、适度的经济增长，高就业水平，物价稳定，以及对外经济平衡，已经基本实现。

联邦德国推行小城镇化发展政策，限制大城市，鼓励发展中小城市，居民城市化程度居世界前列，每3个居民中就有1个生活在城市。另外，在联邦德国的土地上还生活着几百万外国人（土耳其人、南斯拉夫人、意大利人居多）。外国人所提供的是高强度劳动力，对联邦德国经济的繁荣做出了巨大贡献。虽然对于来自其他文化传统的外国人出现了排外主义冲突，但联邦德国政府坚持对外国人实行一体化原则，努力使外国人广泛地参与国家的经济、社会和文化生活。

1989年11月9日，一夜之间，阻隔了两地人民多年的柏林墙终于倒塌，更激发了两德立即实现统一的强烈愿望。1990年10月3日，两个德国宣告正式统一。一个统一的大国再度崛起了。

两德统一后，新的德国的国名仍为"德意志联邦共和国"，法定首都为柏林，议会和政府所在地暂驻波恩。

统一后的德意志形象主要表现在新德国在政治上已彻底摆脱了战败国地位的束缚，但是统一在政治上带来的利益远不如在经济上带来的实力增长那么突出。

首先，新德国的领土扩大了三分之一，人口增加了1/4。经济规模扩大了，东部人口密度低于西部，且土地资源丰富，矿产资源可观，这为德国经济的长远发展提供了更大的回旋余地。从动态上看，原民主德国地区人均国民生产总值低于西部

50%，这种差距包含着潜力，能够在其后发展中把这种潜在的生产力动员起来，将使德国的整体经济实力进一步增强，在欧洲和世界的经济地位得到提高。

其次，统一带来了新的经济发展机遇。就东部而言，由于政治障碍的消除，西部地区的资本和技术可以自由进入东部，迅速促进东部地区产业结构的转换和企业技术的创新，从而促进东部地区经济的加速增长。对西部而言，统一为其提供了新的商品市场和投资场所。西部巨大的生产能力受到狭小市场的制约，国民生产总值中的相当部分要依赖国际市场才能实现。统一后，西部拥有一个新的全开放市场，对于生产过剩、需求约束很弱的经济无疑是一个强刺激，从而使一些陷入经济衰退的部门获得新的活力。西部地区原有巨大的过剩资本，20 世纪 80 年代都是净资本输出，1989 年达 1362 亿马克；而东部地区资金短缺，可以大量吸收西部的过剩资本。东部拥有素质较高的劳动力，且无语言、文化方面的障碍，只需尽快消除几十年体制不同所造成的隔膜，乃是颇为理想的投资场所。因此，从纯经济的观点来看，统一有助于生产要素在东、西部地区之间的优化配置，使经济资源得到充分利用。

再次，统一能够减少由于对峙所造成的国民收入的消耗，有利于提高社会总福利水平。统一前的两德处于相互对立、互相封锁的状况，每年在军备、安全、情报等方面，双方都要花费大量资金。西柏林作为与苏东集团斗争的桥头堡，每年都要从联邦德国获得大量财政援助，以解决被民主德国四面围困而造成的各种困难。这些开支都是由于分裂而人为造成的，对人民生活改善和福利增长没有任何益处，是社会总福利的一种扣除。统一后，军队大量削减，军备减少，从 1991 年起每年减少国防开支约 70 亿—80 亿马克，用于防范或干扰的大量费用随之消除，从而有更多的资源用于财富创造和生活质量的改善。此外，通过取消西柏林和边境区域的资助及税收优惠，减少的费用也超过 100 亿马克，从而带来国家对财政预算的精简。虽然两德统一需要财政支出的增加，但是这种支出主要是用于建设，其意义与作用已不同于以往。

最后，德国统一后，社会生产总值达 1.5 万亿美元，为法国的 1.5 倍，英国

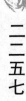

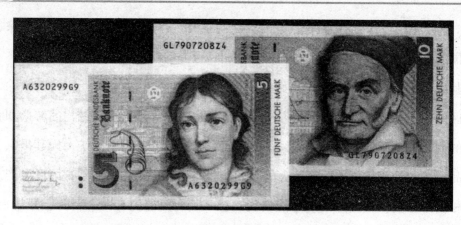

德国马克

的 1.8 倍，仅次于美、日居世界第三位。在欧共体所有国家的生产总值中，德国占 30%，欧共体预算的 28% 依靠德国提供。

德国马克已在欧洲货币体系中占主导地位并影响全世界，是世界第三大硬通货。在世界各国外汇储备总额中，马克所占比例为 16%，大大高于日元的 7%。统一后的德国是世界第一大外贸出口国，1990 年外贸出口总额为 6427 亿马克。新德国还是世界第二大债权国，拥有巨额剩余资金。

当然，统一最初由于制度改革和经济运行机制转换，支出会大量增加，并影响国民福利水平；急剧的制度变换和陌生的经济环境短期内会使东部地区的产出水平降低；东部地区几十年计划经济的影响不可能在短期内消除；人们的思维模式和行为方式也不能一下子改变；东部地区居民的思想观念、知识结构、社会生活方式还需要一个相当长的文化转型过程。经过一段过渡时期以后，不利影响逐渐消失，民族统一的正面经济效应、社会效应、文化效应日益显露出来。总之，统一后的德国毫无悬念地变成欧洲超级经济巨人。

新自由主义市场经济

战后 40 多年来，联邦德国推行的是经济政治理论，即著名的"社会市场经济"。社会市场经济理论所奉行的经济哲学、经济政策及其经济实践，主要来源于弗赖堡学派的新自由主义。主张实行新自由主义政策的经济学家中，还有一些被人们称之为"广义弗赖堡学派"的新自由主义经济学家（如艾哈德），直接提出了社会市场经济的理论与政策主张，并付诸实施。这个理论一直是联邦德国经济发展的支柱，并为各个党派所接受。且无论哪一个政党执政都奉行这一理论，在经济政策上没有出现过"翻烧饼"的情况，这在当代经济史上是少有的现象。

"自由主义"产生于17世纪，其基础是个人主义的政治社会哲学：它把个人自由的实现作为终极价值，强调个人思想与行为的自由。在经济方面则主张以保证自由放任来实现个人经济活动的完全自主与经济效益最大化。"新自由主义"是20世纪30年代以后才开始形成的一种新思潮。它继承了17世纪以来哲学家、经济学家关于个人主义与自由的解释，但又面临着新的历史现实：市场机制失灵，垄断不断增长，竞争日益受到限制，国家对经济生活的干预正在加强，凯恩斯主义正上升为主流经济学地位，计划经济的出现等等。"新自由主义"者要解决的正是在"自由主义"受到严重威胁的情况下如何仍能使之行之有效的问题。

"社会市场经济"这个概念最早是由德国新自由主义经济学家米勒·阿尔马克提出来的，其含义有三：首先，这种经济的实质是市场经济，也就是说，"社会市场经济"是按市场规律运行的，生产者与消费者有充分的自由独立做出决策，整个经济的资源配置由价格决定；经济过程由价格协调，实行完全竞争。其次，这种经济不完全等同于自由放任经济。自由放任的市场经济没有国家管理的必要，而这种经济要由国家来保障其秩序。罗普凯曾做过一个形象说明：自由放任好比"野性植物"，没有任何约束地自由生长；社会市场经济好比"人工培育植物"，有一定规则，按社会所要求的方向生长。为了保证这种经济的发展，需要国家制定各种规则与法律。最后，国家不是像凯恩斯主义那样通过财政政策或货币政策来直接干预经济活动本身，而是通过立法来为市场经济的运行创造一个良好的环境。在弗赖堡学派看来，凯恩斯主义的政策主张已经超出了国家所应干涉的范围。用一个比喻来说，如果把经济活动作为一场足球赛，那么，企业是球员，国家是裁判。国家的任务不是亲自下场踢球，也不能对球员指手画脚，而是不偏不倚地保证球赛的规则得

到遵守。

社会市场经济的基本立足点是要在自由放任的市场经济和婆婆式管理的计划经济之间找出一条不同于凯恩斯主义的中间道路，也就是设法解决"漫无限制的自由与残酷无情的政府管制"两者之间长期存在着的矛盾，从而在绝对自由与高度集中之间寻找一条健全的中间道路。这条道路既不是社会主义，也不是资本主义，而是社会发展的第三条道路。弗赖堡学派把它概括为"经济人道主义"。社会市场经济理论的核心是经济自由、社会公正和社会安全，艾哈德将之归结为"自由+秩序"。他说："社会市场经济建立在自由和秩序原则的基础上，它们结为一个不可分割的整体；因为自由不可能存在于那些没有稳定秩序的地方，在那里，自由有堕入混乱的危险；而秩序也不可能存在于那些没有自由的地方，在那里，秩序很容易导致残暴的强制。"这就是社会市场经济理论的主要内容。

任何高明的理论都必须借助于具体政策的制定和实施，才能在实践中发挥其效用。德国采用了弗赖堡学派和新自由主义经济学家的政策构想，成功地推动了经济的发展。

管住货币放开物价

联邦德国的社会市场经济开始于货币改革。1948年6月20日开始实施的《货币法》《货币发行法》《兑换法》，使货币改革顺利成功。紧接着又取消了经济管制和价格冻结政策，根据法令授权，艾哈德将上百条物价和管制法令作废，近90%的商品、消费品、投资品的价格放开，并取消了配给制。货币改革与价格放开彻底地取消了全部经济领域（从生产到消费）的一整套复杂的政府管制，是联邦德国从集中管理走上社会市场经济之路的关键一步。

反对垄断保护竞争

从欧肯到艾哈德，都把完全竞争秩序作为社会市场经济成功的关键。在现实中，自由竞争最大的威胁来自垄断，因此反垄断政策制定者主张用立法保护竞争，并对已存在的垄断进行限制。1957 年颁布了《反对限制竞争法》（简称《卡特尔法》）；1958 年成立了三类卡特尔局：联邦经济部、联邦卡特尔局、各州卡特尔

欧肯

局；1973 年成立了"国家反垄断委员会"。反垄断法的目的在于从整体上维护竞争秩序，创造自由公平的竞争条件，其主要内容一是禁止卡特尔；二是控制企业兼并；三是监督市场权力的滥用。这些措施有力地维护了社会市场经济的竞争秩序。

维护币值稳定物价

社会市场经济把稳定物价作为经济正常运行的基本条件之一。艾哈德认为，物价上涨有 3 个原因：工资增长幅度超过经济增长率；垄断企业或组织提价；政府财政赤字上升。因此要使物价稳定就必须使工资增长率低于生产增长率；实行反垄断政策；减少政府开支和福利支出。物价的稳定还取决于货币政策，联邦中央银行的货币政策始终以维护币值与物价稳定为中心。因而保证了社会市场经济的正常运行，并使马克成为世界上币值最稳定的通货之一。

劳资协商共同决策

劳资共同决策制度是联邦德国维护社会公正最具特色的制度。早在 1915 年，德国就颁布了适用于 1000 人以上煤钢企业的《共同决策法》，让工人参加管理，以

保护工人的利益。纳粹时期，这一法令名存实亡。1952 年，联邦政府公布了《经营组织法》，规定凡雇佣 5 人以上从业人员的私人企业都要设立"经营评议会"，由工人参与管理决策。1976 年颁布《共同决定法》，把工人参与决策权扩大到股份制公司、有限责任公司、经济合作社等，凡 2000 人以上企业，都必须有工人代表作为监察人，并参加最高决策会议。这些法令对缓和劳资矛盾、安定社会环境产生了巨大的积极作用。

劳工阶层中产化

社会保障与福利也是以公正为目的的社会市场经济政策的重要组成部分，自 1948 年起，联邦政府颁布了一系列法律法令，形成了一个融社会保险、社会照顾、社会救济为一体的庞大的社会保障与福利体系。在这些政策法规中，最具特色的是"劳工中产化"的福利目标。罗普凯强调，使工人们拥有个人财产和文化的"中产化"方法不在于给他们金钱，而在于给他们土地和房产，因此国家颁布了《联邦建筑法》，对向低收入者提供住房做了具体规定。国家还颁布了《联邦补习教育奖励法》等，向工人提供各种免费教育与培训机会，以提高其文化技术水平。

国际经济自由化

艾哈德主张在国内实行自由经济，在国际上也实行自由贸易。他的出发点是"只有其他国家都得到繁荣，德国才能得到真正的繁荣"。正是从这一点出发，艾哈德主张国际经济自由化与西欧经济一体化。在国际经济自由化方面，艾哈德首先主张建立西欧经济共同体，其任务包括：各国之间商品和劳务交易的自由、资本流动的自由、人员就业的自由，废除一切保护主义政策和外汇管理制度。艾哈德认为这种立足于广泛自由和竞争基础上的经济合作和经济自由化政策，有助于各国的"共同繁荣"。联邦德国在这种政策思想指导下，对促进西欧共同体的建立做出了重大贡献。

社会市场经济政策创造了新的"经济奇迹"：从 20 世纪 50 年代起，联邦德国

经济开始进入高速发展时期，德国人称之为"黄金的50年代"。到1958年加入欧共体之前，其国民生产总值年平均增长率为7.6%，远远超过美国同期的2.2%。失业率从6.4%下降到1.7%，以至于当时在劳动力市场上几乎找不到劳动力。它的国民收入在1950年只有233亿美元，到1970年增长为1668亿美元，20年中增长了6倍多。其工业产值在1955年超过英法，成为西方世界仅次于美国的第二工业大国。20世纪70年代为日本所超，但仍长期稳居第三位。如果按人均产值计算，联邦德国早在1970年就已超过美国居世界第一。它的进出口总额1948年只有27亿美元，到1988年已达5739亿美元，仅次于美国，居世界第二；其黄金外汇储备1950年仅有1.9亿美元，到1987年达到793亿美元，居世界首位。

从这一系列惊人的统计数字可以看出，战后联邦德国的社会市场经济选择是完全正确的，德意志民族的精神潜力和文化创造力得到巨大发挥。正是凭着这两点，一个在二次世界大战中被打趴在地的战败国，在一片废墟上用短短的三四十年间奇迹般地又一次跻身世界经济大国前列。

大国的发展轨迹

如今，统一后的德国跨入了新的历史时代，扬起了新的历史风帆。在这个经济、政治水位上涨的大海中，德国的大船一往直前，乘风破浪。新德国的政治家们认为，当前和未来相当长一个时期内，欧洲和世界形势既十分动荡，但又不至于发生原来东西方对抗时代的那种集团式的大规模世界战争。德国总理科尔于1991年12月6日在波恩外交使团招待会上说："人类很少像今天这样既面临巨大挑战，又面临机会"。实际上，对德国来讲是机会大于挑战，也就是说，20世纪90年代以后的世界格局和欧洲发展趋势为德意志的重新崛起提供了"历史性的机会"。于是，新德国的设计师们做出了一个重要判断：随着世界大国经济实力的消长和政治能量的变化，将促使全球力量的对比和配置发生新的变化，从而使整个世界舞台换上新面貌，每个国家将以符合自己身份的姿态重新登台表演，最终导致大国川页序的重新排列，德国的战略应是由经济大国向政治大国转变。

1990 年 10 月 3 日，德国总统魏茨泽克在两德统一庆典大会上强调今后德国的任务将是"面向全欧建立新的和平秩序"。总理科尔于 1991 年 1 月 30 日在全德政府第一个内外政策声明中宣称，新德国将在国际共同体中"承担更大的责任，尤其是为维护世界和平承担更大的责任"。德国外长根舍也多次强调，新德国将向全世界开放，并希望德国在一个"全球性的合作和保障和平的新结构"中发挥更大的作用。1992 年 2 月，科尔在接受日本《朝日新闻》杂志记者采访时重申，德国在国际上采取积极的外交活动是为了"肩负起新的国际责任"，他认为德国的责任不只限于本国和欧洲，"它要对解决世界问题做出贡献"。

科尔

从上述表态中可以看出，新德国的国家战略所谋求的政策目标已开始跨越欧洲而着眼于承担未来世界和平与安全的责任。德国正在力图结束"经济上的巨人，政治上的侏儒"的历史时代，谋求更高的国际地位，显示出统一后新德国的勃勃雄心。新德国的国家战略总体构思是以欧共体为依托，融合东欧，借助美国，套住独联体。在此基础上逐步跻身于世界政治大国行列，最终发展为新世界的力量中心之一。

在新德国的设计师们看来，在世界事务中发挥大国作用最理想的途径就是跻身于联合国安理会。1992 年 4 月，外长根舍出人意料地宣布辞职，接替他的是克劳斯

·金克尔。他一上台就想大展宏图，说："我们是拥有 8000 万人口的大国，我们必须大大方方地行使主权，再不能像以前那样对世界上出现的问题袖手旁观、束手无策。"在强调德国的新作用和"更大责任"的前提下，他率先开始谋求联合国安理会常任理事国的席位。他认为，目前的安理会不能反映各国力量的对比，应敦促改组联合国安理会体制，并怂恿日本人打头阵，认为只有这样才能摆脱战败国的阴影。于是，一场向安理会常任理事国席位的进军开始了。在国内，德国执政党和反对党领导人公开表态，认为新德国应当成为安理会常任理事国，德国应在联合国范围内承担更多的责任，理所当然地参加联合国的各个机构，促进安理会建立新的秩序。在国际上，他实施"全方位外交政策"，其基本方针是：在与美国保持结盟关系的基础上，立足于欧洲，把推动欧洲统一作为外交政策重点；致力于使欧洲成为世界政治中的一极，德国则凭借其雄厚的经济实力成为欧洲的领导者；加强与俄罗斯和东欧各国的关系；重视与发展中国家的关系等。功夫不负有心人，德国在外交上的全面努力为其赢得了较高的国际声望，其大部分邻邦及盟友都同意德国在国际舞台上担负更大的责任。甚至连曾遭纳粹德国迫害的犹太人成立的以色列，也支持德国成为联合国安理会常任理事国，更欢迎德国参与中东和平进程。

为了加强在西方国家中的地位，德国联邦国防军于北约组织之外地区参与军事问题被提上议事日程。德国在总结"海湾战争"的经验时认为，德国已有了充分的主权。像过去那样再搞提供资金援助的"支票外交"或派文职人员和进行人道主义援助，已经远远满足不了德国承担"国际责任"的政治需要。今后再发生类似的战争，德国应派兵参与。参谋部不断谈论派国防军到"从摩洛哥到巴基斯坦这一危机地带"执行任务的问题：自民党召开党代会通过修改《基本法》决议，同意德军在安理会决议基础上参加北约地区以外的作战行动；基民盟也同意修改《基本法》，以使德军在联合国范围内参加"蓝盔部队"。为使国内外各方面有个适应过程，1992 年，德国向柬埔寨派出了军队医务人员，派出军舰和飞机帮助联合国执行对南斯拉夫的禁运。1993 年 4 月，联邦议院通过了向索马里派兵的议案，这是德军在战后首次参加国外的"维和行动"，联邦国防军就像德国的其他"优质名牌"一样，给世界留下了良好印象，提高了新德国的国际政治地位。对于上述诸项行动，德国外长金克尔是这样解释的："德国联邦军队不仅可以戴着蓝盔参加维和行动，而且为了保卫和平也能像其他国家军队一样上前线打仗，统一的和主权完整的德国才算得上平等和成熟的国家。"他的口头禅是："德国总不能老是为救火器材而付款。什么地方着火，它也应该去救火。"

1994年7月12日，德国宪法法院最终就德国军队参与境外军事行动一事进行裁决，决定"在经议会同意的情况下"，可以派遣武装部队在境外参加国际性的军事行动。由此。德国国防军得到了出境参加军事行动的法律依据，从而为其有朝一日成为安理会常任理事国铺平道路。

统一后的德国欲做政治强人，在其对外政策上最需要的就是得到欧洲各强国的和解与理解。因为德国越强大，人们对它过去那段可怕历史的记忆也就越清晰。这对正在国际舞台上寻找自己位置的德国人来说是十分不利的因素。但是实力地位的变化必将导致对外政策的调整：原来固定在以德国分裂为基础上的那套相对稳定的程序需要重新安排；二战以后同盟国以限制德国东山再起为主题的政策必须改变。新德国要根据自己日益强大起来的实力来安排它的对外政策，其目标将以是否有利于其实施"政治大国"的原则为转移。历史尽管过去了几十年，但是二战的情景还让人记忆犹新。军国主义的过去和日益强大的现实，不能不使欧洲各国产生恐惧心理。德国人深深知道，要在欧洲立稳脚跟，首先要消除周围邻国的"恐德心理"。尽管德国统一时，邻国的表现有点令人伤感：法国总理密特朗拒绝与科尔一起走过勃兰登堡城门；英国则赤膊上阵，把德国人说成狂妄自大、厚颜无耻的狂徒；意大利心有余悸地称德国马克的"坦克"压碎了里拉。

但是，德国政府仍然不断表示对二战的深刻反省和真诚忏悔，以及维护和平的坚定信念。1993年1月29日，在回顾60年前希特勒上台那段历史之际，科尔强调，德国人应捍卫民主与法制，防止不平等、暴力、种族仇恨和战争的重演。联邦议院议长认为，鉴于历史教训，德国人应该把尊重人的尊严、摒弃任何形式的种族仇恨视为自己的"责任和使命"。1995年是世界反法西斯战争胜利50周年，德国

也举行了相应的活动以示沉痛反省。上述行动表明德意志民族敢于直面历史，敢于承担罪责，敢于剖析民族精神中可能导致罪恶的误区，表现出一种道德的勇气。

德国除了在口头上深刻反省过去外，还在行动上打击国内右翼势力。1992年11月，德国政府采取统一行动，在全德范围内查封了右翼极端组织"民族主义阵线"的驻地。内政部长赛斯特表示，这次行动是向右翼暴力组织发出一个强有力的警告信号，并称对类似组织的审查正在进行之中。令人欣慰的是，德国人民以游行和集会的方式反对不断升级的排外恐怖活动，表达了他们反排外、反纳粹的坚定立场。人民的力量是强大的，这是新德国民主和法制秩序的最可靠保证，同时也使世界各国人民对德意志民族信心倍增。

波兰民族和犹太民族是二战期间纳粹德国的两大受害者。1989年，科尔总理访问波兰，开辟了两国的"和解之路"，两国保证互相尊重领土完整和主权。为此，德国统一前面对数百万奥得河-尼斯河界线划分时而离乡背井的德意志人要求获得重返家园的权利时，科尔晓之以理，说放弃领土要求是实现统一所"必须付出的代价"；根舍称这是"被逐出家园的人们"为欧洲和平做出的一个"巨大而特殊的贡献"。1994年8月，德国总统赫尔佐克发表谈话，郑重请求波兰对德国在二战期间犯下的罪予以"原谅"。1995年，在德国无条件投降50年之际，科尔再次访问波兰，专程前往奥斯维辛集中营向死难者致哀，祭献花圈，表明德国在努力化干戈为玉帛，共同面向未来。德国政府还做了一系列努力争取犹太民族的谅解，诸如成立"德国犹太人中央理事会"，与以色列发展友好合作关系等。这一系列措施都使德国在国际范围内的影响和声望日益高涨。

专题：创造经济奇迹的金钥匙

德国之所以能成为世界性的工业大国和欧洲第一强国，是与其文化的发展和科学技术的进步分不开的。在19世纪与20世纪之交，那个时期的德国是万国景仰的科学之邦。那时每当人们提到要了解世界科学技术的最新成果时，一定会说"到德国去"。到二战前，德国科学家获得了 45 个物理学诺贝尔奖中的 10 个，荣获 40 个化学诺贝尔奖中的 16 个。1931—1940 年的 10 年间，德国科学家获诺贝尔自然科学奖项的人数竟占总数的 29%，比美国高 3 个百分点，远远超出英国和法国。二战后的 1945—1970 年获得诺贝尔物理、化学、医学奖的达到 12 人。德国（主要是联邦德国）科技界可谓人才辈出，群星灿烂。

总理勃兰特向犹太纪念碑下跪

德国参与的两次世界大战虽然均以战败而告终，但这绝非德国科技文化的失败，而是政治和军事的失败。这从它两次战后的迅速崛起就证明了这点。"一战"结束后，德国仅用十几年时间就恢复并超过了战前的繁荣，政治上重新迈入世界大国的行列，科技、教育、文化也同样获得了新发展。"二战"结束后，联邦德国在一片废墟上建立起来，从 20 世纪 50 年代开始进入高速发展时期。到 20 世纪 60 年代，又是只用了十几年再一次超越英、法，成为仅次于美国的西方第二大经济强国，并把这个座次保持 10 年之久，再次创造了经济史上的奇迹。这一次同样得力于被德国人称为"进步的中枢神经"的科学技术、文化和教育的发展。因为正是战后这个阶段，伴随着德国经济上的振兴，其科学技术研究和成果转化再次跻身于世界前列。具体来说，联邦德国的科技进步事业主要体现在以下几个方面：

完善的科研体制与投资机制

联邦德国有多种多样的科学研究机构，大体可分为两类：一类是高等学校科研体系；一类是高等学校外科研体系。按以往传统，科学研究是大学的根本任务，因为只有高等学校集科研、教学和培养新的学术力量于一身；高等学校具备众多齐全的学科门类，特别适合于进行跨学科研究；高校科研不以应用为目的，而以增加知识为宗旨，所以它比经济界或企业界的科研较少受到成本——利润关系的局限。高校科研体系之所以具有这些特点，是因为其经费主要由国家提供。但是 20 世纪 60 年代以后，高校科研体系的上述特点开始发生变化。由于现代大型科研需要昂贵的设备，它已经超出了高校研究所的物资和经费能力。尤其是 20 世纪 80 年代以来，科研日益成为实现经济和技术政策目标的工具，通常的那种科研任务的区分——即高校科研体系从事基础研究，高校外科研体系从事应用研究的区分——已趋于消失，彼此界限已模糊不清。联邦和各州政府对高校与经济界之间知识转让的积极鼓励也推动了这一趋势。从而加强高校科研体系与高校外科研体系日益紧密的结合。

由于大学教授的职责是在他的专业内从事科研与教学，二者几乎平分他的工作时间，所以在 20 世纪 70 年代末，伴随着联邦德国高校的结构改革和学生激增，出现了在科研与教学二者之间孰重孰轻、孰先孰后的争论。92% 的教师希望能把二者密切结合起来，他们认为如果高校教师不同时是研究者，那么教学就是无源之水；有人建议科研逐渐从高校转向纯粹研究机构；也有人一再建议，在高校中分别设"研究教授"和"教学教授"，以便对于那些从事科研的教授阶段一生地免除其教学工作，使其拥有比四年一度的科研学期更多的时间。

1985 年修改的《联邦高校总纲法》也明确做出了相应的规定。但由于教授之间作为同事的相互"监督"传统，使这一方案难以真正变为现实。对于高校而言，科研和教学是两项并列、互相补充的任务。而对于高校外科研体系来说，科学研究是其唯一的任务，或者兼有技术服务和咨询职能。高校外科研体系主要包括国家举办的大科学科研机构、国家研究所、民间研究机构、企业委托研究机构等。

在科研投资方面，联邦德国从 20 世纪 60 年代起，科研经费年增长率达 15%，居西方国家之冠。1977 年科研经费达 273 亿马克。进入 80 年代后，为使出口产品稳居国际市场优势地位，大力增加产品的科技创新含量，故而又不断增加科研开发投资：1985 年达 522 亿马克，占国民生产总值 2.8%；1988 年达 600 亿马克，占国民生产总值 2.9%，居世界各国之首。科技人员队伍也不断扩大，1975 年时就达到 30 万人，平均每 1 万人口中就有 49 各科研人员。

联邦德国科研投资的主要特点是"双元制"和"第三方经费"。所谓双元制，是指教授、专家、研究所本身只拥有开展科研的"基本经费"，其数量多寡取决于专业项目和科学家的声望。如果是一个花费不多的科目，基本经费就能满足需要。但是在实证性的实验学科方面，基本经费往往只能满足提出和论证项目之需，而执行项目所需的费用则来自"第三方经费"。所谓第三方经费就是指"预算外经费"。20 世纪 80 年代以来，联邦德国由第三方提供的科研经费之增长幅度，超过了预算经费的增长幅度，1985 年达 21 亿马克，占高校科研预算经费 67 亿马克的三分之一。第三方经费的主要来源：75% 来自国家，15% 来自企业界，10% 来自基金会。

重视引进并且勇于创新

联邦德国十分重视引进国外先进科学技术，是西方国家中最大的"专利许可证"进口国之一。从 1950 到 1973 年，用于进口的专利许可证经费支出增长 74 倍，即从 2300 万马克上升到 16.54 亿马克。1951 年从国外引进专利 9757 项；1969 年激增到 33532 项。先进技术的大量引进，促进了德国设备技术的更新和发展，使工业部门较快实现了"生产合理化"和现代化。

联邦德国对科技专利的引进并非消极地吸收搬用或简单模仿，而是经过一定的措施加以创造性的应用。如联邦德国时期的原子能发电工业是通过引进美国技术而揭开序幕的，但从基本设计到原子反应堆的附属设备，都用自己新开发的技术进行了改造和提高，也就是变美国技术为"德国型"成果，因而运转率大幅度提高。在美国型原子能反应堆故障频繁、运转率下降的情况下，"德国型"原子能发电站却

赢得了国际上的高度好评。这是因为联邦德国的设计思想与美国有很大不同。美国为了竞争，形成了"经济第一主义"，为了降低成本，急于实现发电容量的大型化和结构的紧凑化，而联邦德国则努力通过提高可靠性和运转率从实质上提高经济效益。

欧洲高能加速器实验室

另外，联邦德国还积极参与国际性的联合研究，1987 年对国外科研联合机构的投资达 18 亿马克，占整个科研预算的 3%。之所以建立这些国际性的联合研究机构，是因为某些研究活动需要极其昂贵的设备，而这些设备在本国国内又得不到最大限度的利用。这类机构包括设在日内瓦的著名的"欧洲核研究组织"的高能加速器实验室；设在德国加尔辛的"欧洲南半球天文研究组织"的大型望远镜实验室；设在荷兰埃姆洛得的"德国-荷兰风洞基金会"所属的欧洲最大的风洞实验室等。截至 1983 年，联邦德国已与英、法、美、日等 31 个国家和地区签订了 153 个双边科技合作协议。

促进科技的创新与发明

1986—1988 年，联邦德国出口产品创新发明率从 30% 上升到 38%，出口产品中 36% 属于高科技产品。由于从高科技中尝到甜头，联邦德国政府在 1987 年成立了一个专门研究"科技性产品"的小组。1989 年，高科技出口产品比率上升到

54%，其中 11% 属于尖端技术新发明，43% 属于现有技术再改良。

科尔以前历届政府的科技政策均把"提高经济效益和竞争能力，使国民经济更加现代化"作为首要内容，科尔上台后却强调发展科技，解决国内面临的经济、社会问题。他认为，联邦德国的经济和未来取决于科学技术的发展，日益激烈的国际竞争也迫使政府把未来的高生活水平建立在科技发展的基础上。在科研经费有限的情况下，必须大力发展尖端技术、高技术新产品，提高高技术新产品的出口量，以利于回收科研费和保持经济繁荣。为此，从 1982 年起，政府调整了科研经费分配重点，把向新一代信息技术、生物工程、新材料产业的科研经费由 10% 增加到 60%，而对传统工业大型项目的科研经费由 90% 降低到 40%。同时改革征税法，降低对高新技术研究开发投资的税率，鼓励企业向高新技术行业扩大投资。正是由于联邦德国政府和民间的通力合作，使得联邦德国及统一的德国的科学技术始终处于世界的领先地位。

三、西欧的改革之路

1945 年至今

　　战后的西欧各国在探寻各自的恢复发展之路。奥地利同瑞士一样加入了永久中立国。英国进一步深化跟美国的关系，成功加入欧盟但关系若即若离，称霸欧洲的梦想越来越远。法国在逐步改善同殖民地的关系，同时加快政治改革步伐，大国地位巩固，正在试图成为欧洲国家的代表。比利时、卢森堡、荷兰因为相同或相似的条件形成共同的政治理念，致力于民主政治、富裕国家模式的开创。

奥地利的独立和中立

　　战后，奥地利成为独立国家，严格遵守中立原则，成为许多国际组织成员国之一。

　　1938 年，在大多数民众同意下，奥地利并入德意志帝国。1943 年，同盟国在构想战后国际秩序时，提到了奥地利自主权的恢复问题，他们一致同意将对德分区占领的方法用于奥地利，即把整个奥地利及首都维也纳分成四个占领区，并建立一个共同的管制委员会。

　　1945 年，社会民主党、共产党、人民党等奥地利主要政党联合发表了独立宣

盟军握手表示支持维也纳问题上的互相合

作，美、英、法、苏（左起）。

言，着手建立一个以社会民主党人卡尔·伦奈尔为领袖的临时政府。1929 年宪法经过修正后，重新生效，废弃了之前并入德国时所施行的那些法律政策。1945 年 11 月 25 日，奥地利举行第一届选举，人民党获得大多数选票，同社会民主党、共产党一起建立了联合政府。

签约领导人在美景宫阳台上，

1955 年 5 月 15 日。

　　1955 年，在与盟国进行长时间和谈后，制订了旨在恢复奥地利主权的国家和约方案，并于当年 5 月 15 日在维也纳正式签署。盟国自始至终坚持一个条件，即奥地利务必保持永久中立。10 月 26 日，该条件被写入联邦法。自 1965 年以后，10 月 26 日一直被当作国庆日来庆祝。

1960 年，奥地利像其他欧洲中立国一样加入了欧洲自由贸易协会，尤其与它的邻居——东方阵营国家建立起密切的经济关系。早在 1955 年，奥地利就加入了联合国。1979 年，维也纳成为联合国四个官方地址之一。正由于处于欧洲中部有利的地理位置，奥地利成为许多重要国际组织如国际原子能机构、欧洲安全与合作组织、石油输出国组织的驻地。

石油输出国组织总部，维也纳。

2000 年 2 月，人民党的沃尔夫冈·许塞尔出任总理。但是初掌大权，他就成为欧盟最有争议的领导之一。2003 年 2 月，许塞尔连任。

奥地利的经济发展和中立危机

依靠兴旺发达的旅游业，奥地利成为一个以服务行业为主的国家。1990 年以来，除那些主要政党外，右翼平民自由党的势力也越来越大。

战后，马歇尔计划给奥地利提供了发展经济的途径。1946 年，奥地利开始实施重工业、银行业国有化。主要利益集团同政府进行了紧密无间的合作，这种"社会拍档"模式促进了经济的复苏。

直至今日，该模式仍然在社会中发挥着重要的作用。苏占区的新发明使得传统纯农业为主的西部在工业上有了巨大的飞跃，这一点永久地改变了奥地利的社会经济结构。

1970 年以后，服务业超越了其他行业，成为全国经济的领头羊。

萨尔茨堡一景：赫恩萨尔茨城堡、科勒金（Kollegien）

教堂（前右），2002 年。

　　现在，奥地利的影响力也主要归功于它的旅游业，美丽的阿尔卑斯山和作为总部与国会中心的维也纳吸引了来自世界各地的游客。另外，奥地利的音乐和歌剧也为它带来世界性的名声。除了众多名扬世界的音乐家，奥地利萨尔斯堡音乐节是世界上历史最悠久、水平最高、规模最大的古典音乐节之一。

卡尔文德尔山的滑雪者，2003 年。

　　1947 年以后，人民党、社会民主党在联合政府中占大多数席位，但有时人民党也会单独执政。很长一段时间以来，只有自由党站在大多数党派的对立面，该党于 1949 年成立，从独立的选举联盟中诞生，是对相对罪行较少的前国家社会主义者的统称。

自 1990 年起，该党在右翼平民主席乔治·海德（JorgHaider）领导下发展起来。

1999 年 10 月 3 日，在国家委员会选举中，它成为继人民党之后的第二大党，2000 年，同人民党一起组建政府。1986 年以来，绿色联盟作为第二个反对党存在。

在维也纳英雄广场庆祝奥地利加入欧盟，1998 年。

自总理布鲁诺·克赖斯基执政以来（1970—1983 年），奥地利一贯将中立作为一项积极的和平政策。

奥地利为联合国在戈兰高地、塞浦路斯的和平运动提供军事支持，正如它在波斯尼亚-黑塞哥维那、科索沃战争中所做的一样。此外，它还积极参与北约组织的和平项目。

1980 年以后，奥地利的中立处境一直是国内争论的焦点，因为政府有意加入欧共体以便成为欧洲共同市场的一部分。

1989 年，弗朗茨·弗拉里茨基政府提出正式申请，1995 年加入欧盟，1999 年加入欧洲货币组织。然而，奥地利始终未放弃它的中立地位。

瑞士的经济繁荣和所受的批判

二战后，瑞士经济得到快速的发展，但战争中与纳粹在银行业的合作却成为其遭受批判的焦点。

作为一个中立国，瑞士解散了极端主义的"左翼""右翼"政党。二战期间，虽被迫与轴心国进行商业贸易上的合作，但始终没有参与战事，因此，各种工业生产设备保存完好，有力地推动了战后经济的快速复苏。

目前，瑞士人均收入位居世界前列，失业率、财政赤字均较低。服务业在经济中起着重要作用，主要部门有银行业、保险业和旅游业。虽然瑞士决定加入欧洲发展与合作组织，但它还是坚持保持严格的中立地位，拒绝加入联合国（直至2002年）和北约。

瑞士手工手表已成为手表制造业的质量典范，现代手表样品，2003 年。

作为世界金融中心，瑞士金融业的领先地位来自严格的银行机密、中立的国家政策和账目编号的安全，而这又成为战后瑞士遭受批判的原因所在。纳粹将他们掠夺的大部分财富转移到瑞士，瑞士银行也因此获利。1946 年，余下的德国财产被用作同盟国的赔偿。1949 年，瑞士和波兰、匈牙利签订条约，将财产归还受害人的后代。1962 年，瑞士通过一项新法律，强制银行向被纳粹迫害者提供剩余财产的支出状况。

1995 年，瑞士再次被控告从走私的偷盗商品中获利。作为回应，瑞士成立国际专项调查研究委员会，但是，随着国际压力的不断提升，调查完成之前，就已达成了一致的惩罚意见。这一系列事件，在一定程度上损害了瑞士的声誉。

此外，瑞士在二战中的难民政策也备受攻击。1942 年时，在国内宗教界和新闻界的强烈抗议下，瑞士联邦政府通过一项紧急法律，对所有的犹太人封锁边境。二战期间，约有超过 30000 名犹太难民被瑞士政府拒绝入境，其中绝大多数人后来被

瑞士联合银行总部，苏黎世，2001 年。

纳粹杀害。这一事件使得中立的瑞士形象大打折扣。1995 年 4 月 3 日，瑞士外交部长科蒂首次代表政府为瑞士在二战中的表现做出道歉。

瑞士的政治体系和中立政策

瑞士是由 26 个州组成的联邦制中立国。联邦议会由国民院、联邦院组成，只有两院取得一致，法律、决议才能生效。

1848—1999 年，瑞士一直采用联邦制，只在 1874 年进行过一次修订。2000 年，瑞士开始采用新的民主体制。1960 年以来，瑞士形成了一种管理制度，即只有得到大多数人通过才算正式确定，许多党派、协会及民间组织都遵循该种模式，这也是瑞士联邦委员会的基本原则。

根据"魔法公式"原则，四个党派代表组成政府，共同处理国家事务，因没有其他反对势力，这种政府统治方式极为稳定。

然而在实际的执行过程中，瑞士政府却呈现出不同的操作方式，它依赖 3000 个自治市所形成的"草根式"民主政治，只在 22 个州拥有委任统治的权威，并且国家政府通过的关于联邦或者州的决议可以被否决。例如，1971 年，联邦政府已赋予妇女选举权，而实际上，直到 1990 年，阿彭策尔州的妇女才拥有投票权。

阿彭策尔州的选民对妇女是否具有选举

权进行投票，1989 年。

　　瑞士有一个传统，即每逢重大问题，都要在户外集合进行直接的全民投票表决，特别在一些山区，市民们甚至进行举手表决。这种真实的、独特的表决方式作为一种模式一直被保持下来。1992 年公民投票反对瑞士加入欧洲货币流通体系，2001 年拒绝加入欧盟，2002 年全民公决赞成加入联合国。

不符合欧盟规格的瑞士奶酪

　　虽然瑞士是 1960 年成立的欧洲自由贸易协会创始国之一，但这并不与它奉行的中立外交政策相冲突。多数瑞士公民认为如果加入欧盟，就意味着国家政策必须与欧盟其他成员国保持一致。

　　虽然瑞士与欧洲成员国之间通过双边贸易协定建立了密切的经济联系、合作，

如阿尔卑斯山的重运输工业，但大多数瑞士人坚决反对放弃一直以来的中立政策。

穿越瑞士阿尔卑斯山的南北铁路桥

瑞士目前有 26 个州，较为重要的有苏黎世州、日内瓦州等。组成联邦的各州之间的关系十分微妙。由于历史、宗教原因，原本属于一州的地区也闹过分裂，如阿彭策尔州。

英国的三环外交

第二次世界大战后，英国走向衰落。前首相丘吉尔极力想恢复大英帝国的昔日荣耀，于 1948 年 10 月 9 日在保守党年会上提出"三环外交"。第一环是英联邦，包括英国及其自治领、殖民地；第二环是英语世界，包括英、美、加拿大等讲英语的国家；第三环是联合起来的欧洲。丘吉尔这一外交战略的提出，表明英国不仅要依靠英联邦的力量，而且要借助美国和西欧的力量来恢复它过去的国际地位。

1948 年 10 月，丘吉尔在阐述三环外交的总方针时进一步说："这三个大环同时并存，一旦它们联结在一起。就没有任何力量和力量的结合足以推翻它们……我们是在这三环的每一环中占有重要地位的唯一国家。"

三环外交的政策意图是以美英特殊关系为基础，依靠美元来支撑英镑的国际货币地位，借重美国的力量，竭力维持对英联邦的控制和传统联系，同时利用欧洲大陆各国的矛盾来驾驭西欧，使英国处于三环的中心，从而保持英国的世界大国地位。丘吉尔虽然当时已不在台上，但执政的工党政府也接受了三环外交作为制定对外政策的依据，三环外交遂成为战后初期英国两党共同执行的外交总方针。

　　然而，实践表明，英国衰弱的国力不可能取得三环外交的预期效果，而且还给英国带来了严重的政治、经济后果，致使英国政府不得不调整三环外交战略。首先是英国殖民地和附属国的民族解放运动蓬勃发展，英国已无力维持旧的殖民体系，于是，麦克米伦政府转而采取"新殖民主义政策"，即允许殖民地"有秩序地独立"，并尽量使其留在英联邦内和尽可能保持英国传统利益，但这种政策未能抵抗民族解放运动的高潮。50年代后期和60年代的非洲独立浪潮，宣告了英国殖民体系的瓦解，英联邦也日趋析散。面对重重困难，英国政府被迫缩短战线以减轻负担，把军事基地收缩到以本国和欧洲为主。

　　至于英美的特殊关系，由于英国在资本主义世界中经济地位日益衰弱，使它企图维持英美特殊关系继续保持世界大国地位的梦想破灭了。在经济上，美国趁英国有求于它的机会，逐步在英联邦内、大洋洲、拉丁美洲及中东等地区排挤英国势力，甚至英国本土重要的工业部门也为美国所控制。在政治军事方面，1962年，美英签订《拿骚协议》，英国接受肯尼迪的多边核力量方案，把自己的核力量附属于美国，其结果是英国处于"小伙伴"的从属地位。所以，英国奉行的英美特殊关系，实际上都是英国对美国的特殊依赖关系，在美国看来，英美的特殊关系无非是"作为建立美国体系的工具"。

　　英国企图称霸西欧，也遭到法国和联邦德国的反对。在英国一筹莫展之时，欧洲共同体六国不仅经济发展速度远远高出英国，而且在政治上也日益显示其作用。因此，1961年8月、1967年5月，英国先后两次申请加入欧共体，但都由于英国不愿放弃同美国的特殊关系而被否决。1970年6月，英国再次申请与共同体六国恢复谈判。英国根据自身的利益，鉴于目前国际形势的变化，终于把对外政策转向西欧，宣布结束英美特殊关系，并在做出一定让步后，于1973年1月正式加入欧洲共同体。

苏伊士运河战争

丘吉尔在 1943 年的德黑兰会议期间就已意识到"英国是一个多么小的国家"，他曾这样描述："我的一边坐着把一条腿搭在另一条腿上的巨大的俄国熊，另一边是巨大的北美野牛，中间坐着的是一头可怜的英国小毛驴。"

苏伊士运河是埃及境内一条国际通航运河，全长 175 公里，沟通了地中海和红海，缩短了欧、亚两洲的航程，是沟通欧、亚、非三洲的要道，战略位置十分重要。运河自开通以来，一直为英法所控制。1882 年，英国派兵占领埃及，在运河区建立了它在海外最大的军事基地。1936 年又签订了《英埃条约》，肯定了英国在苏伊士运河区的驻军权。

1951 年 10 月，埃及废除了《英埃条约》。1952 年 7 月 23 日，以纳塞尔为首的"自由军官组织"发动军事政变，推翻了英国扶植的法鲁克王朝，废除了君主制，建立了共和国。之后，于 1954 年 10 月英国同埃及签订协定，同意分批撤军。1956 年 6 月，英军全部撤离埃及，但苏伊士运河仍为英法控制。1956 年 7 月 26 日，埃及政府宣布将苏伊士运河公司收归国有，公司全部财产移交埃及。英法为重新控制苏伊士运河，策划召开对运河实施"国际管制"的会议。1956 年 8 月 16 日，在英法倡议下，22 个国家在伦敦举行会议，但未能达成任何协议。9 月 19 日，美、英、法召集 18 国再次在伦敦举行会议，讨论建立"苏伊士运河使用协会"问题，仍未达成协议；9 月 30 日，英法将苏伊士运河问题提交联合国安理会讨论；10 月 13 日，安理会否决了英法要求埃及接受"国际管理"制度提案。

在这种情况下，英法决定采取武力来解决问题。为解决兵力不足的问题。法国首先提出邀请以色列加入。对以色列来说，它早已对埃及不准它的船只通过亚喀巴湾的蒂朗海峡和苏伊士运河不满，早在 1955 年 11 月就制定了一个入侵加沙地带和西奈半岛的作战计划，所以两者一拍即合。1956 年 10 月 13 日，法以商定了作战计划。14 日，英法又举行了秘密会议，制定了作战计划，决定由以色列首先向西奈半岛的埃及军队发起进攻，吸引埃军的主力部队支援；接着，英法从塞浦路斯、马耳他、亚丁和航空母舰上出动飞机轰炸埃及，摧毁埃及的军事基地；然后，英法军队从塞得港登陆，向运河区进攻，切断埃军退路；最后，由以色列占领西奈半岛全境，英法占领运河区，全歼埃军。

开战前，以军共有军队 10 万人、坦克 400 辆、火炮 150 门、作战飞机 155 架；而埃及总兵力约 15 万人、坦克 530 辆、火炮 500 门、作战飞机 255 架，但仅 100 余架飞机能完成作战任务。当时，埃及的许多飞行员和坦克手还在苏联受训，多数先进和重型装备不能在实战中发挥作用。况且，埃及的防御重点是尼罗河三角洲及运河地区，所以，在西奈半岛仅有 3 万人左右。

1956 年 10 月 29 日下午 5 时许，由阿里尔·沙龙上校指挥的以军第 202 伞兵旅在法国空军的支援下，利用埃军在西奈中部地区兵力稀少，防御单薄的弱点，首先在米特拉山口空降了 500 余人和部分武器装备。同时，该旅的主力 3000 人与米特拉山口的伞兵会合，向米特拉山口突进。

埃军司令部接到前线报告后，东部军区司令部于当日命令第二步兵旅的第五和第六营立即开过运河，迎战米特拉山口的以军部队。同时，埃军总参谋部派遣第四装甲师的主力由运河西岸进入比尔·吉夫贾法地区，两个国民警卫旅尾随前进。第二侦察团向东南运动，企图切断以色列空降部队的退路，对米特拉山口的以军构成包围之势。

米特拉山口全长 30 公里，两旁悬崖峭壁，十分险峻。10 月 31 日中午时分，以军两个连，包括坦克支队和重迫击炮队组成的侦察分队进击米特拉山口。以军一进入海坦谷地，即遭到埃军 5 个连伏兵的袭击。埃军占据了东南两地的有利地形，居高临下，充分发挥火力优势。以军进退两难，只得利用临时工事进行抵抗，双方激战至黄昏，以军才占领谷地东部。

以军为实现"中间突破"战术，威胁西奈北部埃军主力，配合 202 伞兵旅在南线的进攻，决定以第 38 特遣部队突击阿布奥格拉。阿布奥格拉位于西奈半岛东北部，东距埃以边境 30 公里，向西可通运河重镇伊斯梅利亚，从阿里什到库赛马的公路也通过这里，战略位置十分重要，埃军在阿布奥格马的前方鲁阿法水坝等地有坚固据点，形成了完整的防卫体系。

10月30日中午，以军第7旅进至乌姆卡特父南线600米处遭到埃军反坦克火炮的袭击，损失不小。以军正面进攻失败后，第七旅奉命采取迂回战术，于31日拂晓越过埃军防守薄弱的达卡山口，进逼阿布奥格拉和鲁阿法水坝。同时，以军南部军区司令部为配合第七旅行动，命令第十步兵旅提前于30日下午行动，由东向西正面进攻，于当晚抵达乌姆希汉和乌姆卡特夫的东线，第七旅由乌姆卡特夫南面进攻，埃军也从阿里什和运河方向调集部队增援阿布奥格拉。

10月31日，以军以第七旅对阿布奥格拉发起进攻，受到埃军顽强抵抗和正确的炮火轰击。中午埃军2个步兵营夹击以军。以军在空军火力增援下，占领阿布奥格拉后，该旅立即分兵两路，一路向西推进，一路向东围攻鲁阿法水坝的埃军据点。埃军凭借20多个反坦克掩体组成的防御工事进行顽强抵抗，但未能抵挡以军的推进。以军于当夜占领该地，之后转入防御。乌姆希汉和乌姆卡夫特的战斗也十分激烈，埃军2个营的兵力顶住了以军2个旅的进攻。10月31日，达扬总参谋长亲自督促第十步兵旅进攻乌姆卡夫特，但遭到埃军炮火猛烈袭击，进攻屡屡受挫，旅长古迪尔被撤换。同时，以军命令第37机械化旅进攻乌姆卡夫特。11月1日凌晨，第37旅先头部队发起进攻，遭到埃军炮兵和反坦克武器的集中射击，后续部队也误入雷场，旅长戈林达阵亡，大部分官兵受伤，进攻失败，以军总参谋部不得不命令停止进攻乌姆卡夫特阵地，但这时阿布奥格拉已落入以军之手。

正当埃及军队在西奈抵挡以军，大批埃军由运河开进西奈并准备大规模反击的时候，英法两国借口保护运河航运，向埃及发出"最后通牒"，要求埃以双方停火，并允许英法军队进驻运河区，否则派兵干涉。遭到埃及拒绝后，英法空军在10月31日下午对埃及的15个机场、一些兵营和开罗、亚历山大、塞得港、伊斯梅利亚、苏伊士等城市的重要经济、交通设施，进行了疯狂的轰炸，同时轰炸西奈的埃及部队，企图将埃军拦截在西奈半岛。埃及识破了英法的这一战略企图，在英法空袭后，埃及总统纳塞尔为防止英法占领运河区，而使西奈部队受到夹击的危险，命令增援部队停止进入西奈，在西奈的守军迅速撤至运河区。这样，埃军开始有组织、有计划地撤出西奈半岛。驻守在乌姆希汉和乌姆卡夫特的埃军，虽受以军三面包围，仍然利用夜色掩护，向阿里什方向撤退。

10月31日，以军在英法空袭埃及后向开始准备撤退的埃军进攻。但沿途遭到埃军顽强阻击，至11月2日凌晨以军进至阿里什时，埃军主力已撤退。

打破对蒂朗海峡的封锁是以色列发动这场战争的主要目的，沙姆沙伊赫是蒂朗海峡西岸重镇，11月2日，以军第九旅进攻沙姆沙伊赫地区。该地的埃军两个营守军在接到埃总部的撤退命令后，鉴于海上有英国海军的封锁，陆路缺乏交通工具，因此，只能固守阵地。以军多次发动进攻，仍未得手。5日，埃军在多面夹击、孤军奋战的情况下，丧失阵地。但此时，埃军主力已全部撤出西奈半岛，从而保存了有生力量。

埃军同英法军队的战斗主要在塞得港进行。从11月1日起，英法空军对塞得港进行连续轰炸。11月5日拂晓，英法向塞得港空投了第一批伞兵，英军伞兵约600人在加密尔机场周围着陆，并迅速占领了机场。法军伞兵500人在富阿德港降落并很快占领了供水厂。下午1时45分，英法第二批伞兵又在上述两地着陆。

11月6日上午，英法军队首先用猛烈炮火袭击塞得港防御阵地，然后，2.2万名海军陆战队队员开始登陆。英海军第三突击旅在塞得港登陆作战，法军海军陆战队在富阿德港登陆。6日深夜，英法登陆部队沿苏伊士运河南下，企图一举占领运河区，但遭到埃军抵抗。

埃及军民奋起保卫塞得港。英法第一批伞兵着陆后，埃及当局通过设在各重要地点的广播，迅速告诉居民敌军降落的地点，群众立即集合起来，协助守军消灭敌人，使英法军队始终没能完全占领塞得港，先头部队只进到塞得港以南27公里的卡卜。英法的行为受到国际社会的谴责，接受联合国停火决议后，于11月6日宣布停火。12月，英法军队全部撤出埃及。次年3月，以军也撤出埃及。

在整个战争过程中，英法对埃及的轰炸持续6天，地面战斗40余小时，伤亡三四百人，损失飞机50余架；以色列伤亡约1000人。埃及方面死亡1000多人，伤

2万多人，损失飞机200架，五大城市遭到严重破坏，1.2万幢住宅毁于战火。

以色列虽撤离西奈半岛，但解除了埃及对蒂朗海峡的封锁，亚喀巴湾的航行不再受阻。

马岛战争

长期以来，阿根廷一直声称马岛是其领土的一部分，该岛全称为马尔维纳斯群岛（又叫福克兰岛）。马岛是南大西洋距阿根廷最南端东部约500多公里的一个群岛，该群岛自1832年以来一直由英国人长期居住，是英国的一个直辖殖民地。当马岛战争在1982年爆发时，这片偏僻的岛屿总人口约1200名，羊群约60万头。

1982年4月2日，阿根廷向马岛发动了两栖攻击，岛上为数不多的几个英国皇家陆战队员几乎没有抵抗，阿根廷迅速占领了马岛。次日，南乔治亚岛也落到了阿根廷的控制之中。消息传到国内，布宜诺斯艾利斯处处欢声笑语。

得知马岛被阿根廷占领的消息后，英国皇家海军以"竞技神"号和"无敌"号航空母舰为核心组成了强大的特混舰队。"竞技神"号航空母舰比"无敌"号航空母舰服役的早，该航母最初是作为轻型常规航母来建造的，经过改装，该航母在前甲板安装了一个飞机弹射斜轨，专门用于搭载海鹞战斗机作战。当时刚刚服役的"无敌"号航空母舰，从龙骨的铺设开始都是为了搭载海鹞以及反潜战直升机而建造的。

4月5日，两艘航母由朴茨茅斯起航，准备在阿森松岛与英国海军其他战斗舰艇以及补给舰艇进行会合。两天后，伦敦方面宣布马岛周围200英里成为海上禁区，禁令将于4月12日生效。截至4月12日，英国皇家海军在禁区内已部署了3艘核动力攻击潜艇以防备阿根廷水面战斗舰艇进入禁区，这3艘潜艇分别是"斯巴达人"号、"辉煌"号和"征服者"号。

4月18日"竞技神"号和"无敌"号航空母舰和它们的护航舰只一起驶离了大西洋中部的这个赤道岛屿——阿森松岛，进入到南大西洋，执行代号为"共同体"的军事行动。而当时在伦敦，英国国防部继续向英国的商船队征用民船。这些被紧急征用的民船在战争中起到了非常关键的作用，主要用于油料和淡水的储存、打捞、维修以及运输等任务，如著名的"伊丽莎白二世"号客轮被改装成了运兵船，为此次战争提供支援。

4月21日，英军的侦察分队搭乘从护卫舰"安特里姆"和舰队辅助船"泰德斯布林"号上起飞的英军直升机，空降到了南乔治亚岛的一个冰川上。警惕到了英国海军的行动之后，阿根廷派"圣菲"号（美国以前的"鲶鱼"号）潜艇于24日向南乔治亚岛首府格里特维肯港运送了20名陆战队员以及补给品。

4月25日，英国的一架山猫直升机发现了正以水面状态航行准备驶离南乔治亚岛的阿军"圣菲"号潜艇，马上进行攻击，发射AS—12空舰导弹，并投下2枚深水炸弹，"圣菲"号遭到重创，不得已返回港内，不久就沉没了。

同一天晚些时候，英国的军舰用舰炮向南乔治亚岛的阿根廷防卫阵地发动了连续的炮击。然后，英军的一支陆战队突袭部队顺利地降落在南乔治亚岛，并最终夺取了阿根廷的阵地。

5月1日凌晨，英军一架火神轰炸机单机轰炸了东马岛（又叫东福克兰岛）的斯坦利港机场跑道，然后从"竞技神"号航母上起飞的海鹞式战斗机再次向这个机场以及位于古斯格林的另外一个机场投放了炸弹，英国皇家海军的舰艇还炮轰了岸上的阿方阵地。随后，阿空军出动了56架次的飞机对英军实施了反击，击伤了英国的"格拉摩根"号驱逐舰、"敏捷"号和"箭"号护卫舰。执行战斗空中巡逻任务的英海鹞战斗机击落了4架阿方战机。

由于英国准备武力收复马岛的意图已十分明显，阿根廷指挥官胡安·隆巴多将军计划利用自己的海上和空中兵力，从多个方向对"已解放"的马岛进行防御。

5月2日凌晨，阿根廷"五月二十五日"号航母从西北方向神不知鬼不觉地接近了马岛，"五月二十五日"号准备发动自二战以来世上首次航母对航母的攻击。然而由于那天风力不够，"五月二十五日"号上的飞机不能正常起飞，隆巴多将军不得已命令航母撤到了马岛西部海域。

同一天，英国"征服者"号核潜艇在海上封锁区的南角发现了正在活动的阿一支水面战斗大队，其中包括"贝尔格拉诺将军"号巡洋舰和2艘驱逐舰，"征服者"号将情况向伍德沃德指挥官做了汇报。由于担心这支战斗大队可能会攻击"征服者"号，并在夜间突袭英海军部队，伍德沃德将军在征得伦敦方面的同意后命令"征服者"号先行攻击。受到鱼雷攻击的"贝尔格拉诺将军"号巡洋舰旋即沉入了南太平洋海底，这艘1938年就开始服役的巡洋舰也带走了随之身经百战的300多名水兵。有意思的是，给该舰造成毁灭性打击的两枚鱼雷比该舰更加古老，首次投入使用是在1932年。

由于英军击沉了"贝尔格拉诺将军"号巡洋舰，大大打击了阿军的士气，隆巴多将军命令"五月二十五日"号航母撤出马岛海域，退缩到本土海域，以免受英国潜艇的攻击。

5月14日夜间，英军50名突击队员乘3架直升机从"竞技神"号航空母舰上起飞，炸毁了佩布尔岛上阿军1座军火库，另外还炸毁了阿方11架飞机。另外，阿根廷一架A—4天鹰攻击机向英国"格拉斯哥"号护卫舰投放了重达1000磅的一枚炸弹，护卫舰被砸了一个大坑，幸运的是炸弹没有引爆。

5月20日深夜，经过伪装的英军特种部队和陆战队在夜色的掩护下肃清了位于东马岛西北角的卡洛斯港周围的阿方阵地。21日凌晨，英国皇家海军的2艘船坞运输舰"无恐"（Intrepid）号和"不惧"（Fearless）号，另外还有其他一些两栖舰在卡洛斯港周围的四个滩头实施了登陆，只是在其中一个滩头遇到阿军轻微的抵抗。在援军和装备迅速上岸后，英军地面部队很快将滩头阵地扩大到了方圆10平方英里的范围。

为了抵抗英军的登陆行动，阿根廷飞机利用周围的山地地形作为掩护成群结队的攻击支援登陆的英作战舰只。在空袭中，英"安特里姆"号、"亚尔古水手"号护卫舰都相继被炸弹击伤，"灿烂"号也被30毫米的炮弹击中，设备控制室和数个武器系统都被损坏。"热心"号也被炸弹击沉。但阿根廷方面也损失了17架飞机，并没能阻挡英军的登陆。

5月22日，由于岛上天气不好，阿军的飞机没有升空，给了英军喘息之机，英军乘机补充了大量的兵力和物资。

5月23日，阿根廷的天鹰攻击机投放的两枚炸弹命中英舰"羚羊"号，当时炸弹没有爆炸。但几小时后，其中一枚爆炸，该舰弹药库的连环爆炸最终葬送这艘21型护卫舰。

5月24日，阿空军改变了战略战术，转而袭击英国的两栖舰，虽然一些炸弹命中了目标，但阿军炸弹实在是太老朽了，好多都没有爆炸，影响了轰炸效果。

5月21日和23日，阿军对英军展开的疯狂空袭虽然损失了阿方20多架飞机和多名飞行员，但25日，阿根廷又再一次倾力出击，对英军实施了空袭。在战斗中，英军"大刀"（Broadsword）号护卫舰被击中，舰上的山猫直升机被击毁。英军"考文垂"号驱逐舰也被阿天鹰攻击机投放的1000磅的炸弹击中了船舷，正中要害，被击沉。

在当天晚些时候，英军遭受了开战以来最大的打击，阿军出动的超军旗向"无敌"号航空母舰发射了两枚飞鱼导弹，虽然电子对抗措施使攻击"无敌"号的两枚导弹偏离了打击路线，但其中一枚正好击穿了"大西洋运送者"号货轮，由于火势失去控制，最终沉没，随船沉没的还有上千吨支援英军地面部队登陆的重要物资，其中还包括几架直升机。这些飞机是用来运送攻打斯坦利港的英地面部队的。尽管损失惨重，没有了空中机动能力的英海军陆战队和陆军部队还是在26日徒步从滩头阵地出发，进攻斯坦利港。

随着战争伤亡的不断增加，此时阿根廷空军部队仅仅只能发动极为有限的进攻了。在岸上，训练有素的英军地面部队虽然经常会遇到无论装备性能还是部队规模都占优势的阿军抵抗，但英军还是不断获胜。

6月8日，阿军再一次出动大批飞机空袭在希拉夫湾滩头的英军，击伤了英国"普利茅斯"号护卫舰，击沉登陆舰2艘，给威尔士卫队造成了重大伤亡。但此时英军在岛上的地面部队力量已大大增强，已经有足够的兵力来将这场战争进行到底了。很快英军控制了斯坦利港外围，修筑了壕沟，对阿军形成合围之势。

当岸上的英军地面部队向阿军防线连续猛攻的时候，英国海军的舰艇也以舰炮不断轰炸阿军地面部队。面对力量不断增强的英军，被逼无奈的阿岸防部队唯一的反击就是用最后一枚岸基飞鱼导弹击中了英国"格拉摩根"号驱逐舰，击伤了舰上的机库和船尾的导弹发射装置。但"格拉摩根"号驱逐舰的受伤不可能延缓战争的进程，驻马岛阿守军总司令意识到无谓的牺牲已经不可能真正改变战争的结果，请求在 6 月 14 日晚停火。

马岛战争中被击中的"谢菲尔德"号

经过一场非同寻常的战争后，英国的米字旗又一次重新飘扬在了马岛的上空。自己葬送了马岛不算，阿军还损失了"贝尔格拉诺将军"号巡洋舰、"圣菲"号潜艇以及众多攻击机。在战争中，阿军阵亡约 650 人。战后不久，以加尔铁里为首的阿根廷军政府就被推翻了。

在英国，由撒切尔夫人领导的保守党政府得到了公众一致认可，英国军队成为了民族的骄傲。在战争中，英军损失了 6 艘舰艇，损失战舰包括"谢菲尔德"号驱逐舰、"羚羊"号护卫舰、"热心"号护卫舰和"考文垂"号驱逐舰，另外还有 10 艘英舰被击伤，阵亡 250 人。

马岛战争之后，高科技广泛应用于战争，兵者曰：制海权在于制空权，制空权在于制电磁权，制电磁权在于制外层空间权。战神驰骋的空间越来越广阔，不过从那以后再也没有发生可供研究的堪称"大"字的海战。

铁娘子撒切尔夫人

英国历史上女性英雄人物不胜枚举，除了伊丽莎白一世、维多利亚女王外，连任三届首相的"铁娘子"撒切尔夫人也是一位巾帼翘楚。

玛格丽特·希尔达·撒切尔，通称撒切尔夫人，生于1925年10月13日。她于1979—1990年担任英国首相，并出任保守党领袖。她是英国历史上同时担任过这两个职位的唯一一位女性。

"铁娘子"撒切尔夫人

英国的林肯郡格兰瑟姆市是玛格丽特的出生地。她就读于牛津大学萨默维尔学院的化学系，后来进修后进入高等法院出庭的大律师。在1959年的大选中，她赢得议席，成为芬奇利市的保守党下院议员。1970年，当爱德华·希思组建政府时，撒切尔夫人被任命为教育和科学大臣。四年后，她支持基思·约瑟夫（Keith Joseph）竞选保守党领袖，但后者最终被迫放弃。1975年，撒切尔夫人亲自参加角逐，终于成为保守党领袖。在1979年的大选中，她一举成为英国第一位女首相。

撒切尔的童年时光是在英国林肯郡的格兰瑟姆镇度过的，她父亲在这儿拥有两家杂货店。她和她的姐姐就是在铁轨线附近的一所平房中长大的。撒切尔的父亲在当地的政治和宗教领域非常活跃，虽然他出生于一个自由党家庭，但他的政治立场却倾向于保守党。

撒切尔的父亲将她一手培养为一个严谨的卫理公会教徒。她在凯斯特文-格兰瑟姆女子中学获得奖学金。校方对她的评价是学习极为努力上进，但成绩并不出色，课外活动她喜欢打曲棍球和游泳。1943年入牛津大学萨默维尔女子学院攻读自然科学，主攻化学，先后获得牛津大学理学士（1949年）、文学硕士学位（1950年）。于1946年担任牛津大学保守党协会主席，是该职位历史上的第三位女性。大学毕业后，撒切尔来到埃塞克斯郡科尔切斯特镇担任BXPlastics公司的化学研究员。在此期间，她加入了当地的保守党协会。1949年，她在朋友的邀请下当选为肯特郡达特福德镇的保守党候选人，随后迁至达特福德镇以竞选下院议员。

二战后英国政坛危机迭出，两党斗争日趋激烈。早在大战结束前夕，工党就以30年代保守党所犯罪恶为攻击靶子，在大选中获得了压倒性胜利，将领导英国抗战有功的元勋丘吉尔赶下了首相宝座，艾德礼荣登阁首之位。执政6年，工党政府以"民主社会主义"为旗帜，推行国有化政策和福利国家政策，缓和了战后初期英国的社会危机，但也因镇压工人罢工而招致众怒。1951年。保守党获胜，连续执政13年，丘吉尔、艾登、麦克米伦、霍姆先后为首相。1964年后，保守党和工党交替执政，首相多次易人，工党的威尔逊、保守党的希思出山。1979年，保守党再次击败工党，撒切尔夫人成为英国有史以来第一位女首相。

撒切尔夫人连任三届首相，在英国政界已属罕见，何况还是一名妇女。她执政以后，在外交上实行强硬政策，支持美国，强调西欧合作，主张用最现代化的武器对付苏联，是特别与1980年上任的美国总统里根配合默契，苏联人讥讽她为"铁牛"，国际上也认定她是"铁女人"。但她却非常注意同中国发展良好关系，正是在她任职期间，中国最高领导人第一次访问英国，英国国王也第一次访问中国。1984年12月19日，撒切尔夫人来北京签署了中英关于香港问题的声明，确定于1997年7月1日将香港交还给中国，这是她的英明之举。作为首相的撒切尔夫人，常常以一个贤妻良母的形象出现，虽然政务繁忙，却仍照常操持家务，料理子女婚事，经常提篮上街购买食品蔬菜。1991年，撒切尔夫人任满去职。

丹尼斯·撒切尔于 2003 年逝世，参加葬礼的除了撒切尔夫人，还有他们的孩子马克和卡洛尔。撒切尔夫人这样缅怀道："担任首相就得承受孤独，你无法在群议纷纷里领导国家。然而我从未感到孤单，因为有丹尼斯陪伴。他是多么好的一位丈夫啊！"

在她自己的风烛残年里，撒切尔开始埋怨家人都不在身边（马克在南非，卡洛尔去了瑞士），然而女儿并不体谅："母亲不应过于期待成年的子女不时回来看她，家人不在身边的日子谁都经历过，我们年幼时也总见不到母亲，如今的过于期盼也弥补不回失落的岁月。"

2007 年，英国国会第一次为在世的前首相树立雕像——撒切尔夫人铜像。在经历了几次小中风后，她出现了短时记忆障碍。医生在 2008 年确诊她已患上老年痴呆症。在撒切尔夫人迟暮的记忆里，丈夫丹尼斯还活着，而担任首相的那 11 年日子印象最为深刻。

对她的支持者而言，撒切尔夫人还是一位革命领袖，她使英国的经济得到复苏，她影响了工会，并使英国重新成为经济强国。但是对于她的争论也从未停止。在她作为英国首相期间，失业率攀升，社会动荡，一些批评声指责她不当的经济政策致使失业率明显增加，但她本人表示没有任何需要表示遗憾的地方。

撒切尔夫人的经济改革方案鼓励资产的私有化，尤其是在金融业，她支持金融部门"扩大信贷、分散风险"。在她卸任以后，1990 年的一项英国民意测验表明，52% 的英国人对她的总体评价是满意的。而 2008 年每日电讯报的另一项调查更称，英国人视她为二战之后"最伟大的英国首相"，温斯顿·丘吉尔名列其后。

英国外交政策（20 世纪 60 年代至今）

英国加入欧洲共同体后，欧共体怀疑论者依然在英国存在；这一时期的外交政策集中体现在英美关系上。

早在 20 世纪 60 年代欧洲自由贸易协会建立不久，英国就申请加入欧洲经济共

同体，但是由于法国的反对，两次申请都被拒绝，直到1973年，才成为成员国之一。那时，由于自由市场机制的衰弱，欧洲经济共同体成员的发展经历了快速增长。但是，1973年原油价格危机引发的经济危机，阻碍了经济发展。很显然，加入欧洲经济共同体并没有给英国带来显著的影响。1984年，撒切尔夫人明显减少了英国作为成员国应负有的义务。

石油危机爆发，阿拉伯酋长们发现自己有了和西方对抗的有力武器，1973年10月16日。

后来一段时期，英国与欧共体还有许多不协调的地方。1996年，英格兰岛发生了大范围的疯牛病（BSE），欧盟禁止进口英国牛肉，这使得英国的反欧盟情绪达到高潮，他们怀疑的理由主要源自对欧盟专制统治的焦虑。但是，英国与欧洲大陆的联系仍然继续紧密。竣工于1994年的铁路隧道（横穿连接英法的英吉利海峡）就是一个很好的证明。英国政府对此项工程有一定的财政拨款，但能够顺利完工还是得益于一个国际财团的鼎力相助。

除与欧洲国家建交，与美国长期以来站在统一战线始终是英国外交政策的主要特征。1982年，在与阿根廷争夺殖民地马尔维纳斯群岛的战争中，凭借美国卫星信息的帮助，英国取得了胜利。同样，作为美国最重要的盟国，英国在军事上给予美国支持、援助，如美伊战争。

2003年，伊拉克战争爆发，英国积极追随美国，派重兵参与了战争。但是，随

爱尔兰建设工人庆祝铁路隧道第一管道竣工，1990 年。

争夺殖民地马尔维纳斯群岛的战争：英国

伞兵对阿根廷战俘搜身检查，1982 年。

着伊拉克局势的不断恶化，英国不仅在经济、道义上背上了沉重的负担，在国内安全方面也付出了惨重的代价。

爱尔兰经济发展

自 20 世纪 60 年代以来，爱尔兰经济一直稳定发展。加入欧盟后，其经济迅速繁荣，首都也相应引入了大量外资。

二战中，爱尔兰保持中立。但在马歇尔计划资源重新组合的情况下，爱尔兰也陷入了战后不景气的经济状况中。

50年代，爱尔兰持续经济低迷，财政收支不平衡，通货膨胀、移民数量不断上升，但在最后几年里，这些问题得到了巨大改善。

爱尔兰执政党共和党领袖夏恩·拉马斯于1959—1966年间担任爱尔兰首相，他推行的自由主义贸易政策推动了经济繁荣。

爱尔兰与英国一直保持着密切的贸易伙伴关系。在继承以往合作的基础上，双方达成众多贸易协定，由于两国互惠互利的经济利益，一些摩擦也得以和平解决。

都柏林街上行乞的老人，2003年。

爱尔兰政府致力于开发新市场，尤其是旅游观光事业。

进入90年代后，由于吸引了大量外商直接投资，爱尔兰经济持续高速发展，被誉为"欧洲小虎"。但这也引起了一系列的社会问题，比如贫富差距进一步扩大、外来移民大量涌入等。

1973年加入欧共体给爱尔兰的发展带来长期积极的影响。它不仅得到欧共体的经济援助，同时还将在未来时间内继续得到对运输业、教育事业等的大量外来投资。旅游业的发展也一定程度上推动了爱尔兰工业的繁荣。随着经济的发展，失业率明显下降，人口也由1970年的290万激增到1998年的360万。

爱尔兰都柏林城堡

北爱尔兰自治区冲突

从英联邦分离出来后，这个年轻的共和国就成为许多国际组织的成员。但北爱尔兰自治区的冲突却使国内长期笼罩在阴影下。

天主教区、新教区的道路被钢铁

门封锁，贝尔法斯特，2004 年。

1949 年脱离英联邦后，爱尔兰便建立了独立的共和国，摆脱了英国的控制。然而，爱尔兰仍然保留了许多英联邦成员国的权利，如爱尔兰人在英国享有公民权利，包括参选英国国内选举和参军等。

1955 年，爱尔兰加入联合国，很快就在国际组织中建立起一种新的政治联系。

但是 20 世纪 50 年代，爱尔兰共和国却因北爱尔兰自治区的冲突而产生动乱。在北爱尔兰的暴力冲突中，爱尔兰共和军扮演着重要角色。共和军是北爱天主教派的秘密军事组织，成立于 1919 年，其宗旨是建立一个天主教占主导地位的统一的爱尔兰。爱尔兰政府试图依靠他们在北部的权威控制冲突的发展，却引发了爱尔兰共和国的统治危机。

1967 年，北爱尔兰成立民权联盟，引发一场争取北方天主教徒平等权利的民权运动。

和平游行示威遭到暴力镇压，最终导致一场血腥内战，到 1990 年为止，近4000 人死于这场战争。

德里天主教区室外画：纪念一位

被英国士兵枪杀的女孩。

双方发生正面冲突，一方是要求留在英国的新教徒工会主义者，另一方是提倡建立统一的爱尔兰共和国的天主教徒民权者。

1972 年 1 月 30 日，在伦敦德里，一千五百多名天主教徒举行大规模的反政府示威游行，遭到英国军队枪杀，死伤数十人。这一事件致使冲突达到高潮，最终酿成"星期天流血惨案"。英国政府强行解散北爱尔兰议会。作为报复，爱尔兰共和军制造多起爆炸事件。都柏林、贝尔法斯特、伦敦间的和谈彻底破裂。

星期天流血渗案：英国士兵鞭打示威者，1972年。

1998年4月10日，英国政府、爱尔兰政府以及北爱尔兰领导人达成《耶稣受难日协议》：爱尔兰政府答应放弃南北爱尔兰统一的政策，加强政府之间的合作，缴械共和军武装；英国承诺军备裁减和政治改革，同意天主教徒可享有平等权。

两国公民的投票推动了此次和谈的进程，自此北爱尔兰人民的生活很少再遭到武力破坏。

音乐在爱尔兰文化中占据着非常重要的位置。

爱尔兰传统乐器竖琴的造型被选作爱尔兰国徽标志，从一个侧面显示了音乐对爱尔兰人的重要性。

法国：从第四共和国到第五共和国（1946—1958年）

在战后的第一个十年里，法国就发展成一个工业化国家。1958年，不稳定的第四共和国解体，代之以总统制的第五共和国。

二战后，法国很多地方都遭到破坏。虽然巴黎保持了相对的完整，但其他城市，特别是港口城市，例如勒阿弗尔、布雷斯特却遭到极大的破坏。在严惩大约3万或4万通敌者后，戴高乐临时政府开始着手法国的重建工作。

银行、保险公司及一些大型公司如雷诺汽车、法国航空都实现了国有化，并进行了福利改革。戴高乐政府实行了一系列经济政策，其意义远远超越重建工作，这使得法国在20世纪后半叶从一个典型的农业国转变为一个工业国。

地方性产品，约1960年。

戴高乐辞职后，1946年10月13日，第四共和国建立。国家立法机构具有绝对权威，总统、政府都必须服从于它。但是，由于受到以共产党为首的左翼和以法兰西人民联盟为首的右翼的两面夹击，临时政府显得软弱无力。当时，妇女已拥有参政权和比例代表权，但比例代表权却引发了统治集团内部的政策分歧。受执政者的影响，内阁大约每六个月就要更换一次，终于，在阿尔及利亚独立战争问题上，第四共和国瓦解了。

为防止军事独裁、内战，国民议会让戴高乐再次执政。他组建了第五共和国，该政府以公民投票的形式产生，并以百分之七十九的赞成率通过。法国从议会制共和国变成总统制共和国，总统集大权于一身，保证了法国在政治上的稳定，结束了政府软弱无力的状态。

法国：从殖民大国到开发援助

殖民地独立运动对法国来说是个巨大的挑战，特别是在阿尔及利亚问题上。随

戴高乐（右）与总统科蒂，1958 年。

着经济的发展，在宗主国与殖民地之间，确立了新的合作形式。

1946—1954 年，法国殖民地印度支那爆发独立战争，给法国造成巨大损失，之后，法国发表声明，从该地撤军。随后，摩洛哥、突尼斯也在 1956 年获得独立。

越南人民军站在一辆被击落的法国 B26 飞机上，1954 年。

但作为殖民地之一的阿尔及利亚，却被视为法国的一部分而保留下来了。有上百万法国居民在此定居，且法律赋予阿尔及利亚穆斯林居民有被选举为巴黎国家议会代表的权利。法国政府还设立阿尔及利亚立法机关，当地人和法国人拥有平等的权利，虽然后者拥有选举权的人数与前者的比例为六比一，占绝对优势。

1954 年，阿尔及利亚爆发起义，赢得了独立。驻扎在阿尔及利亚的部队，利用当时巴黎政府的软弱无能自行其是，而巴黎政府也已准备承认阿尔及利亚人民的独立自主权利。一些激进的职业法属殖民军为了"永恒的法属阿尔及利亚"组建了秘密的军

队组织。由于埃及支持阿尔及利亚人民自由运动，法国联合英国占领了苏伊士运河，但慑于美国、苏联及联合国的压力，被迫撤兵。为预防事态的激化，戴高乐总统与阿尔及利亚政府进行了一次关于流放的会谈。1962 年 3 月 18 日的《埃维昂协议》使得阿尔及利亚得以独立。

戴高乐访问阿尔及利亚，1958 年 6 月。

　　1958 年举行的第五共和国全民投票不仅在本土举行，也在法属海外领土举行。在殖民地问题上，大部分人都认为应该建立一个公共的法国联盟，接受这个新宪法也就意味着被获准进入共同体，只有几内亚拒绝成为其中一员。1960 年宪法修订，允许之前已获独立的前殖民地国家加入联盟，大部分前法国非洲殖民地国家都加入了。

阿尔及利亚正式宣布独立，1962 年 7 月 3 日。

　　此后，法国与其殖民地国家建立了平等的合作伙伴关系。法国的发展救济金很大程度上是被送往这些国家和地区。同时，通过合约的形式，法国确立了与这些国家在外交、安全、文化以及经济上的全面合作关系。

第五共和国经济政策和国内政策

第五共和国宪法赋予总统名副其实的权力。

殖民地战争后，戴高乐致力于改善国家的经济状况。随着欧洲贸易障碍的减少，法国的经济迅速增长。经济的发展也带来了社会变革。

游行示威的学生，巴黎，1968 年。

戴高乐高度集权的总统专制越来越为人们所不满，终于导致 1968 年的法国巴黎大危机。这次危机是由学生与校方的争端引起的，工人、社会其他阶层纷纷参加，引发了游行示威、静坐罢工、街头冲突等一系列社会运动，最终以一场声势浩大的罢工宣告结束。戴高乐政府虽然度过了这次危机，但严重的政治经济问题仍然存在，戴高乐威信扫地，最终被迫于 1969 年辞职。

蓬皮杜继任总统（1969—1974 年）后，进行了一系列改革，但 1973 年的石油危机又再次引发了统治危机。德斯坦政府（1974—1981 年）在对外政策上获得极大成功。德斯坦联合德国总理施密特创立了由欧洲工业化国家参与的一年一次的政府首脑会议，并组建众所周知的共同抵抗经济危机的"六国同盟"（G-6）。虽然如此，法国失业率仍不断上升。

学生与警察发生冲突，巴黎，1968 年。

密朗特（1981—1995 年）领导的社会党在 1981 年选举中获胜，成为第五共和国首位左翼总统。他在执政初期，加强了国家的宏观调控和收入的重新分配，但财政赤字及通货膨胀造成的物价飞涨迫使他于 1983 年改变方针政策。特别是 1984 年欧洲共同市场建立后，总统的决策自主性也进一步被削弱了。

法国总统德斯坦（左）会晤德国总理施密特，联邦德国首都波恩，

1975 年。

1986 年国民议会选举，密朗特失去优势地位，奉行"戴高乐主义"的希拉克当选总理，开始了"左右两翼共治"的统治阶段。这种现象在 1997 年国民议会选举中再次出现，1995 年当选总统的希拉克不得不与身为总理的社会党领袖若斯潘共同治理法国。

2002 年总统选举又出现混乱局势，极右派领袖玛丽·勒庞获得大约百分之二十选票，位居第二。但是最后希拉克仍然以绝对优势再次连任总统。

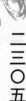

2007 年 5 月，人民运动联盟的萨科齐入主爱丽舍宫。

欧洲事务中的法国

在欧洲事务中，戴高乐始终强调法国的自主权。然而，20 世纪 50 年代后，欧洲国家一体化成为主流趋势。

德国和法国长期以来被称为是"欧盟的发动机"，两国在战后欧洲发展进程中扮演着重要角色。但在过去五十年里，法国在欧洲事务中所起的作用却经历了重大转变。

由于蒙受二战中德意志帝国带来的战争痛苦，所以法国与英、比、荷、卢达成合作，建立起针对邻国的安全防御措施，并签订了欧洲第一个合约《欧洲煤钢联营条约》，目的在于防止任意两个国家间爆发战争。

法德英西四国协力完成的新型巨大喷气

机"空中客车"A380，2004 年。

随着法国殖民地的相继独立，政府领导越来越意识到欧洲对于法国发展的重要性。虽然如此，法国仍较重视建立安全防御体系，并努力构建在共同体内外独立的位置和方式。

1963 年签署《法德合作条约》即《爱丽舍条约》，一定程度上缓解了两国多年来的紧张敌对情绪。法国两次否决英国加入欧盟，是因为害怕英国的加入会威胁到它在欧洲的领导地位。从北约军事组织的撤退，也从根本上表示了法国独立自主的

戴高乐和阿登纳签署的《法
德合作条约》，巴黎，1963 年。

政策。

戴高乐辞职后，法国对欧共体的政策发生转变。蓬皮杜统治时期，法国最终同意英国成为欧共体成员。德斯坦和密特朗时期，法国又重新加入欧洲一体化进程。法国人蒂勒斯，不仅是欧洲委员会领导，也是 20 世纪 80 年代欧洲共同市场的主要策划人之一。2004 年，在欧盟具有历史意义的扩建中，有八个前东欧社会主义国家加入欧盟。这也是法国一直以来奉行支持政策的结果。

然而，近些年来，种种迹象表明，法国希望更大程度地控制欧洲发展方向。2005 年 5 月 29 日，新欧盟宪法在法国全民公决中遭到否决，似乎更加明确了这种倾向。

2007 年年中，在新总统萨科齐的推动下，替代《欧盟宪法条约》的新条约草案最终达成协议。

比荷卢理念

二战中，比利时、荷兰、卢森堡都被纳粹占领，基于这种共同经历，比荷卢经济联盟才被构建起来。三国成为受人尊敬的自由民主的政治基地，也提供了许多国际组织的领导人才。

比利时、荷兰、卢森堡三国是纳粹侵略战争的第一批受害者。战争的创伤在卢森堡留下了明显的痕迹，战后，法语、法国文化，相对于德国，对其影响更占优势。

为了能使本国将来更强大，1944 年 9 月，三国流亡政府决心成立一个关税、经济联盟，即"比荷卢经济联盟"。

1948 年 1 月 1 日，比荷卢关税联盟开始生效。1949 年，三国在"预备联盟"上达成一致，意在协调三国经济结构并消除贸易壁垒。1958 年，一个完整的经济联盟在《比荷卢经济联盟条约》下建立。

坐落于布鲁塞尔的欧洲委员会，2003 年。

1970 年，联盟成员国间取消了边境障碍。自此，三国用一个声音说话，它们通过共同行动来提高自身的地位，这成为欧洲一体化进程中的典范。

21 世纪初，比荷卢联盟仅拥有 270 万人口，却是世界上第四大经济实体。由于欧盟近几年的扩张，比荷卢联盟有些衰退，但其持续的近距离合作，仍是欧盟所望尘莫及的。

北约总部门前飘扬的各成员国国旗，布鲁塞尔。

战后，出现了另一种政治变革。通过参加马歇尔计划，比荷卢联盟坚定地与美国站在一起，并放弃了传统的中立政策。

1945 年，比、荷、卢三国作为创始国加入联合国。

1948 年，比、荷、卢三国与英国和法国签订《布鲁塞尔条约》，旨在寻求连纵防卫策略。

次年，比、荷、卢又成为北大西洋公约组织的创始国。北大西洋公约组织的 11 位秘书长中就有 5 位来自比荷卢联盟，即比利时的保罗－亨利·斯巴克、维利·克拉斯和荷兰的迪尔克·斯蒂克、约瑟夫·伦斯、夏侯雅伯。

在蒙斯召开的北约安全理事会会议，比利时，1949 年。

1986 年 9 月，比利时、荷兰和卢森堡三个国家又签署了《比荷卢地区跨国合作公约》。

比利时：从中央集权到联邦国家

战后，比利时经济的重心转移到佛莱芒地区；佛莱芒人和瓦龙人间的斗争导致了一个联邦制国家的诞生。

二战中几乎未受损害的比利时重工业，在 20 世纪 40 年代后期，为国家提供了强有力的经济基础。然而，该行业重要性的降低，却使比利时陷入经济危机。成为比荷卢经济联盟、1957 年建立的欧洲经济共同体成员国所带来的积极效应有效地弥补了这个损失。

前几十年，尽管讲法语的瓦龙人掌控着国家经济，但投资却总是首先流向佛莱芒地区，特别是安特卫普港。后来，佛莱芒人成为国家经济的领导者，却引起了两个种族间的冲突，再一次引发国内的统治危机。

布鲁塞尔世界博览会亮点原子塔，1958 年。

1993 年，几次宪法改革后，比利时成为一个联邦议会民主制国家，由佛莱芒、瓦龙和布鲁塞尔三个地区组成。经济、行政分散管理，并且所有这些地区都被允许文化自治。

战后初期，有关国王利奥波德三世的争论给比利时蒙上阴影，他曾被指控犯有叛国罪、与纳粹合作罪。1950 年，利奥波德三世重新登上比利时王位，但国内的不

比利时安特卫普港装载货物的船只

安政局迫使他再次退位。

1951 年，利奥波德三世的儿子博杜安一世即位，他公正地解决了种族冲突问题，整个国家再次团结一致。其后，他的兄弟阿贝尔二世继承王位，然而，国家并不安宁，涉及多位部长大臣的贿赂丑闻被揭发出来，阿贝尔二世被迫于 1994 年引咎辞职。政府再次举行大选，此次选举给右翼党带来了重大突破。

反恋童癖复苏的示威游行，1996 年。

1990—2000 年，众多腐败丑闻以及对马克·达特洛克斯（儿童性骚扰者和谋杀者）的糟糕审判调查，使比利时国内政局再次动荡不安。1996 年，32.5 万名市民在布鲁塞尔集结组织"白色游行"，这次游行主要针对政治阴谋、道德堕落及恋童癖审理中司法制度的松懈等。

卢森堡

卢森堡的发展取决于同邻国的关系，尤其是在钢铁工业、财政状况上，相当依赖与邻国的关系。

早在 20 世纪 20 年代，卢森堡作为一个独立公国，同时又在西、北两面与比利时接壤，于是它利用这个优势与比利时合作，建立了一个关税、贸易、货币流通的联盟。

由于洛林地区丰富的矿藏，卢森堡冶铁与钢铁制造业具有重大的国际意义。同时，作为从比利时到达法国的必经之地，卢森堡也具有高度的战略意义。

阿尔泽特河畔的卢森堡古镇

二战后，卢森堡公国加入了比荷卢经济联盟，并成为欧洲煤钢共同体的拥护者，由此开始积极地促进欧洲一体化进程。

1952 年，欧洲煤钢共同体选址卢森堡，并签订长达 50 年的条约，此后，欧洲煤钢共同体一直落址于此，直到 2002 年组织的最高机构被废止。紧接着，欧洲法院、欧洲投资银行等其他欧洲重要组织机构也选择卢森堡作为组织坐落地。

1949 年，卢森堡加入北大西洋公约组织，从而放弃了中立立场。

卢森堡的外交政策几乎全部取决于欧洲联盟的政策。政府官员的长期任职使他们具备登上欧洲舞台的资格，尤其是 1995—1999 年任欧洲联盟委员会主席的雅克

签订《欧洲煤钢共同体条约》，1951 年 4 月 18 日。

·桑特以及现任卢森堡国家首相让-克洛德·容克——他作为一名与欧洲联盟谈判的专家而出名。

因为是小国，卢森堡始终担心自己会被欧洲委员会排除在外。从 2003 年以来，比荷卢联盟一直要求建立一个小型的更易于执行的委员会，成员席位依照轮流原则平等分配。

卢森堡 DG 银行大楼，1997 年。

卢森堡是世界上重要的金融中心之一，金融管理对国家相当重要。因此，欧洲联盟试图增加利息税和取消银行的机密性的计划，会对卢森堡造成不小的影响，卢森堡于 1989 年否决了欧洲联盟的这一计划。

荷兰

二战后，荷兰经济由工业、服务业支配，社会结构也相应地发生了变化。

1945 年后，荷兰开始大规模"清洗"运动，严惩曾与纳粹勾结的罪犯。

据估计，有 2% 的荷兰人曾与德国占领者合作，9 万多人被逮捕，纳粹分子姆斯特被处以极刑。

与邻国比利时不同，荷兰在战争中遭受了巨大破坏，但在马歇尔计划的援助下，其经济迅速恢复，但此时的荷兰已经再也不能继续作为一个农业国和殖民国家而存在了。

炮击后的鹿特丹废墟，1940 年。

荷属东印度群岛（现印度尼西亚）于 1945 年宣布独立，但直到 1949 年，经过一系列艰难谈判和武装斗争后，荷兰才承认它的独立。

1963 年，西新几内亚领土移交给印度尼西亚。

1975 年，苏里南宣布独立。

非殖民化进程促使战后荷兰向工业、服务业国家转型。荷兰的铁处理业、电器设备、石化产品都是世界范围内最成功的经济之一。

20 世纪 70 年代中期，荷兰的社会结构也发生了变化。

之前，各种社会团体像标杆一样并列排放着，如天主教、新教、社会民主党、自由党，他们都拥有自己的社会资源与设备，彼此很难有联系。但随着宗教势力日薄西山，这些团体也逐渐走向解散。

横跨马斯河的伊拉斯默斯桥，鹿特丹。

20 世纪 60 年代的学生动乱，为形成一个能够互相渗透的社会结构做了铺垫。

1945 年后，天主教、社会民主劳动党联合建立一个政府，并一直持续到 1958 年劳动党撤离。此后，中间党派组成的联盟开始在荷兰轮流执政，而劳动党只是偶尔出现在某个执政政府中。

荷兰女王，贝娅特丽克丝，2004 年。

20 世纪 70 年代，这个君主制国家遭受危机。

朱丽安娜女王的丈夫贝哈德王子被卷入受贿丑闻，并于 1976 年从军政府辞职。

1966 年，王位继承者贝娅特丽克丝公主下嫁一名德国外交官，并由此引发一场激烈的国内政治讨论。

1980 年，贝娅特丽克丝的母亲退位后，她再次把人民力量争取过来，维持了君主政治。

四、中欧、北欧寻求突破

1945 年至今

作为三大战败国之一的意大利战后政局混乱、发展迟缓，且深受黑手党等社会问题的困扰。昔日的殖民大国西班牙、葡萄牙在战后政坛颠簸，艰难寻求突破政治瓶颈的道途。地处斯堪的维也纳半岛的北欧各国整体相对稳定、福利机制完备。

意大利共和国

1945 年的意大利处在一个政治十字路口。左派一共产党、社会党和行动党在抵抗运动中大获成功，战后的意大利人是否会在他们的支持下建立起一个新的激进民主政府，并采取相应的措施代替先前的自由统治？他们会不会信奉保守主义，对统一以前的古老体制和政策加以调整，复辟到那种政府模式？对于这个问题的抉择，显示出强烈的地域特征。抵抗运动差不多算是北方独有的现象；多数游击队都属左翼；新的激进力量也主要来自北部。相反，南方乃是保守主义的堡垒，那里基本上完整保留着旧秩序，教会权力也最为强大。

起初左翼似乎有胜利的希望。他们组织强大，而且随着各地民族主义委员会取得出人意料的胜利，也赢得了广泛的支持。费鲁乔·帕里（Ferruccio Parri）本人是行动党领导人，他组织的政府里有很多抵抗运动领袖。这个政府无疑是意大利历史上最激进的政府，存在时间仅有5个月，在具体问题上没有多大作为。它还对前政府的支持者进行清洗，因此很快就失去了当权派的支持——在法西斯时代，一点儿丑事都没有的意大利人可谓是凤毛麟角。帕里被迫于1945年11月辞职，继任者是阿尔奇德·德·加斯佩里，他是天主教民主党的领导人，也是意大利统一以来的第一位天主教总理。

意大利未来的政治走向很大程度上是在1946年7月2日确定的，当时选举产生了立宪会议，计划起草新宪法。顺便一提的是，这次女性首次获得了选举权。天主教民主党（简称天民党）获得31%的选票，与社会党（20%）和共产党（19%）相比占据明显优势；行动党则几乎销声匿迹。平民党（后发展成为意大利新法西斯主义社会运动党）是中南部地区右翼白领工人的代表，他们曾为反法西斯的清洗运动而忧心忡忡，这时表现突出，获得了556个席位中的30个。民族解放委员会的政府结束后，确立了另一种持久的选举模式，由三个主要政党支配着诸多小政党。同一天，意大利就"制度问题"进行公民投票。所谓"制度问题"，就是国家到底是建立共和国还是保留君主制。投票结果是1270万对1070万票，人们选择了共和国。仅仅一个月前，维托里奥·埃马努埃莱三世退位，其子翁贝托二世（Umberto II）继承了王位。现在，他收拾家当，很不情愿地开始了流亡生活。马志尼的想法终于变成现实。

人们花了将近两年的时间讨论宪法。理论上讲左翼应该可以控制制宪会议，但实际上他们内部分歧太大，根本不可能在议会形成一个团结的群体。陶里亚蒂的共产党和社会党之间在观念上存在根本差异，除此之外，面对日益加深的东西冲突，社会党内部围绕着支持莫斯科还是支持华盛顿的问题分为两派。1947年1月，亲美派的朱塞佩·萨拉加（Giuseppe Saragat）分离出去，组成了日后的意大利社会民主党，剩下更加左翼的社会党人在彼得罗·南尼（Pietro Nenni）领导下组成了意大利社会党。结果，天民党得以控制政权，在三大主要政党外加共和党结成的联盟中居于领导地位。这种局面在 1947 年被打破，当时迫于美国和梵蒂冈的压力，加斯佩里驱逐了共产党。

翁贝托二世

最终结果是制定了一部和先前自由国家时期极其相似的宪法，所不同的只是新宪法中没有了国王。国家的名义首脑是共和国总统，由议会选举产生，任期 7 年，但实权掌握在内阁会议和立法机构手中。立法机构由众议院和参议院组成，两院现均以比例代表制选举产生。法官独立行使职权，对最高法院负责。设立宪法法院，公民有权通过全民公决反对法律。设置地方政府，行政机构具有自主权利。天民党实际上取得了巨大成功。他们将 1929 年与梵蒂冈签署的《拉特兰条约》融入宪法，这样一来，教士就拥有了特权，并可以禁止人们离婚。最终立宪会议以 453 票对 62 票的压倒性多数通过了宪法。难免会有人提出疑问：既然宪法里包含这样一个不开明的条约，共产党为什么还投票支持呢？一个原因是陶里亚蒂的妥协倾向，另一个原因是一些基本权力现已庄严载入宪法。比如，里面说到"主权属于人民"；它还赋予公民一系列向往已久的权利：保证就业、免费教育、最低生活工资、免费医疗保健、分红制度；它还废除了大庄园。事实上这些都只是空泛而论，天民党不过想以此换取人们对新的教会保守秩序做出实质让步。

宪法于 1948 年 1 月 1 日正式生效。新意大利共和国的第一任总统是路易吉·

埃诺迪，经济学家，前意大利银行行长，非天民党成员。第一次议会选举于 4 月 18 日举行，天民党获得明显多数，他们在苏联入侵捷克斯洛伐克问题上大做文章，极力推行"红色恐怖"策略，最终获得 48% 的选票。共产党和南尼领导的社会党组成的"人民民主阵线"获得 31% 的选票。

德·加斯佩里结盟

阿尔奇德·德·加斯佩里在 1948 年到 1953 年间一直掌权。他通过不断结盟建立的政府，为战后的意大利打下了重要基础。他不仅是一位政治家，还具备许多前任的一贯风格，是一位思维敏捷、足智多谋的政客——他当政时间之长在战后意大利绝无仅有就是明证。他运用长盛不衰的妥协、谈判和施惠方式，确保自己和天民党不同派别的人一直当政。我们几乎可以把他的做法看作是为适应 20 世纪而温和化了的"变质"策略。

通过奉行"互惠政治"，德·加斯佩里为天民党的继任者们树立了榜样。对继任者来说，政治灵活性显得越来越重要，因为此后几年，天民党得票率从 1948 年的高峰开始下滑。德·加斯佩里是个虔诚的天主教徒，但他明智而有远见，没有一味迎合教会的意愿。因而在他的 8 个内阁成员里，既有非天主教徒，也有自由主义者、共和党人和社会民主党人，梵蒂冈的极端分子对此经常大为恼火。借助他的人品和影响，德·加斯佩里不仅成功地把天民党内部时有不和的各派团结在一起，还为意大利创造了重建所必需的政治稳定局面。但妥协总是要付出代价的，在德·加斯佩里统治时期，稳定的代价是无法进行任何大刀阔斧的改革。政府甚至根本就没有考虑过如何去处理既得利益集团和社会关键部门的特权——特别是教会和行政机构，后者已经完全不能满足现代化社会的迫切需要。

法西斯主义和战争使意大利满目疮痍，所以，对于新生共和国及其教权政府来说，最迫切的问题无疑是经济重建。意大利仍然以农业为主（1947 年职业人口中有 44% 的人以种地为生），南方尤其如此，很多意大利人在恶劣的条件下过着贫困的生活：在农村，人们挤在非常简陋的房子里，通常是人畜同住；城里城外，到处是肮脏不堪的贫民窟；有一段时间，很多人在万般无奈的情况下，只能在山洞里勉为栖身。战争中幸存下来的陈旧工业在经历数年的法西斯军国主义和保护主义之后，要想在互相依赖日益加深的世界里适应和平时期的生产，面临着各种亟待解决的严重问题。大部分工业规模其实都很小，90%的公司雇员只有5人，有的甚至还不到5人。失业和就业不充分现象也很普遍，官方统计数字显示——几乎可以肯定是一个粗略的保守估计——无业人员多达200万人。此外，南北差距突出已不仅是严重的经济问题，更构成了严重的社会和政治问题。

最终，一系列有利因素大大推动了重建工作的开展。首先，美国为意大利提供了大量的马歇尔援助及其他支持，这有助于维护意大利里拉的稳定，也有力地促进了钢铁和水泥工业的快速发展，缓解了战后社会和经济萧条的严重局面。货币稳定使得意大利人有信心进行储蓄，也为投资发展提供了资金支持。其次，波河河谷发现了天然气。这一发现主要归功于战后意大利最神奇的人物之一——恩里科·马泰，他为此坚持不懈，付出了非同寻常的努力。尽管接到了解散墨索里尼的石油勘探局的命令，马泰却违背上级要求，自作主张坚持钻探。他这种不寻常的行为最终意外赢得了丰厚的回报：20世纪40年代晚期，大量的甲烷开始投产。对意大利这样一个自然资源匮乏的国家来说，这一重要发现本身就有重大意义。但是，马泰只是把这一发现作为起点，他要做更大的事情。他顶住了美国的政治压力，确保了意大利对这一最有前景区域的独家开采权，并建立起巨大的国有公司——国家碳化氢公司（埃尼公司）。他一直以一种典型的个人独裁方式经营公司，几乎不受议会控制，直到1962年在一次神秘空难中遇难。

帮助意大利经济复苏的另一个因素是其一直都大量拥有的一种自然资源：巨大的劳动力储备。劳动力主要集中在南方，使用起来有推动国内工业发展之利，而无工资暴涨之虞。此外，这些工人很多都长期从事技术工作，能轻松适应不同的工业技术。埃诺迪及其在意大利银行的继任者们采取了从紧的宏观经济调控政策，这些政策尽管不受欢迎，但从长远来看却是必要的。上述资源与这些政策结合在一起，

共同推动了战后意大利经济平稳、强劲发展，而且事实证明，经济复苏的迅速与轻松，是任何人都不曾想象到的。尽管基础薄弱，但意大利经济增长速度达到 6%，是世界上增速最快的国家之一；此外，在经济增长的同时，物价也基本保持稳定。在甩掉庞大军费开支的负担、摆脱法西斯时代的种种限制之后，意大利的经济体制运行渐遂人愿。

但这是怎样的一种折中主义经济体制啊！市场和经济自由主义中掺杂有大量的国家参与和干涉。除了马泰帝国，还有巨大的国有公司工业复兴公司。该公司是从法西斯时代保留下来的，国家通过它实现对经济中很大部分的控制。其中包括航空业（意大利航空公司）、汽车制造业（阿尔法罗密欧）、船舶业、高速公路建设、机械工具，还有至关重要的银行和信用机构——它们在普遍信贷紧缩的时候为工业提供低息贷款。政治上，巨大的国有部门被天民党人用来作为施惠途径——谁对天民党忠诚，就可以方便地在国有公司里给他安置一份工作。经济政策也同样注重实用性。埃诺迪及其同僚信奉自由贸易，但在 1950 年时为保护意大利的新生工业，他们毫不犹豫地课收平均约 24% 的关税。这种做法直到 1957 年欧洲经济共同体建立之后才完全消失，它有效保护了国内市场，使新生工业基本不受国际竞争干扰，得以发展壮大。保护主义一般都因会招致报复而适得其反；但这次却起了作用，因为 1950 年至 1951 年的朝鲜战争使意大利国外销售额增加，也因此确立了意大利商品在国外市场的地位。另外，旅游业也蓬勃发展起来，北欧人纷纷涌到旅游胜地如里米尼、耶索洛、卡普里和维亚累焦或享受阳光，或参观意大利丰富的历史和艺术遗迹。结果，意大利发现，它在从国外引进经济发展所需技术的同时，仍然能够保持国际收支平衡。

但是，意大利南部的区域问题仍然存在，而且随着大批移民迁往北欧和都灵、米兰等地的工厂，这一问题进一步恶化。移民可能会降低劳动力成本，推动北方的发展，但社会和个人为此也要付出沉重代价；移民的汇款固然有利于缓解当地的贫困状况，但并没有证据表明这对促进南方移民来源地的发展有太大作用。不过好在政府已经开始解决这一问题。1950 年南方发展基金会成立，用来指导南方基础设施建设。1954 年的瓦诺尼计划——尽管一直不曾提交议会——确立了要使南方经济增速达到北方两倍的目标。此外，1956 年又成立了国家投资部，其中一项任务是将新增投资的 60%分配到南方。总之，大量资金投到了南方。关键领域无疑实现了重要跨越，但很多钱——可能多达三分之一，都投入到了无计划、不合适的渠道之中。资金分配环节经常存在腐败，要么就是遵从政治命令，结果钱被浪费在一些毫无意义的工程上，比如建了一些永远不会有人住的村庄，修了一些没人走的路，还漫无目的地兴修了一些大坝。国有企业还经常建设一些"沙漠中的教堂"，资本集中型的高社会成本工程，雇员很少，从北方买进原料，又将产品销往其他市场。碍眼的建筑因而充斥南方各地，却没给当地带来多少真正的实惠。

除了指导着手经济重建外，德·加斯佩里还带领意大利确立了其今天在国际社会中的地位——西方联盟的坚定成员，欧洲一体化的忠实拥护者。在这一点上，他得到了其国际主义外交部部长卡洛·斯福尔扎的帮助。斯福尔扎曾是行动党成员，后加入少数派民主党。在他们两人的共同努力下，意大利于 1949 年加入北约，为其在 1952 年成为欧洲煤铁共同体和 1957 年成为欧共体的发起国之一奠定了基础。而且，当年建立共同体的条约其实就是在意大利首都签订的。德·加斯佩里时期的稳定局面可能是以避免重大改革为代价的，但他并非完全忽视社会问题。他执政期间最大胆的措施应该是 20 世纪 50 年代尝试进行的土地改革。改革中，国家出资购买了将近 200 万英亩荒地，然后重新分配给小农业经营者。

在 1953 年的选举中，天民党的选票急剧下降到约 40%，这宣告了德·加斯佩里政治生涯的终结，他于次年去世。德·加斯佩里离开政坛，在意大利政治领域留下了一个长期无人可以真正填补的空白。没有人有他那样的技巧，可以在政治上维持必要的平衡。同样的话也可以用来描述路易吉·埃诺迪，他 1955 年总统任期结束，在 1978 年山德罗·佩尔蒂尼当选总统之前，可以说没有人可以真正替代他。1953 年到 1960 年间，政府频繁更迭，总理走马灯似的你方唱罢我登场：佩拉、范范尼（前后三次出任总理）、谢尔巴、塞尼（两度出任总理）、佐利和坦布罗尼。他们都用自己的政治才能为天民党继续执政做出了贡献。同时，天民党还在国内建起一张巨大的保护网：将自己的支持者安插在关键机构，还大方地发放"退休金"以巩固其对国家实际运行的控制。这样一来，不管将来议会里发生什么，要进行任何真正的改革都会很困难。

人们难免认为，政府不断易主，总理像玩抢座位游戏一样更迭，意大利政治上不可能稳定。可事实并非如此，演员虽有更换，剧本基本不变。而且演员的变化其实也不大，前后几届政府的基本人事构成大为相似。连贯性和稳定性都达到了，这可真是意大利风格！这种现象一直持续到今天，宏观经济政策也保持了表面上的一致性，意大利银行忠实地担当着舵手，引导着航向。但是不管连贯与否，政治体制都没能满足公众的愿望，也没有给人们的日常生活带来什么大的影响，人们对它基本上是一种冷漠态度。这一时期意大利人对正式的或"高层的"政治也不甚关心。当时一则民意调查显示，40%的成年人甚至不知道总理叫什么名字；另有一位记者推测全国只有大约 1500 人看报时会看政治版面。

反对党

左翼情况如何呢？陶里亚蒂领导的共产党围绕着如何处理它同苏联的关系（特别是苏联入侵匈牙利之后），以及如何应对意大利资本主义发展越来越成功的问题，

怕索里尼

在意识形态上受到打击。但它到目前为止仍是左翼中最重要的派别。他们早期被德·加斯佩里排除在政府之外，但一直拥有大量党员和强大的基层组织。他们未能组成一个真正的在野党，甚至也不能算是一个有力的议会反对党，虽说他们与革命的社会党一起控制了众议院三分之一的席位，但那并不是他们的首要目标。实际上，他们得到了各阶层中意识形态不明朗的人们的大力支持。这些支持者们把共产党当作发泄自己对教权政府日益离心和不满的渠道。共产党还得到当时很多艺术家和知识分子的支持：帕索里尼、维斯孔蒂、德·西卡、莫拉维亚、夸西莫多、莱维和古托索等都是共产党的同情者。共产党在地方政府表现得最为成功，他们被认为是执政清正廉洁的党派，博洛尼亚、佛罗伦萨、米兰、都灵和热那亚都在他们的控制之下。对共产党来说，一个明显不利的因素是：意大利工会运动不够统一，且在 1949 年根据党派属性分解成了 3 个组织。这就使共产党失去了组织强大的团结运动的机会。但分解之后，共产党除继续控制着意大利工业总联合会，还控制了意大利劳工联盟，天民党则控制了总工会。

　　社会党的境遇与共产党不可同日而语。社会民主党的分离无疑削弱了社会党的选举力量。在整个 20 世纪 50 年代，他们成功地保持了选票份额的 12% 到 14%，但显然他们在意识形态认同危机中将反天民党运动的领导权让给了共产党。在极右势力方面，新法西斯主义的旗手意大利社会运动党，获得了大约 5% 到 6% 的选票，可能也值得稍加关注，但从全国范围来看这个比例没有什么实际意义。

经济奇迹

　　20 世纪 40 年代晚期和 50 年代的经济复苏相当顺利，令人赞叹，但是与随后发生的事情比起来，简直不值一提。因为在 1959 年至 1962 年间，意大利的经济真正实现了腾飞，为其成为今天的工业强国奠定了基础。人们习惯上称这一阶段为意大利的"经济奇迹"。整个 60 年代，意大利经济虽偶有停滞，却一直保持着快速增长。战后意大利一直在为经济腾飞做准备，前面提到过的一些因素进一步促成了这一现象的出现：美国的援助，合理的宏观经济政策和国家的直接参与，廉价而温顺的劳动力（1954年至1962年间在菲亚特没有发生过一次罢工事件），廉价的钢材和能源，进取精神，再加上好运气。不管怎么说，1951年至1963年间，意大利的国内生产总值增长了一倍多，而工业生产总值则增长了两倍多。经济繁荣主要是由出口带动的，意大利工业的"旗舰"起了先锋作用：菲亚特、蒙特卡蒂尼—爱迪生、好利获得（Olivet-ti）等公司。这一时期，意大利人的开拓进取精神也表现非常突出：新公司如雨后春笋般涌现出来，各种工业仿佛从无形中出现，并控制了国际市场，如摩托车、洗衣机和电冰箱等。在此过程中，意大利几乎是从"仅能勉强维持生计"一下子过渡到正规经济体制。越来越多的人从农村涌入城市，到20世纪60年代末的时候，职业人口中只有不到20%还以土地为主，当时北方已经拥有了优越的现代化工业环境。

经济复兴的政治背景是天民党的控制加强，但侧重点有所变化。针对20世纪50年代的状况，天民党的反应是建立了一系列中右翼政府。这种做法在1960年7月突然结束，原因是受新法西斯支持的坦布罗尼政府由于人们普遍的不满和暴乱而倒台。向来讲求实用主义的天民党人，从此以后将视线转向了左翼。教皇约翰二十三世解除了不许与马克思主义者进行政治交易的禁令，1962年的范范尼政府就曾极力拉拢社会党。彼得罗·南尼最终在1963年晚期带领社会党大军加入了联盟，他本人成了新成立的莫罗政府的副总理。中左政府，说得苛刻一点，就是天民党为阻止共产党当权，利用中间偏左的党派以维持自己执政。除了一两次断续之外，中左政府的形式一直持续到今天。

阿尔多·莫罗

阿尔多·莫罗是20世纪60年代最有影响力的政治人物，他于1963年11月至1968年6月担任总理，在天民党向左翼敞开大门中起了关键作用。莫罗及其政府亟待解决的主要问题是经济奇迹减速和社会所发生的根本变化。20世纪60年代的社会变革不仅影响到了意大利，也影响到西方其他国家。1962年以后，经济进入衰退期。从某种程度上说，在前些年的快速增长之后出现下滑，是经济循环的正常阶

阿尔多·莫罗

段。而且，很多促成经济奇迹的条件也消失了。劳动力"储备队伍"缩小，根据官方统计，到1963年时失业人数已降至50万人，而且工人及其工会组织都更加自信。因此，劳动力价格上涨，使得意大利商品在国际市场上竞争力下降，也使得由出口带动的繁荣局面突然中断。国有部门率先开始调高工资，天民党政府没有什么办法控制他们的行为。公有企业受到保护，未受市场冲击；实际上，天民党无条件地为它们的行为承担责任。天民党把它们作为施惠和收入的双重来源，不可能在这时让其中任何一个破产。同时，由于担心左翼进入政府后可能会征收财产税，并加强控制，意大利资产阶级中大批人忧心忡忡。结果，大量资金从意大利"逃"往瑞士等地，而那些真正爱国的富人则争先恐后地把财富贮藏到他们认为安全的地方。股票价格在1961年到1972年下跌了一半，收支出现严重赤字。但是，我们应当全面看待这种衰退：尽管困难重重，人们的收入和生活水平却在持续提高。

　　20世纪60年代发生的社会变化对意大利产生了极其深远的影响。偏远地区的传统天主教社会逐渐瓦解，原因很多：工业化程度日益提高，经济社会越来越繁荣；旅游和移民现象带来了外界的文化和思想；大众传媒方面的革命。多数意大利人生活富裕，买得起电视；那些买不起电视的，也都可以到当地酒吧里看。国家因

而变小了，而且终于可以说"意大利建成了"。与这些变化一起出现的是人们日益觉醒、自信；工人，特别是年轻工人有了更大的抱负。人们不再满足于在一个被教士，被见利忘义、腐败堕落的政客掌控的社会里过着驯顺、平庸的生活。他们希望提高生活水平，越来越多的人开始排斥现状，排斥当权派，包括政府、天民党、教会、传统的左翼政党甚至他们自己的工会。软弱的折中政府面对正在发生的变化，一如既往地"墨守成规"。它显然无力解决根本问题，执政的天民党丑闻不断，信誉因而下降，仅存的公众信心也日渐丧失。到了 20 世纪 60 年代晚期，城市里的关键部门，如住房、中小学校、大学、交通运输、福利和医疗服务，实际上都已瘫痪，国家陷入一片混乱。意大利即将进入一个极其动荡的时期。

变革中的意大利

骚乱的爆发可以追溯到 1967 年 11 月，当时热那亚和的里雅斯特的造船工人举行罢工，为此后大规模的非官方工会组织的罢工、抗议和占领铺平了道路，因为工人们的愤怒情绪爆发，官方工会已无力控制。民间激进行动之"虎"脱笼而出，工业总联合会、总工会和劳工联盟的官员们则驭虎乏力。

同时，学生们也骚动不安，大学秩序实际上已经停止运行。1968 年之后的 3 年间，学生人数从 416 000 增加到 631 000 人，增幅超过 50%。多数地方教育的数量和质量都有很明显的下降，最好的情况也不过是维持原状。而且，雇主也越来越不信任大学所授予的学位——比如说，米兰工艺专科学校的激进分子曾一度迫使当局采用"集体评价"体系；雇主们雇用的毕业生因此减少。到 20 世纪 70 年代中期，工业领域雇用的毕业生人数只有 1969 年时的一半，仅占全部毕业生总数的 2%。这样就产生了一大批心存不满、受教育程度又相对较高的年轻人；他们通过剧烈、激进的"学生运动"来表达自己的愤怒和失落，他们开展了形式多样的游行和占领行动，通常还伴有暴力，这使大学实质上陷入了瘫痪状态。

1969 年的秋天对意大利来说是"炙热之秋"，罢工、占领和游行的巨浪席卷全国，在北方尤为突出。当然，类似的情况在欧洲其他地方也有发生，特别是在法国。不同的是，在意大利，骚动、紧张和变革在20世纪70年代初并没有结束，而是持续了几乎整个70年代，甚至还蔓延到了中小学校。面对困境，人们在工会运动中团结起来；同时，左右为难的工会领导们也想竭力满足会员要求。抗议者取得了重大胜利——至少表面上看是这样。工资迅速上涨。1972年，大多数工人都享有了每年带薪接受150小时培训的权利。1975年《裁员权益》得到推广，其中规定：不得因经济原因解雇员工，必须确保被解雇员工得到全额工资的80%。现在，富余出来的工人也会来到工作场所，打一天牌，回家时工资也不怎么少拿。意大利变成了"庞贝经济体制"，工人们就像有名的古罗马城市庞贝城里的人物化石一样，稳居其位。最重要的一点可能是，意大利在1975年实行了"浮动工资"制度，多数雇员的工资自动与物价指数挂钩。

变化也不是仅仅发生在劳动力市场。在社会领域，1970年离婚合法化，1974年又通过激烈的公民投票得到完全确认，此事让梵蒂冈懊恼不已。传统的天主教核心家庭还面临其他方面的挑战，世俗婚姻数量迅速增加，更糟的是，越来越多的情侣干脆就不结婚。受日益壮大的妇女运动的推动，人工流产在1978年得到推行，随后又在1981年通过公民投票表决得到正式认可。

意大利这一时期遭受重创的另一个社会堡垒就是教会了。人们日益觉醒，拥有越来越多的个人自由，教会限制性的教义和规范离人们的生活也越来越远。梵蒂冈在离婚和流产问题上遭到挫败。定期参加周日弥撒的人数持续下降，牧师对人们生活的总体影响大大降低，在中北部地区的城市里表现尤为明显。

一场自下而上的真正意义上的"文化革命"爆发了，意大利进入了乌托邦时代。毋庸赘言，这种现象不过是昙花一现。"炙热之秋"时期工资大幅上涨，增加了生产成本，使得很多意大利产品因价格过高而淡出市场。利润暴跌，破产激增，投资骤降。通货膨胀率超过20%，并通过指数化体系固定下来。国有企业损失惨重，1975年，仅工业复兴公司就损失5000亿里拉，1980年这一数字达到惊人的22000亿里拉，相当于全国收入的6%。据估计，有一段时间，每卖出一辆阿尔法苏

德汽车，政府补贴就多达 1000 多英镑。失业率高，公司又不愿雇人，怕雇了就没法辞掉，情况因此进一步恶化。由于没有任何社会保险安全网可以依靠，年轻人受到的打击自然最为沉重，他们因而举行了更多的抗议活动，犯罪活动也与日俱增。总之，经济和社会基本组织支离破碎。但混乱归混乱，国民收入除 1975 年下降了 3.7%（这也是战后第一次真正下滑）之外，在 20 世纪 70 年代仍然成功地保持了年均 3% 的增长速度，这是非常引人注目的，尽管比 60 年代缓慢，但仍比其他一些欧洲国家要快得多。此外，"非正式"经济的发展，也减轻了时局带来的压力。

政府地位本已摇摇欲坠，恐怖主义更是加重了它的危机。恐怖主义差不多要算是这个年代最突出的特点了。意大利的恐怖主义始自极右势力。"炙热之秋"发生的事件吓坏、继而激怒了很多中产阶级，他们像 1920 年时一样，向法西斯主义者寻求保护。社会运动党获得选票数在 1972 年增至 8%，一些右翼恐怖组织如"新秩序"和"玫瑰"也开始出现。它们拥有雄厚的经济实力，而且还得到国内重要人物的暗中支持。它们采用"紧张战略"——通过暴力和混乱制造国家动荡局面。有人据此认为 1969 年是他们在米兰的丰塔纳广场放置了炸弹，致使 16 人在那场爆炸中丧生（元政府主义者彼得罗·瓦尔普里达因此被捕，在狱中被囚禁几年后获释，达里奥·福据此创作了戏剧《一个无政府主义者的意外死亡》）。新法西斯主义恐怖分子 1974 年还策划了罗马—慕尼黑快车出轨事件，造成 12 人死亡；最惨重的是 1980 年，他们在博洛尼亚火车站放置了一枚炸弹，造成 84 名无辜路人丧生。有谣传说他们还曾阴谋策划政变，但"紧张战略"最终失败，极右恐怖主义也逐渐销声匿迹。

极左恐怖主义来自大学里心怀不满的学生和知识分子，以及北方工厂里愤怒的工人——如瓦雷泽的马涅蒂马瑞利公司以及阿尔法罗密欧公司。左翼武装派别数量剧增，以致从"工人、红色、力量、人民、革命、分队、斗争、无产阶级、核心、战斗、共产党和大队"等词中任意挑出三个，都可能得到一个恐怖团体的名字。他们要么通过绑架和抢劫银行来获取经济支持，要么从富有的同情者如詹贾科莫·费尔特里内利那里得到一些资金。后来费尔特里内利为切断米兰电力供应，在萨格拉特一个高压电塔下放置炸弹，不想却将自己炸死。之后他们可能还得到过国外的帮助。许多"非武装"左翼分子也暗中支持他们，还略带同情地称他们为"犯了错误的同志们"。在极盛时期，红色恐怖主义一年之内，制造过约 2000 起事件，夺去了 40 个人的生命。任何当权者都有可能成为攻击目标，但警察和天民党政治家是主要的受害者。最有名的组织是红色旅，1970 年由雷纳托·库尔乔在米兰组建；他们最广为人知的"行动"是 1978 年绑架并杀害了阿尔多·莫罗，当然还有其他一些活动，包括对罗马天民党总部的一次大胆突袭。最有特色的组织——不知道这样说合不合适，可能要数"都市印第安人"了，他们从"自治"组织……或称不结盟的超议会激进组织发展而来，喜欢打扮成北美印第安人模样，向可怜的受害人的膝盖骨开枪。最终，20 世纪 80 年代初，借助一些悔改的恐怖分子的供述与合作，德拉·基耶萨将军带领保安警察粉碎了红色旅及其他恐怖组织。1981 年，美国将军多齐尔从红色旅绑架者手中被解救出来，成为一个重要转折点。政府总算挺了过来。

政府和各政党在这片混乱当中都做了些什么呢？简要回答就是：一如往常。整个 20 世纪 70 年代，天民党的得票率稳定在 38% 左右，而共产党所获选票则逐步增加，1976 年时达到顶峰，占到 34.4%。为保持权力，并把共产党排斥在政府之外，70 年代初天民党被迫与一些小政党结成各种中左联盟。期间意大利出现过好几任总理，其中最有名的恐怕要数朱利奥·安德烈奥蒂了。1976 年，共产党决定进行"历史性的和解"，天民党的任务一下子轻松很多。共产党同意在天民党的领导下保持一个全国一致的政府，自己不参与政府，在议会投弃权票。1979 年，共产党改变了方针，中止了对天民党的暗中支持，该协议自然也就失效。共产党受人尊敬的领袖恩里科·贝林格最初的目标可能并没有实现，但却在红色旅对抗国家气焰最嚣张的时候，保持了国家航船的稳定。其他政党中，社会党得票率保持不变，约占 9%，而社会运动党则在本年代末降到了约 5%。一个不太起眼但值得注意的变化是，马尔科·潘内拉领导成立了激进党，并于 1979 年在议会赢得了 18 个席位。激进党充分利用手中的议会席位，推动其激进社会计划的进展。他们还在一些重大问题上组

翁贝托·埃科

 段落开始

织公民投票，其中，影响最深远的应该是他们在 1976 年取得的那场胜利。此前意大利广播电视公司垄断国家广播，他们的胜利宣告了这种局面的终结。从那以后，意大利的电波里就有了大量解禁的私人广播电台，兜售着从洗衣粉到色情产品等各色物品。

当然，并非所有的文化发展都如此庸俗，战后意大利艺术继续大放异彩。一些作家像阿尔贝托·莫拉维亚和翁贝托·埃科都在国际上真正有了一席之地。米兰是重要的艺术中心，歌剧在斯卡拉歌剧院和其他地方被演绎到登峰造极的地步。达里奥·福和弗朗斯·拉梅都成为极具影响力和创造力的"另类"剧作家。最值得一提的应该是意大利电影。除意大利式的西部片之外，还出现了大导演如德·西卡、维斯孔蒂、罗赛利尼、安东尼奥尼、费利尼、帕索里尼、罗西、泽菲雷利和贝尔托卢奇，以及影星如安娜·马尼亚尼、索菲亚·洛伦和马尔切诺·马斯特罗扬尼。

当代意大利

多数意大利人应该都乐于提及 20 世纪 70 年代后半期的历史。从很多方面看，那个时代都让人激动和振奋，但那同时也是一个无法无天的艰难时代，经济奇迹已逐渐停止，社会组织支离破碎，人们甚至严重怀疑政府是否真的存在。

相比之下，20 世纪 80 年代初期和中期差不多算是风平浪静，暴风雨过后，人们开始缩减开支，社会也进入重组阶段。教皇约翰·保罗二世在一定程度上制止了天主教会声望和影响的持续下滑，他一边宣扬保守主义的教义，一边充分利用通讯革命所提供的机会，大力报道他在全球各地的行踪，以提高自己在国际上的知名度。但是，80 年代最初几年，意大利经济仍然处于困境，通货膨胀率比其他多数主要国家都高。意大利继续沿用"浮动工资标准"，保护了"官方"经济单位中工作者的生活水平，但是整个西方都在经济衰退中忍受着货币主义实验带来的折磨。

教皇约翰·保罗二世

不过，1983 年以后，随着克拉克西政府的上台，意大利经济开始好转，很多部门逐渐运行良好，引人注目，甚至有人说第二次经济奇迹到来了。这一时期，经济增速加快，通货膨胀减缓，公有企业赤字减少。经济上的一大特色是"地下经济"或称"非正式经济"日益重要，据估计，可以占到全国收入的 20% 到 30%——这可能算是意大利人拒绝平庸的才能和创造力的表现，或者说是很多意大利人不愿受官府束缚这一古老传统的延续。另一个特色是这一时期涌现了一些能与菲亚特的阿涅利家族抗衡的一流企业家，比如媒体巨头贝卢斯科尼（很多同行都通过收购和赞助足球队而家喻户晓，他也不例外，他收购的是 AC 米兰）、好利获得公司的卡洛·德·贝内代蒂和费鲁齐—蒙特爱迪生公司的劳尔·加尔迪尼。无论如何，1987

年，意大利人自豪地炫耀"超越"，官方数据显示，当年其人均国民收入已超过英国。意大利终于跻身经济大国行列，并成为指导西方世界经济事务的七国集团中的一员。它再也不是经济学家埃齐奥·塔兰泰利在 20 世纪 70 年代晚期常说的那个"欠发达国家里最发达的"国家。

不难想象，要想保持 80 年代中期的经济发展成果并非易事。20 世纪 80 年代末到 90 年代初，发生了一系列事件，如东欧和苏联的共产主义倒台，随后冷战结束，德国实现统一，美国出现财政赤字，货币主义经济瓦解。世界经济在经历这些事件之后进入萧条期。因为政治和官僚体制的腐败无能，意大利受害特别严重。此外，安德烈奥蒂政府和阿马托政府被迫在税收、公共开支和私有化方面采取严厉措施，以期减少公共部门的巨大亏空，从而具备加入欧盟的货币联盟的资格（《马斯特里赫特条约》计划在千年之交实现货币联盟），并进而成为欧洲经济第一梯队里的一支常规力量。这后面一条对意大利 21 世纪的计划至关重要。意大利是欧洲一体化最狂热的支持者，它不仅把这看作是巩固自己经济成就和民主政治的途径，还视之为改革其古老的官僚体制和政治互惠制度的唯一途径。无论如何，这一时期，失业现象增加，人们生活水平下降，里拉也在 1992 年 9 月（和英国一起）被迫淡出了欧洲货币体系的汇率机制。

伴随经济危机到来的还有政治危机，它后来引发了一场具有意大利风格的"丝绒革命"。意大利社会充斥着五花八门的腐败现象，一度成为人尽皆知的事情。黑手党当然算其中一种，此外，各政党特别是天民党和社会党，还采用贿赂和非法支付手段，为自己的活动提供经济支持，或确保支持者忠诚老实（更不用说政党高层中饱私囊）。在意大利，特别是南部地区，领取病残补助金的人口比例居全球之首，绝非偶然。盲人当司机，跛子在建筑工地干活，长期以来都是无奈的意大利人辛辣讥讽的话题。时不时都会有更加显眼的腐败事件浮出水面，暴露出政府参与有组织犯罪的更多丑事：比如 1986 年爆出可笑的"金被单"丑闻，涉及国家铁路公司签下的一个天价合同。意大利人似乎已经学会如何忍受这种局势，学会如何容忍国家臭名昭著的有组织犯罪、如何容忍政治阴谋，最典型的是名声扫地的情报机关卷入

莫罗事件、格拉迪奥事件和如何容忍一个为自己似乎胜过为人民的政府。尽管有诸多不合常规的现象，意大利的形势仍然不错。

但是，20 世纪 90 年代初发生的一些变化，结束了人们被迫接受的这种现状。独立的司法机构决心开展一场运动，曝光米兰市政府的腐败现象。这一举措，使该市大量社会党官员因腐败罪名被捕，米兰也因此被人们蔑称为典型的"贿赂之城"。事情盘根错节，甚至牵涉到贝蒂诺·克拉克西，他的政治生涯因此终结，于 1993 年被迫辞职。这一成功使司法机关备受鼓舞，他们开始在其他地方对更多腐败现象进行揭露。结果，一大批天民党、社会党及其他政治人物——包括很多"惹不起"的大人物都被先后曝光，控诉罪名五花八门，几乎是应有尽有。就连数次出任总理的天民党党魁安德烈奥蒂也被控曾是黑手党成员。意大利人对其政治领袖本来就没有什么信任可言，现在更是丧失殆尽。

见蒂诺·克拉克西

人们的震惊、愤恨和对政府信心的丧失随着有组织犯罪活动的日益猖獗而进一步加剧。几乎每天都会发生各种组织制造的仇杀：西西里黑手党、那不勒斯的卡莫拉和卡拉布里亚的恩得朗盖塔。据估计，1992 年意大利发生的 1697 起谋杀案，几乎有一半都系这些组织所为。敢于反对南方有组织犯罪的政府官员也遭杀害，这是一种可怕的信号，说明政府无力应对挑战其权威的举动。德拉·基耶萨粉碎"红色旅"有功，作为回报，他被派往巴勒莫担任总督，结果在 1983 年被杀害。但是

1992 年，好戏才真正开始：从欧洲议会成员、安德烈奥蒂在西西里的得力助手萨尔沃·利马，到遭残忍暗杀的法官法尔科内和博尔赛利诺，谋杀政府官员的事件俨然如洪灾袭来。

阿马托政府此时郑重准备打击腐败，特别是市级政府的腐败行为，并镇压黑手党。这次对南方有组织犯罪的打击差不多算是墨索里尼时代以来声势最为浩大的一次了。比如，1992 年，在告密者的帮助下，有 241 名西西里黑帮成员被捕，法院还没收了价值 20 000 亿里拉（合 12 亿美元）的黑手党资产。包括萨尔瓦托雷·里纳在内的一些高级头目也遭逮捕，内政部还暂时中止了几个市的议会，原因是它们受到黑手党渗透。尽管如此，一切都已为时过晚。参加"净手运动"的反腐法官们继续工作，揭露从工业领域到体育界的各行各业的一些肮脏交易，在此过程中，其领导如安东尼奥·迪皮得罗成为全国极受欢迎的人物。阿马托政府于 1993 年倒台，并于同年被之前在意大利银行工作的卡洛·阿泽利奥·钱皮领导的"技术专家政府"取代。在 1993 年的市级选举中，传统政党遭受灾难性的失败，显然，"第一共和国"剩下的时日已屈指可数。

1993 年的大溃败，表明意大利政党制度中传统主角的危机和衰败达到顶点。由于饱受丑闻不断的困扰，天民党得票率在 1983 年骤降，此后虽在 1987 年有所回升，但在 1992 年时降至历史最低，只有 29.7%。天民党发现想通过一个排斥共产党的联盟来维持当权越来越难，以致 80 年代大部分时间，它被迫把总理职位让给其他政党的政客。第一个受益人是共和党的乔瓦尼·斯帕多利尼。最为重要的是，随后社会党人贝蒂诺·克拉克西在 1983 年至 1987 年间稳居总理职位。他保持了政府的相对稳定，并指导了经济复苏。之后的三任总理都是天民党人：乔瓦尼·戈里亚，奇里亚科·德·米塔，老手安德烈奥蒂也再次当政。但安德烈奥蒂的继任者是社会党人朱利亚诺·阿马托。在阻止日渐衰退局面的努力失败之后，1993 年天民党采用了改名这一古老的自我推销策略，改称意大利人民党。

在中、东欧和苏联的共产主义解体之后，意大利最大的反对党共产党关注的主要问题是如何改头换面，保持其在政府中的地位。在长时间的犹豫之后（这段时间共产党被称为"那个东西"），共产党改名左翼民主党，拥护社会民主；少数顽固的彻底马克思主义者则另立门户，组成了重建共产党。左翼民主党在地方政府中继续保持强势，行使重要权力，掌控着全国预算的20%，这在意大利可是尤为引人注目。但是自从广受欢迎的领导人贝林格去世后，他们在全国范围内所得的选票份额长期以来都处于下降趋势。1992年，他们仅获得16.1%的选票，而重建共产党的选票份额更是只有区区5.6%在近期的领导人亚历山德罗·纳塔、阿希尔·奥切托和当前的领导人达莱马的带领下，这个前共产党组织必须解决它对待权力的态度问题。但是不管怎样，它都是旧有政党中唯一保有公正和高效统治的好名声的，这对它日后发展可是大有裨益。

左翼政党中，共产党（左翼民主党）面临来自社会党的激烈竞争，在贝蒂诺·克拉克西和跳起迪斯科来派头十足的外交部部长詹尼·德·米凯利斯的带领下，社会党在20世纪80年代的境遇相当不错。1987年他们得票率达到14.3%，本来极有希望在1992年取得更大进展，但因涉嫌腐败被曝光而最终一败涂地，现已沦落到几乎无足轻重的地位。和欧洲其他地方的类似政党一样，绿党在20世纪80年代晚期强势崛起，现在看来似乎在主流强权政治的边缘地带已占据一席之地。

1993年更名的另一个组织是法西斯社会运动党，它改称民族联盟。在新领导人的带领下，他们继续得到广泛支持，在南方尤为突出。对前些年意大利出现的外国移民现象的恐惧，激起了更多人对它的支持。意大利传统上一直是一个劳力输出国。但据估计，现在国内有大约200万（大多是非法的）黑人移民，主要在非正式经济领域工作。这就是"要买吗？"（沿途叫卖兜售）队伍，他们通常会顶着毒辣辣的太阳沿海滩跟行游客数千米，竭力说服他们买点东西，卖的东西有毯子、项链等，可谓是五花八门；运气不好的年轻人在红绿灯处给人家擦汽车挡风玻璃；还有一些人靠在收获季节到乡下干活挣点儿小钱。移民现象带来了一系列问题：种族主义、暴力、谋杀。政府一开始态度开明，授予大约100万非法移民以公民身份。但是后来迫于意大利选民和欧盟其他国家政府的压力——他们担心外来者流入边境开放的新欧洲，政府逐渐加强了限制，越来越倾向于采取保护主义。因此，现在非法

移民很可能会受到骚扰，并遭驱逐。我们经常可以看到这样的场面：乘船出逃的阿尔巴尼亚难民被强制遣返回国。

贝芦斯科尼

　　已经更名或重建的传统政党让位后留出的空白，被一些新生力量填补。第一个出现在舞台上的是北方联盟，就是性情暴躁的翁贝托·博西领导的有名的伦巴第联盟。它们属于右翼，是反黑手党、反罗马、反移民、反税收的分离主义党派，在1992年伦巴第的选举中，它们获得超过20%的选票。它们还从移民问题引起的新种族主义中受益。此外，还出现了反黑手党的网络党。但最重要的是出现了由西尔维奥·贝卢斯科尼领导的意大利力量党。这位被誉为"意大利的罗伯特·默克多"的传媒界巨头，主要通过他的费宁维斯特控股公司控制着3家全国性电视频道，此外他还拥有大批企业以及大量奢侈资产——如在撒丁岛上的别墅，他那个战无不胜的AC米兰足球俱乐部更是无人不知。意大利力量党本质上是一个右翼政党，在经济上追求自由主义技术统治论，它得以崭露头角，得益于其领导人的宣传技巧和费宁维斯特公司的支持。贝卢斯科尼久负盛名的管理才干，他做出的推行改革、使意大利走向现代化的承诺，都有很大的吸引力；人们希望他能把国家治理得像费宁维斯特公司一样成功。但批评者称，他从政只是为了在经济上挽救自己摇摇欲坠的商业利益，并避免被净手运动揪出来。

不管怎么样，意大利力量党与北方联盟、新法西斯的民族联盟结成的"自由同盟"在1994年的大选中取得了决定性的胜利（同盟在众议院得票率达42.9%）。由左翼民主党、重建共产党和网络党组成的中左进步联盟仅得到34.5%的选票，而人民党的意大利公约派的得票率则锐减至15.7%。1994年的大选是实行新的选举办法后的首次角逐；1993年，82.7%的意大利人在一场由马里奥·塞尼发起的公民表决（前些年已经就很多问题举行过投票表决）中，投票支持这种新的选举办法。新办法融合了英国的"简单多数"制和意大利先前采用的"比例代表制"，目的是确保获胜者得到足够多数，以使政府更加稳定。贝卢斯科尼于是成了有人所说的"第二共和国"的首任总理。最后，正是由于使他名扬意大利的广播领域的问题，他本人遭到米兰反腐法官的调查。1994年下半年，在遭到北方同盟里的盟友抛弃之后，他被迫辞职。

贝卢斯科尼曾因允许法西斯主义者参与政权，冒犯了国内外进步舆论。此外，人们对他统治期间建立的新秩序的真实本质也产生了严重怀疑。围绕贝卢斯科尼的费尼维斯特控股公司（特别是他在传媒界的利益）和政府之间的利益冲突，人们意见分歧更为严重。此外，政府还在很多方面受到其法西斯盟友的攻击：国家机构方面如意大利银行；干涉意大利广播电视公司的运作；解决巨大的国家赤字方面动作缓慢；减少养老金招致工会愤怒；内政部长比翁迪企图诋毁"净手运动"；政府频繁攻击新闻界；"净手"法官逮捕贝卢斯科尼的弟弟保罗（Paolo）。人们普遍怀疑贝卢斯科尼是否适合管理国家，发行量很大的《快报》周刊的一个封面很有代表性，上边写着："一个残酷的疑问已经产生：这个人是真知道自己在干什么，还是说他只是一头蠢驴？"

因此，他的继任者，前财政部长兰贝托·迪尼不得不更加谨慎从事。为了取得加入原定于千年之交成立的欧洲货币联盟的资格，他实行了经济紧缩方案。但是，他同样没能长时间在议会保持多数席位，他的倒台促成了1996年4月的大选。大选之前，斯卡尔法罗总统眼中接替迪尼的最佳人选安东尼奥·马卡尼科试图在议会组建可行的同盟，结果没有成功。1996年的大选中，中左"橄榄树"联盟大获全

胜，成为众议院的主导集团，在参议院也占有明显多数。主要由西尔维奥·贝卢斯科尼的力量党的剩余部分和詹弗兰科·菲尼的民族联盟（前新法西斯意大利社会运动党）组成的中左自由联盟遭到惨败，而分离主义的北方联盟则一败涂地，但在其核心区域仍得到大力支持。因为意大利中左政党第一次得以掌握政权，这次大选结果具有重大的历史意义。

"橄榄树"集团是一个广泛的联盟，由新总理罗马诺·普罗迪领导。普罗迪以前是博洛尼亚大学的经济学教授，小政党人民党的成员，因其经济才干而享有无可挑剔的声望。他的政府里还包括一些经济上清正廉洁的典范人物——曾任总理和中央银行家的兰贝托·迪尼和卡洛·阿泽利奥·钱皮。从数量上看，联盟里居于主导地位的是左翼民主党（原共产党中占多数的社会民主派），也包括一些少数党的成员和前天民党中一些中左成员。该联盟曾一度在意大利保持了相对开明、稳定的政府。为使意大利走向现代化、具备加入欧洲货币联盟的资格，他们还在经济、财政和结构方面采取了必要的政策和改革。"橄榄树"政府内还包括瓦尔特·韦尔特罗尼（被称为意大利的"小布莱尔"）。政府采取折中手法，以维持执政地位、减少与政敌在具体事务上的接触。政府还必须应对人们提出的修改宪法的要求：越来越多的人主张采用联邦制，翁贝托·博西的北方联盟中有些分离主义者甚至提出将统一的意大利进行分解，他们还把意大利北部地区称为帕达尼亚国。为使意大利做好加入欧洲货币联盟的准备，政府计划进一步实施经济紧缩政策并削减福利，遭到普遍反对。但是最关键的一点是，它要想长期当政，必须依靠重建共产党（前共产党的马克思主义余部）的长期支持。1998年末，重建共产党放弃了对它的支持，政府随即倒台。

加入欧洲货币联盟对意大利来说确实是个重大进展，应该算是意大利历史上的一大转折点。2002年1月1日，欧元取代里拉，执行货币政策的权力也从意大利银行转移到欧洲中央银行。为达到加入欧洲货币联盟的要求，意大利人接受了前所未有的经济紧缩和革新这可是在外部压力下实现的，这种力度的改革如果来自内部，意大利人肯定不愿接受。这是一次集体意志力的盛大演习。意大利人不顾一切，生

意大利里拉

怕被"排除在欧洲之外",从此以后他们的未来将被牢牢定格在一体化程度日益加深的欧盟之内。国内政治显得越来越无足轻重,这是很多意大利人都梦寐以求的事情。

新总理马西莫·达莱马领导的广泛的折中主义联盟取代了普罗迪政府。达莱马是由原来的共产党演变而来的左翼民主党的领袖。这也是一个具有历史意义的重大进展,因为直到最近,让一个共产主义者——即使是达莱马这样一个经过革新的共产主义者当总理,仍是一件不可思议的事。离职的总理罗马诺·普罗迪随后在1999年成为欧洲委员会主席。达莱马政府执政约18个月,终因中左政府在2000年初的地方选举中表现不佳而倒台。1999年继路易吉·斯卡尔法罗之后当选新总统的卡洛·阿泽利奥·钱皮,此时请朱利亚诺·阿马托出任新总理。阿马托是一名社会党人,曾在20世纪90年代担任过总理,这是意大利政客们看似无穷的循环能力的又一个例子——意大利政府可能会有周期性的变化,但其演员表则不然。阿马托的任务是将意大利平稳带入下一次大选。2001年5月大选如期举行,得益于贝卢斯科尼这位富豪对大量媒体的控制,他的右翼联盟(这次叫自由之家)在选举中大获全胜。他的联盟里仍然包括菲尼领导的原法西斯主义者的民族联盟和博西的分离主义北方联盟。如此看来，意大利人并没有吸取教训，自此以后，他们有必要反思一下自己的集体决定是否真的明智。

事实证明，新的贝卢斯科尼政府给意大利带来了不少尴尬局面。政府在意大利劳工法和养老金问题上进行了一些姗姗来迟的改革，在其任期将尽时，政府还颁布了新的选举法。但从随后的普罗迪政府时期的事态发展看，新的选举法并未能如愿保证政府稳定。而且，法官对贝卢斯科尼本人的调查继续困扰着政府，这些调查涉及各种违法活动，其中一项指控是他试图贿赂法官。可能有人会觉得贝卢斯科尼的反应有些可笑，他通过了一项法律，确保他本人及同事在任期间免遭起诉。同时，他生意上的亲密伙伴切萨雷·普雷维蒂（Cesare Previti）也因腐败问题被判入狱 11 年。2004 年，他还通过了另一项臭名昭著的新媒体法，使意大利广播电视公司部分私有化，从而加强了他对意大利媒体的控制——贝卢斯科尼是大型私人媒体集团 Mediaset 的所有者。

西班牙经济的发展

（1975 年以前）

20 世纪 60 年代，西班牙由落后的农业国过渡到现代化的工业国，旅游业也开始缓慢崛起。然而，财富分配依然不公。

由于西班牙被排除在马歇尔计划之外，长枪党自给自足的经济政策在 1945 年后依然发挥着作用。1939 年后国家经济重建和内战的焦点都集中在重工业上，但直到 1950 年才恢复到 1929 年的工业生产水平。20 世纪 4 旺 50 年代，西班牙并不能使人民丰衣足食，它仍是一个农业国家，五分之四人口属于贫穷的社会底层。

1953 年与美国签订关于军事基地使用权利的条约，给西班牙带来了经济上的援助，这样，潜伏的危机状况有所改观。西班牙立下一份声明，保证国家能够和平稳定地发展，该声明构成西班牙 1958 年加入国际货币基金会的前提条件。同时，国

马德里郊外贫民窟，约 1950 年。

内也开始了激烈的经济改革运动。国家经济的起步带动了工业的发展，到 20 世纪 60 年代末，仅工业部门就有 33% 的劳动力参加了工作。

西班牙地中海伊比沙岛海津，2000 年。

在政界新星右翼保守团体主业会的影响下，西班牙实现了关税贸易自由化，也能从国外借到资金。整个 20 世纪 60 年代是西班牙的私有化时代，也是国外投资大量流入的时期。一系列的经济规划和总指导方针被引入。1964 年，第一个四年计划主要聚焦运输业和能源工业。1968—1971 年，第二个计划发展了公共教育事业和农业。1970 年，西班牙与欧洲经济共同体签订了自由贸易条约，成为欧洲最大的工业国之一。截至 1974 年止，西班牙的经济增长速度超过 5 个百分点。

旅游业扮演着非常重要的角色，西班牙成为欧洲第一度假胜地。大批英国工薪阶层涌向西班牙南海岸，大量货币从较富裕的国家（如德国、法国）流向西班牙。从这点来讲，旅游业确实提高了西班牙人民的生活水平，也为国家提供了充足的外汇。

巴塞罗那街边咖啡馆的游客们，2002 年。

然而，利益并未得到公平分配。发达的旅游业仅局限于地中海海岸附近地区，并且更多的收益转入了腐败官员的钱囊；内陆大部分地区的发展也同样被工业化进程所忽略，因为工业的发达往往集中在马德里、巴塞罗那及北部巴斯克地区，所以农村人口向城市大规模迁移。

西班牙君主立宪制的发展

（1975 年至今）

胡安·卡洛斯一世成功地使西班牙从独裁过渡到民主，并且这种转换非常平稳。

1975 年 11 月 22 日，胡安·卡洛斯一世登上西班牙王位。1976 年，他任命阿道夫·苏亚雷兹为首相，两人通力合作，将民主制度的框架纳入西班牙政治中。1977 年，由苏亚雷兹领导的中间派民主中心联盟在立宪会议上胜出。

1978 年，大多数议员同意新宪法，西班牙成为一个君主立宪制国家。前国家第一大党"民族运动"也在 1977 年解体。这样，佛朗哥去世后不久，法西斯统治也走到了末路。

阿道夫·苏亚雷兹以首相身份同新国王共同宣誓

然而，国家经历的这一转变并不是完全没有遇到抵制，1981年2月23日，陆军中尉安托尼奥·特吉偌带领禁卫队冲进国会，并挟持议员作为人质。但军队却持静观其变的态度，正是新国王坚定的民主立场，才在关键时刻扭转了局势，扼制了这场试图颠覆民主的政变。

1982年，选举为政府带来了新的变化，左翼社会主义工人党胜出。摆在新任首相费利佩·冈萨雷斯·马克斯面前的是令人担忧的军事状况及日益增长的失业率。

西班牙国旗在欧共体总部上空冉冉升起，布鲁塞尔，1985年
12月25日。

也就在此时，西班牙越来越向欧洲或西方阵营靠拢。1982年，西班牙加入北

约。1986年1月1日，它又加入欧共体。

在1996年的选举中，冈萨雷斯失利，将政府拱手让给保守的人民党，而新首相何塞·玛丽亚·阿斯纳尔面临再次复发的社会问题，即工业在部分地区过度集中、中产阶级生活水平接近贫困线、失业率居高不下等。

马德里一家银行前的乞丐，2002年。

在短短一代人的时间里，西班牙便实现了由农业国向工业国的转变。尽管曾有一段独裁统治历史，但它与欧洲其他地区仍然保持着和谐稳定的关系。

西班牙各地概况

通过民主化进程，西班牙各地区获得了更多的自治权利。目前，西班牙正向联邦国家过渡。

1975年，鉴于巴斯克、加泰罗尼亚、加利西亚地区存在着相同的文化，国王胡安·卡洛斯允许他们以各自的方言作为官方语言。但是，此举并不能满足他们企图实行区域自治的要求。

1977年9月，加泰罗尼亚要求重新获得1931年特允的自治权。一波未平，一波又起，其他地区的示威游行也风起云涌。一些要求自治权的政党纷纷成立。1978年的新宪法提出了解决问题的方案，其第二条款规定西班牙分成17个自治区。此后，国会将组建一个由各地区代表组成的参议院。宪法文本也提出了如何划分地方

飘扬在巴塞罗那的加泰罗尼亚旗帜

政府权力与中央政府权力的问题。

西班牙王子访问西班牙空军基地，2002年。

地方政府在公共工程、环境保护、经济发展方面拥有自主管理的权力，但安全政策和外交政策则由中央政府宏观调控。各地权力都不一样，加泰罗尼亚、加利西亚、巴斯克地区这三个地区从一开始便享有高度的自主权。并非所有民众都拥护这种发展格局，民主化进程最初甚至还遭到暴力、恐怖袭击的威胁。武装部队反对分裂中央势力，极右分子也发动多次进攻，右翼一再叫嚣让军队接管政府。

此外，巴斯克地区分裂组织"埃塔"（ETA）通过绑架、暗杀行动为地区的独立做斗争。

1978年，西班牙与法国签订联合反恐协议，两国政府与警察多次进行联合行动，先后逮捕了"埃塔"数百名成员。2002年以来，西班牙国内多次就中央政府

位于巴斯克城市毕尔巴鄂的古根海姆博物馆

和地方政府的关系问题进行辩论。参议院的权威一再降低，越来越多的地区要求自治。

葡萄牙："新国家"

萨拉查政权在经济上采取铁腕政策，在外交上倒向西方阵营并在非洲发动残忍的殖民战争。

1926 年军队政变后，葡萄牙就处于不稳定状态。1932 年，萨拉查开始掌握政权。

第二次世界大战中，葡萄牙保持中立，但在战争即将结束之时，却同意盟军在其领地亚速尔群岛上建立军事基地。这种在外交上进行联盟的政策被沿袭了下来。1949 年，葡萄牙成为北大西洋公约组织创始国之一；1955 年，葡萄牙加入联合国；1961 年，葡萄牙又成为经济合作与发展组织成员国之一。

在国内，葡萄牙从 1945 年后继续实行一种建立在特权之上的政府性社团制度。尽管相对宽松，但葡萄牙人民仍然受到限制言论自由、设置秘密警察、实行一党制等政策的高压。虽然萨拉查可以利用经济铁腕政策来减少国家债务，但他在促进工业方面却毫无建树，并使农业处于危机之中。只有极少数海外投资者被允许在葡萄牙进行投资，结果使得一大批葡萄牙人不得不到国外另谋出路。

1951 年，为防止殖民地人民独立，萨拉查宣布葡属殖民地都成为葡萄牙的

葡萄牙独裁统治者萨拉查

西非葡属几内亚一支反政府的解放军部队，1968 年。

"海外省"。即便如此，1961 年，印度军队还是收回了南亚次大陆上葡萄牙控制的几个据点。同时，安哥拉、莫桑比克、几内亚要求独立的呼声也越来越高。为此，葡萄牙发动了一场残忍的殖民战争，战争给国家财政带来的重负迫使萨拉查向海外投资者开放了国内市场。

1968 年 9 月，萨拉查患上中风，辞去职务。继任者马赛尔罗·卡埃塔诺上台后，逐步放开言论自由，并在政治上试图采取比较温和的自由主义政策，但收效甚微。到 1974 年时，葡萄牙显然不能通过军事手段赢得非洲殖民战争的胜利，但在政治上也没有什么好的应对策略。

1973 年世界经济危机的开始，使得薄弱的葡萄牙经济进一步恶化。在这种形势下，受到葡萄牙人民拥护的军事力量通过不流血的政变推翻了执政政府，史称"康乃馨革命"。"康乃馨革命"的胜利标志着独裁统治的结束以及葡萄牙殖民帝国的灭亡。

康乃馨革命

和平推翻独裁统治后，社会党发起一场国有化运动，但遭到继任政府的反对。

1974 年 4 月 25 日，一群自称武装部队运动的军官发动政变，这场持续两年之久的"康乃馨革命"（因士兵在枪管口上插康乃馨而得名），把葡萄牙带入了自由民主的时期。

武装部队运动组织推举保守派的安东尼奥·德·斯皮诺拉为总统，但由于与革命左派政见不合，他任职仅四个月就辞职了。

1975 年 3 月，安东尼奥·德·斯皮诺拉企图发动右翼反动政变，但没有成功。

愤怒的人群挡住欲乘坦克逃跑的政府

官员的去路，1974 年 4 月 26 日。

不久，社会党武装部队运动的军官们建立革命委员会，并要求大选，这就使得葡萄牙走上了民主化道路。

之后，人民的言论自由得以恢复，秘密警察宣告解散，葡萄牙政府对银行业、运输业、重工业以及媒体展开了国有化进程。

截至 1975 年止，所有葡属殖民地都获得了独立，100 万葡萄牙移民重新返回祖国，给国家带来了沉重的经济负担。

独立战士们宣告胜利，葡属几内亚（今天
的几内亚比绍共和国），1973 年。

在 1976 年 4 月新宪法实施之后的第一次总统大选中，安东尼奥·拉马霍·俄阿奈斯中将得票超过激进左派竞选人。第一届宪法政府由社会党单独组阁，但仅存在了两年。

1979 年，一个非社会党政党第一次赢得了总统大选的胜利。执政党支持社会党反对宪法修订，该宪法修订在 1982 年才开始生效，并消除了自"康乃馨革命"以来影响政府的社会主义因素。革命委员会制度被废除，大多数工业国有化也被废除。

随着改革进程和一系列准备措施之后，1986 年 1 月 1 日，葡萄牙正式加入欧洲共同体。

虽然葡萄牙现今仍是欧盟成员中相对贫穷的国家之一，但它在 20 世纪 90 年代经济增长显著，人民生活水平也大大提高。

从 2004 年起，葡萄牙保守派政治家何塞·曼努埃尔·杜劳·巴罗佐担任欧洲共同体委员会主席一职。

1945 年以后北欧各国的共性

1945 年后，斯堪的纳维亚防御联盟计划失败，但各国在文化、政治上却走到了一起。

马里奥·苏亚雷斯（前）签署葡萄牙加入欧共体条约

在所有斯堪的纳维亚国家中，只有瑞典没有受到二战影响。在经历领土被占领、居民被大规模驱逐后，北欧国家计划建立起自己的斯堪的纳维亚防御联盟，以保护海岸、内陆免受攻击。虽然该计划在 1949 年宣告破产，但在其他方面的合作却有所加强。

瑞典、丹麦和挪威研究了一个可行的海关联盟，并在 1952 年建立北欧理事会。同年，冰岛加入。1955 年，芬兰也加入进来。该理事会是一个顾问机制，由各国国会选派代表组成，目的是促进斯堪的纳维亚各国的合作以及经济、社会、文化领域的立法标准化。

大约有 115000 居民的冰岛首都雷克雅未克

1971 年，作为北欧理事会的补充，增设了北欧部长理事会，虽然两者都是顾问性质，但对于促进各国间的紧密合作的确做了很多贡献。

各个国家强大的社会民主制在使它们的政治文化、生活条件达到同一水平方面起到了不可或缺的作用。这些国家的政治体制非常稳定，对社会市场经济和北欧一体化有坚定的信心，而福利社会也正是通过高税收建立起来的。

嬉皮士团体，丹麦首都哥本哈根，1972年。

斯堪的纳维亚国家的自由主义政策可以容纳各种各样的生活方式。在世界经济危机引起经济下滑之时，政府采取宏观政策进行了非常有效的调控。

关注自主权和区域发展，使北欧各国与欧盟的关系更加明朗化。双方通过协定的签署也加强了这种联系。

1945 年以后北欧各国的差异

北欧各国的差异在于它们的军事联系、经济基础以及与欧盟的关系。

1945年，丹麦不像挪威那样遭受了二战造成的大范围破坏，但马歇尔计划还是给了两国很大的帮助，挪威获得了3500万美元的资助。1949年，它们成为北约的创始国。由于种种原因，斯堪的纳维亚各国之间的整体军事公约计划不得不废止。冰岛和格陵兰岛与美国签署了北约框架之内的防御协议，而瑞典和芬兰则保持中立。由于与英国密切的贸易关系，1960年，挪威、丹麦加入欧洲自由贸易协会。但在加入欧洲共同体问题上，两国却发生了分歧。

1973年，丹麦通过全民投票成为欧共体成员国；而挪威人民却在1972年、

挪威国王哈拉尔五世和丹麦女王玛格丽
特二世在挪威首都奥斯陆，1997 年。

1994 年两次拒绝加入欧共体。但挪威依然与欧盟保持着密切的关系，欧盟是其在欧洲经济区中主要的合作伙伴。大量石油的开采，使得挪威成为世界上最富有国家之一。

挪威海岸边北海油田上的钻井平台，2003 年。

为保护本国捕鱼业，冰岛也没有加入欧盟。因为如果成为欧盟成员国，它的捕鱼水域必须要向欧洲竞争市场开放，这将对当地的经济造成严重的后果。1973 年，冰岛水域的扩大引发一场著名的捕鱼纠纷——"鳕鱼战争"，这场纠纷差点造成冰岛与英国发生军事冲突。

1969 年，冰岛加入欧洲自由贸易协会，1993 年加入欧洲经济区。

1995 年，瑞典、芬兰加入欧盟，但两国国内仍有人对加入欧盟持怀疑态度，因为作为小国，人口上又没有地理限制，他们担心自己的呼声不会被关注。

1999 年，芬兰通过欧洲经济与货币联盟引入欧元；2003 年 9 月，瑞典民众却反对引入这一通用货币；丹麦仍继续使用本国货币。芬兰、瑞典在缓和整个地区的争端中起着非常重要的作用。

1973 年 7 月，第一次欧洲安全与合作会议在芬兰召开，这次会议通过决议尊重东欧国家公民权利。瑞典人达格·哈马舍尔德在 20 世纪 50 年代两次担任联合国秘书长，由于他在和平事业上的诸多贡献获得 1961 年诺贝尔和平奖。

奥洛夫·帕尔梅的葬礼，1986 年。

此外，瑞典还造就了另一位睿智的外交家——奥洛夫·帕尔梅，担任过两任首相的帕尔梅专门致力于裁军行动，并担任联合国谈判专家一职。1986 年 2 月 28 日，他被刺杀，此事震惊瑞典国内和整个世界。为了纪念这位杰出的首相，斯德哥尔摩市议会将帕尔梅遇难的那条街改名为"奥洛夫·帕尔梅大街"。

五、东南欧的崛起之路

匈牙利

（1945 年至今）

1956 年，匈牙利动乱遭到残酷镇压；1989 年，它成为东方阵营中第一个向西方开放边境的国家。

作为纳粹德国的同盟国，匈牙利曾向苏联宣战，但直到第二次世界大战结束时，它还被苏联红军占领着。在被围困七周后，布达佩斯沦陷。

尽管 1945 年和 1947 年两次选举中，亲共产党的党派得票比例相对不高，但是匈牙利人民共和国还是存 1946 年 2 月 1 日宣布成立。

匈牙利共产党在苏联的支持下接管了政府，并向其他党派施加压力，同时与社会民主党联合组建匈牙利劳动人民党。拉科西·马加什任总书记，他追随斯大林大搞"肃清运动"，对包括新教、天主教领袖在内的人物进行审判。

拉科西·马加什，1952 年。

1953 年斯大林逝世后，新总理纳吉·伊姆雷尝试改变独裁统治。他结束强行实施的农业集体化，放慢工业化的速度，并停止国家恐怖事件。但他的举动受到拉科西领导的斯大林主义抵抗力量的阻挠。

1956 年 10 月 23 日，匈牙利人民起义，要求自己管理政府。纳吉组建联合政府，并宣布匈牙利退出华约。1958 年，他为他所承担的责任付出了生命的代价，被判处死刑。

匈牙利人民起义时，首都布达佩斯的斯大林塑像被破坏，

1956 年。

在苏联军队对起义进行镇压后，1956 年，共产党的新任领导人卡达尔·亚诺什掌控政府，他大肆清除党内反对势力，并完全依靠苏联的支持。

20 世纪 60 年代初，卡达尔·亚诺什开始实施私有经济化，这种"匈牙利共产

主义"给匈牙利经济带来一定的复苏。

苏联坦克在布达佩斯，1956年。

1988年，卡达尔辞职，但改革仍在继续。1989年9月，奥地利—匈牙利边境开放，此举就像在分割东西方的"铁幕"上打了一个洞，同时也大大增加了整个东方阵营的改革压力。

1990年，在匈牙利第一次自由选举后，"民主论坛"接管政府，成为匈牙利的执政党。1991年，苏联从匈牙利撤军。1999年，匈牙利加入北约。2004年，匈牙利和其他九国共同加入欧盟。

波兰

（1945年至今）

波兰人民屡次发动革命迫使政府改革，这使得波兰成为东方阵营中第一个政治体制成功转型的国家。

二战期间，波兰被迫做出巨大牺牲，600万波兰人丧生（其中包括90%的犹太人），38%的国家财产损失。战争结束后，从伦敦流亡回来的波兰政府继续战斗。盟国决定把德国东部的领土交给波兰管辖，但波兰必须得把自己东部的领土转交给苏联。

苏联军队进入波兰时，中央执行机构民族解放委员会在卢布林宣布成立。1944年，控制着这些地区的解放委员会并没有直接加入苏联，结果大量新定居的人群改

变了波兰人口的组成结构。

哥穆尔卡（右）、勃列日涅夫、乌布利

希（左），1968 年。

　　1947 年第一次大选结束后，瓦迪斯瓦夫·哥穆尔卡政府试图根据国内政治、社会情况摸索出一条新的社会主义道路，但在 1948 年 12 月，新体制却不得不发生改变以符合苏联的指导方针。波兰的天主教徒也遭到迫害。

　　1953 年斯大林逝世后，社会动荡导致多次改革和领导人更换。1956—1970 年，哥穆尔卡重新执掌政权。

建于 1952—1955 年的波兰文化宫，具有斯大林时代社会主义风

格，仿莫斯科"七姐妹"大楼而造。

　　1970 年 12 月，波兰与联邦德国总理维利·勃兰特签署《华沙条约》。这一条

约在德国和波兰的和解上具有里程碑意义。两国达成互不侵犯条约，同时，联邦德国对于奥得—尼斯河界线作为波兰西疆国界的主张也表示认同。

1978 年，克拉科夫地区大主教卡罗尔·约泽夫·沃伊蒂瓦当选罗马教皇。1979 年，他以罗马教皇约翰·保罗二世的身份胜利回到波兰。这不仅证明了波兰人对天主教的认同，同时也证明了国内执政党的政治势力急剧减弱。

1980 年，波兰面临着不断加剧的经济危机。7 月，肉价上涨引发了一场全国范围内的罢工示威，他们强烈要求成立一个不受执政党领导的独立组织，政府最终默许了他们的要求。

1980 年 10 月，勒奇·瓦文萨领导的"团结工会"正式成立，很快，它就已代表了 90% 有组织的工人。

1981 年夏，苏联威胁波兰，如果无法控制住国内形势，将派兵入侵。

波兰总理华西契·雅鲁泽尔斯基将军做出回应，1981 年 12 月 13 日，他宣布实行军事管制，一直持续到 1983 年 7 月。"团结工会"被取缔，领导人也被扣押。

圆桌会议，华沙，1989 年。

1988 年，政府被迫与反对派召开圆桌会议协商改革，其中一条即是允许私营企业、反对政党的存在。

1989 年，第一次自由选举给"团结工会"带来了胜利，此后，波兰转变为一个议会民主制国家，并在 1999 年、2004 年分别加入北约和欧盟。

捷克斯洛伐克、捷克和斯洛伐克联邦共和国

（1945 年至今）

捷克斯洛伐克的"布拉格之春"改革被强行镇压了；1989—1990 年，"天鹅绒革命"使得整个国家在三年后分裂。

1945 年，被纳粹政权占领的捷克斯洛伐克恢复到除喀尔巴阡山脉鲁塞尼亚地区（喀尔巴阡—乌克兰）以外的国家原本的疆界。战争结束后，德意志人和少数匈牙利人被驱逐出境，这给捷克斯洛伐克带来了长期的经济损失。

被驱逐出捷克斯洛伐克的德意志人仍保留着原来的传

统并且要求回到捷克斯洛伐克，2004 年。

1947 年，苏联强迫捷克斯洛伐克拒绝接受马歇尔计划的援助。同时，克莱门特·哥特瓦尔德领导下的共产党取得了国家最高权力。爱德华·本尼斯总统在抗议声中被迫辞职。

1948 年 6 月，政府中非共产党员的部长们也宣布辞职。哥特瓦尔德成为新一任总统，并组建了共产党政府。1949 年，捷克斯洛伐克加入经济互助委员会。1952 年，由于公共审判以及随之而来的大批杰出共产党人被判死刑，整个国家再次陷入动荡不安的局势之中。

1968 年，亚历山大·杜布切克当选国家和党的新领袖，他欲使整个社会自由化，并准备建设"富有人情味的社会主义模式"。但苏联却试图阻止，当外交政治

"布拉格之春"中，干涉军的坦克被捷克斯洛伐克民众围堵，1968年。

手段未能生效时，便派遣华约部队进行军事解决。

　　1968年8月21日，华约部队进驻首都布拉格，彻底粉碎了"布拉格之春"。随后，新任共产党领袖古斯塔夫·胡萨克领导下的捷克斯洛伐克成为忠于苏联的东方阵营中的一员。

　　虽然如此，在1976—1977年，捷克斯洛伐克出现了一个新的反对派组织——"七七宪章"，它是在1975年赫尔辛基欧洲安全与合作会议的最终决议的推动下发展起来的。

瓦茨拉夫·哈维尔，2004年。

　　冷战结束后，整个东方阵营包括捷克斯洛伐克在内，剧变进程所产生的影响都是显著的。1989—1990年，和平的"天鹅绒革命"结束了共产党的执政地位。1990年，剧作家、民权拥护者瓦茨拉夫·哈维尔当选总统，杜布切克当选联邦议会主席。这个社会主义国家开始向联邦制国家过渡，但斯洛伐克在领袖弗拉基米尔·

麦恰尔的领导下，仍在积极寻求独立。虽然没有达成任何书面协议，但捷克斯洛伐克还是在 1993 年 1 月 1 日分裂成两个完全独立的国家，即捷克共和国和斯洛伐克。

保加利亚、罗马尼亚和阿尔巴尼亚

（1945 年至今）

1989 年，这三个巴尔干国家的共产党政权被推翻；尽管它们已过渡到民主制，但仍是欧洲最穷的几个国家。

二战结束后，保加利亚共产党在总书记乔治·季米特洛夫的领导下开始建设苏维埃式的政府体系。1954—1989 年，托多尔·日夫科夫担任保加利亚共产党第一书记；1962—1971 年，他担任国家总理；1971—1989 年，他又担任国家委员会主席。1984 年后，日夫科夫的"保加利亚化"尝试导致保加利亚的土耳其族人大批离去。1989 年发生的政治动乱颠覆了政府。1996—1997 年的经济危机导致国内又一次大动荡。2001 年，前国王西米昂二世领导的政党获得了议会大选的胜利，他许诺要提高国内民众的生活水平。

约瑟夫·斯大林（左）和乔治·季米特洛夫，1936 年。

1944 年，恩维尔·霍查领导的共产党游击队取得了阿尔巴尼亚的政权。但由于他不断变换的政策，最终使得整个国家在国际上完全孤立。1985 年，继任者拉米斯·阿利雅谨慎地向世界开放阿尔巴尼亚。1989 年后，改革的进程越来越快。1991

年，阿尔巴尼亚举行了第一次多党选举。

1995 年后，政府频繁遭遇一系列事件。1997 年，成千上万的人由于投资到股市的钱被用于诈骗而损失惨重，此事使得国内舆论嘘声大作，而且大规模武器偷窃事件频繁发生。1989 年起，大批阿尔巴尼亚人移居国外。直至今天，贫穷、腐败现象在阿尔巴尼亚依然很严重，而政府在与科索沃的多数民族阿尔巴尼亚人的关系问题上仍备受争议。

阿尔巴尼亚难民在意大利巴里港口，1991 年。

1945 年后，罗马尼亚将摩尔多维亚割让给乌克兰，但获得了特兰西瓦尼亚，此地的少数族群德意志人、匈牙利人也归属罗马尼亚。斯大林主义共产党领袖格奥尔基·乔治乌-德治使得罗马尼亚成为东方阵营的一部分，但 1960 年后，他又积极寻求摆脱莫斯科的控制。1965 年后，继任者尼古拉·齐奥塞斯库继续执行格奥尔基的政策，并企图通过西方的援助来隔断与苏联的关系。

然而，西方的援助并没有缓解罗马尼亚人民的饥饿问题。齐奥塞斯库政权主要依赖安全局、秘密警察的支持，在他们的帮助下，少数民族被残忍地驱除到他国定居。1989 年，齐奥塞斯库政权被推翻，同年他也被处死。

1991 年，反对党的示威游行被前政府的煤矿工人和秘密警察粉碎。尽管政府更

齐奥塞斯库夫妇被执行死刑，1989 年。

迭频繁，但是改革的步伐自 1997 年以来不断加快。

铁托统治下的南斯拉夫

（1945—1980 年）

铁托实行了一种独立于苏联的共产主义政治形式，整个国家是由多个共和国、多个自治省组成的联盟，但军队却受控于塞尔维亚。

二战结束后，铁托在贝尔格幕德，1945 年。

约斯佩·布罗兹（更为世人所知的名字是"铁托"）领导的共产党游击队，击败了二战期间占领南斯拉夫的德国、意大利军队，从而赢得了这场战争的胜利。

1945 年后，在铁托为首的国家解放委员会和政府的领导下，南斯拉夫建立起一个联盟式的共产主义体制，该体制对统一起了巨大的作用。居住在南斯拉夫的所有民族都享有平等权利，但国王却被剥夺了国籍。

起初，铁托政府倾向于苏联，然而，斯大林想对南斯拉夫共产党实施长期控制，试图在意识形态上领导他们，这就遭到了铁托的强烈抵制。1948 年，两国关系破裂。

在西方的援助之下，南斯拉夫成功抵制住了斯大林发动的经济禁令，但 1955 年，两国政府又恢复了邦交关系。

印度尼西亚万隆召开的不结盟会议，1955 年。

1961 年，南斯拉夫成为"不结盟运动"创始国之一，参加该组织的国家声明不属于任何一个军事集团，并在冷战争端中保持中立。这样，在要求自治的工人和联盟制因素的影响下，"铁托主义"成为一种实践于南斯拉夫的独立的共产主义体制。同时，南斯拉夫也与非社会主义国家开始建立起良好的外交关系。

为适应各个独立民族发展的需要，南斯拉夫分成六个共和国和伏伊伏丁那、科索沃两个自治省。1952 年，南斯拉夫共产党重组为南斯拉夫共产主义者联盟。1966 年，南斯拉夫警察也被改编为联盟组织，只有军队仍处于塞尔维亚控制的中央政权之下。尽管整个国家采取联盟体制，但要求民族独立的示威游行（如 1967—1971 年的"克罗地亚之春"）时有发生，这些游行均遭到了铁托政府的武装镇压。

1974 年的新宪法使得各共和国要求自治的情绪越发高涨。1980 年铁托逝世后，党和国家委员会的主席在各国之间进行轮换，但事实上这种所谓的轮换并未在各共和国中真正实行过，联盟共和国瓦解的趋势已经越来越明显。这更突出说明了铁托在南斯拉夫统一国家中所起的巨大作用。

南斯拉夫的分裂（1980年至今）

南斯拉夫中央政府倒台后，几乎所有的共和国都宣布国家独立，在这个过程中，也伴随着对少数民族的血腥驱逐。

1945年后，在科索沃人口中处于少数的阿尔巴尼亚人数量迅速增长，成为占人口90%的主要民族。1981年，此地区开始发生骚乱。斯洛博丹·米洛舍维奇担任塞尔维亚人的发言人，后来当选为总统。

1986年，他晋升为南斯拉夫共产党第一书记，不久将党改名为塞尔维亚社会党。1989年，米洛舍维奇废止科索沃自治权，并让塞尔维亚人取代了此地的阿尔巴尼亚精英分子。

斯洛博丹·米洛舍维奇（中）和他的妻子，1997年。

20世纪80年代末，几乎所有的共和国国家政权都被民族主义者接管。

1991年6月26日，克罗地亚、斯洛文尼亚宣布独立。

南斯拉夫军队开进两国，但不久就从斯洛文尼亚撤兵，而克罗地亚三分之一的领土仍被占领着。住在此地的塞尔维亚人宣布建立黑山共和国。

1990年11月，在波斯尼亚进行的大选中，阿利雅·伊泽特贝戈维奇领导的穆斯林政党民主行动党，获得了超过半数的选票。

在波斯尼亚对大量墓穴进行调查，2002 年。

1991 年，伊泽特贝戈维奇宣布国家独立。在波斯尼亚的塞尔维亚人立即做出回应，宣布建立由拉杜凡·卡拉季奇领导的塞尔维亚共和国。

在南斯拉夫军队的帮助下，塞尔维亚人占领了波斯尼亚三分之二的领土。残忍的"种族清除"通过驱除、大屠杀的形式进行，直到 1995 年北约介入后塞尔维亚才最终结束这种暴行。

在此之前，已有 220 万人逃离家园，20 万人被残忍杀害。

在联合国的监管下，整个地区被分成波斯尼亚—克罗地亚联邦和塞尔维亚共和国。

1995 年，克罗地亚军队动用武力夺回黑山。塞族人不是逃离家园就是被驱逐出境，有部分塞族人逃入科索沃地区。早在 1992 年，在此地的阿尔巴尼亚人就已经宣布建立易卜拉欣·鲁戈瓦领导的科索沃共和国。科索沃解放军和塞尔维亚警察之间的冲突不断激化，最终导致塞尔维亚人发动了猛攻。北约随即介入，空袭塞尔维亚并占领科索沃。

1991 年，马其顿也宣布独立。

希腊：王国和独裁统治

（1945—1974 年）

二战和内战结束后，希腊在保守政府的领导下稳固发展；军队发动了一场反对

阿族科索沃居民遭到塞族

人杀戮、残害，1999 年。

第一中左政府的政变。

　　1943 年，在希腊军队击败希特勒同盟国意大利后，纳粹军队占领了希腊。虽然内部斗争不断，但是希腊的众多政党一致反对德国的占领。战争结束后，激进的左派抵制 1946 年大选，并同意保守同盟赢得大选，但这却导致了三年内战。

　　1947 年，与意大利签署和平协议之后，希腊得到了多德卡尼斯群岛。

希腊圣地之一，位于多德卡尼斯群岛的圣约翰。

　　1952 年，希腊成为北约成员国之一。

　　截至 1952 年止，先后共有 20 个右翼政府执政，它们都是坚决的反共产主义者。第一个稳固的政权是费尔德·马歇尔·亚历山德罗斯·帕帕戈斯和他的希腊复兴党建立的。1956 年，政府由康斯坦丁·卡拉曼利斯领导的国家激进联盟主导。

康斯坦丁·卡拉曼利斯（右）

和美国总统卡特，1978 年。

在 20 年的警察政府统治后，1963 年，希腊投票选举，乔治·帕潘德里欧领导的左翼中央联盟党上台执政，他承诺对整个国家进行福利改革。然而，1967 年 4 月，乔治·帕帕佐普洛斯上校领导一批保守派军人发动军事政变，并建立了一个独裁政权。1967 年 12 月，国王康斯坦丁二世发动反政变行动，但没有成功。1973 年 6 月 1 日，希腊宣布建立共和国。随之而来的是抓捕、驱逐、折磨以及强制实行党政路线。

爱琴海风光

在德迈特里奥斯·伊奥阿尼迪斯将军发动的和平政变之后，1973 年，帕阿伊东·吉斯基斯成为希腊新任总统。然而不久，他就卷入了和土耳其的冲突之中，焦点集中在爱琴海的资源储备问题上。

希腊共和国（1974年至今）

独裁统治结束后，希腊重新建起民主制度；与土耳其的外交关系在希腊的外交事务中继续占据主导地位。

1974年，吉斯基斯将军被迫将国家权力移交就任国家总理的卡拉曼利斯。希腊恢复议会民主制政府体制。卡拉曼利斯政府和他的新民主党申请加入欧洲共同体，1981年，申请得到同意。同年，新民主党失去其多数派希腊社会民主党的支持，大选失败。安德烈亚斯·帕潘德里欧成为新总理。1985年，帕潘德里欧的经济政策引发几次社会动乱。1989年，他因腐败案件的指控而被迫下台。

军事叛乱前的吉斯基斯和政府领导，1967年。

1990年大选后，康斯坦丁诺斯·西米蒂斯领导的新民主党实行改革，卡拉曼利斯当选总统。1992年，贸易工会发起一场全面罢工，以抗议社会问题。1993年，希腊社会民主党赢得大选，帕潘德里欧再次上台（先前对他的腐败指控并不成立，大选之前他就被判无罪）。但由于健康原因，他在1996年辞职，并同意康斯坦丁诺斯·西米蒂斯担任新总理。西米蒂斯任职直至2004年。

希腊战后的政治格局更迭频繁，但国家经济却始终在增长，马歇尔计划的援助和希腊加入欧共体都起了非常大的作用。同时，文化上的转变也在希腊进行着，从海外归来的雇佣工人不仅将新技术而且也将新的生活理念带回希腊。人们不断移居到其他城市，现今只有三分之一的希腊人还住在雅典地区。通过兴旺的大众旅游

业，希腊把先进的西方生活方式带入本国，并在本国长期保存了下来。

旅游者参观雅典卫城，2001 年。

在希腊民主共和国的外交事务中，对土耳其持敌意的态度仍占主导地位。两国关于爱琴海矿产资源开发权的归属问题的争论，主要集中在海上运输业和石油开采权上。即使同时作为北约伙伴国，两国仍无法阻止塞浦路斯事件的军事冲突。

民主化道路上的土耳其

（1945—1970 年）

二战后，土耳其成为一个工业化国家，但它的民主化道路却障碍重重。

尽管受到德国的重重压力，英法军队还是保住了土耳其，这样就确保了它在二战中的中立地位。1938 年，凯末尔·阿塔土尔克逝世，斯麦特·伊诺努成为国家新的首脑。

1945 年以后，伊诺努总统一直寻求西方的支持，并成为马歇尔计划受援国之一。1952 年，土耳其成功加入北约。西方援助与民主改革紧紧相连，土耳其采用多党制的政治制度。1950 年大选时，新组建的反对党，即阿德南·曼德列斯领导的民主党获得多数选票，赢得了胜利。

20 世纪 50 年代初，土耳其经济高速增长，但是不久之后就爆发了经济危机，使得民主党陷入重重压力。此外，无宗教主义论的主要人物抨击民主党的亲宗教政

杰马勒·古尔塞勒（中），1961年后。

策，曼德列斯总统通过镇压对这种抨击给予回应。

1960年5月，杰马勒·古尔塞勒将军领导的"民族团结委员会"发动了一场反对曼德列斯政府的政变，对民主党采取禁令，并逮捕领导人，曼德列斯被处死。

尽管1961年新宪法具有自由主义的特征，但实际上，政府从此以后不得不服从于武装军司令控制的国家安全委员会的全面审查。

阿德南·曼德列斯被处死，1961年。

1965 年，民主党的继任党公正党获得大选胜利。摆在新政府首脑苏莱曼·德米雷尔面前的是日益严重的社会问题和经济问题以及不断激化的国内激进主义。

土耳其移民工人在德国机场内等候，1970 年。

为了适应形势，德米雷尔在经济政策上采取倾向西方的政策，并积极听从世界银行的建议。不久，工业部门就超越了农业部门，但是只有少数人在这样的发展中获利。土耳其人大批移居国外，工人们组建工会，极端主义派系斗争也不断出现。几十年来，这些组织不停地进行恐怖活动，使得土耳其政局极为不稳定。

军事的主导作用

（1970 年至今）

1970 年以来，土耳其又历经两次军事政变。但与此同时，它也开始了从一个发展中国家向一个经济腾飞的国家转变。

1971 年，德米雷尔总统被罢黜，政权移交给军队。除民权问题以外，军队残酷且有效地打击了激进派和恐怖分子，但依然没有触及政治体制。

1973 年，社会民主共和人民党在比伦特·埃杰维特的领导下接管了政府，并和内吉梅丁·埃尔巴坎领导的伊斯兰民族拯救党结成联盟。

埃杰维特相信对塞浦路斯的入侵定会取得成功，因为之前希腊曾在 1974 年发动过政变。但事实上，这并不能改变民众的选票支持。

比伦特·埃杰维特在凯末尔·阿塔土尔克画像前，1998 年。

随后几年，他和德米雷尔轮流执政，都没能解决国家一直面临的经济危机、伊斯兰主义、恐怖分子分裂活动等问题。

仅 1975 年一年，土耳其就发生 34 次暴力冲突，截至 1980 年止，暴力冲突竟多达 1500 次。

1980 年 9 月 12 日，土耳其发生了第三次政变。凯南·埃夫伦宣布解散议会、政党和工会。数以千计的公民被抓入监狱并遭受严刑拷打，死刑已成为普遍现象。但他却成功地减少了恐怖活动的发生次数。1982 年，新宪法得到全民投票通过后，军队交出了政权。中央政府同意国家各自治省拥有部分自治权。

1983 年，中央派的祖国党获得大选胜利。图尔古特·奥扎尔总理注意促进国家民主化和市场改革，同时减少军队的影响。1991 年，他给予库尔德人部分文化自治权。为适应形势，土耳其在政治、经济上倾向西方，并于 1987 年申请加入欧共体。

1989 年，奥扎尔当选国家总统。德米雷尔作为正确道路党的领袖，在 1991 年大选中当选总理。1993 年奥扎尔逝世后，德米雷尔继任总统，而他原本的总理职位则第一次由一名女性——坦苏·奇莱尔担任。

自 20 世纪 80 年代以来，伊斯兰问题在土耳其日益严重。1995 年大选中，伊斯兰福利党第一次赢得多数支持，但却在 1998 年被取缔。2002 年，新组建的保守派

贫民窟居民只希望他们的生活状况能够有所改

善，伊斯坦布尔。

伊斯兰 AK 党获得大选胜利，他们在大选中向民众做出许诺，将对和国家紧密相关
的经济危机采取措施。

雷杰普·塔伊普·埃尔多

安拜访清真寺，2003 年。

雷杰普·塔伊普·埃尔多安总理已成功地就加入欧盟问题进行了谈判，但最终能否成功，还要视土耳其政治、经济改革情况而定，当然还必须有完备的人权制度。

通过联盟协定，土耳其与欧共体的联系从 1963 年就开始了，它从 1995 年起便可与欧盟一起分享关税联盟的利益了。

特别提示：

本书在编写过程中，参阅和使用了一些报刊、著述和图片。由于联系上的困难，和部分作品的作者（或译者）未能取得联系，对此谨致深深的歉意。敬请原作者（或译者）见到本书后，及时与本书编者联系，以便我们按照国家有关规定支付稿酬并赠送样书。

联系电话：010-80776121　　联系人：马老师